日月光华·哲学讲堂

主　编

孙向晨　林　晖

编　委

吴晓明　张双利　邓安庆
王国豫　郝兆宽　黄　翔
郭晓东　沈语冰

本书获评"复旦大学哲学学院源恺优秀译著奖"
由上海易顺公益基金会资助出版

日月光华·哲学讲堂
13

罗尔斯与马克思

〔美〕丹尼尔·布鲁德尼 —— 著

张祖辽 —— 译

中国出版集团 东方出版中心

图书在版编目（CIP）数据

罗尔斯与马克思 /（美）丹尼尔·布鲁德尼
（Daniel Brudney）著；张祖辽译. -- 上海：东方出版
中心, 2024. 12. --（日月光华·哲学讲堂）. -- ISBN
978-7-5473-2628-2

Ⅰ. F014.4; A811.66
中国国家版本馆CIP数据核字第2024SB7681号

罗尔斯与马克思

著　　者	[美]丹尼尔·布鲁德尼
译　　者	张祖辽
策　　划	刘佩英
责任编辑	冯　媛
装帧设计	钟　颖　余佳佳
出 版 人	陈义望
出版发行	东方出版中心
地　　址	上海市仙霞路345号
邮政编码	200336
电　　话	021-62417400
印 刷 者	上海盛通时代印刷有限公司
开　　本	787mm×1092mm　1/32
印　　张	11.75
字　　数	205千字
版　　次	2025年1月第1版
印　　次	2025年1月第1次印刷
定　　价	78.00元

版权所有　侵权必究
如图书有印装质量问题，请寄回本社出版部调换或拨打021-62597596联系。

总　序

相互对话，有利于推进思想。进入 21 世纪以来，复旦哲学迎来了与国际学界对话的高峰期，不仅建立了"中国哲学与文化"的英文硕士项目，在英国布鲁姆斯伯里（Bloomsbury）出版社出版了"复旦：与中国哲学相遇"系列丛书，而且迎来了大批国外的优秀学者，让我们的老师与学生在第一时间就有机会与国际杰出的学者们面对面交流，这不仅拓展了师生们的学术视野，更推动了思想的互动与对话。

在这个地球村时代，时空因为科学技术的发展而大大压缩，相互交往变得极为便利，但人类能否真正进入一个和平时代却成为一项极为尖锐的考验。能否经受考验很大程度上取决于人们之间的相互理解，取决于是否有能力去倾听。倾听是一项非常宝贵的能力，在中国文化传统中，这是与"成圣"联系在一起的，"圣，通也，从耳，呈声"。"倾听"与"通达"相关联，通达天地，通达他人；"倾听"的本质不仅仅是听到而已，最为关键的是去倾听自己所不懂的,去熟悉自己所不熟悉的,去理解自己所不理解的,这是一种真正的包容;否则貌似倾听,实则无非听自己想听的,肯定自己所肯定的,理解自己已经理解的。"倾听"意味着一种接纳"他异性"的能力,"听"总是要听"不同"的声音,《左传》说:"若以水济水,谁能食之?若琴瑟之专一,谁能听之?同之不可也如是。"在经济全球化时代,不同文明之间的相互"倾听"已成为一项极为重要的品质,学术的良好生态也正是在倾听不同的声音中建立起来的。

"倾听"不只是帮助我们去理解他者,同时也是一个自我认识的过程。正是在倾听他者的过程中,才能够迂回他者,从而更好地发现自己的特点,超越自身的局限。"日月光华·哲学讲堂"在过去五年中已经出版了八种译著,译介的都是过去十多年里国际学术同行在复旦大学的演讲与授课,这些演讲表达了国外同行对于学术问题的深入理解,也表达了他们对于这个时代的深刻思考。古人说,"闻声知情,与天地合德,日月合明,四时合序"。在这个联系日益紧密的人类共同体中,倾听他者,开放思想,兼容并蓄,保持多元与丰富,追求"和而不同"的境界,正是学术同仁的共同理想。在过去的十多年中,有上百位国际学者来复旦大学哲学学院访问,为师生们传递学术的脉动、思想的力量,为大家呈现出一个精彩纷呈的精神世界。日月光华,旦复旦兮;在倾听中,一个更为阔大的世界跃现眼前,思想的勃勃生机正孕育其中。

是为序。

孙向晨

2021 年 9 月于复旦

目 录 | Contents

导 论 /1

第一讲 罗尔斯论正义：分配原则和博爱关系 /1

第二讲 人的观念：1980 年的罗尔斯和 1844 年的马克思 /47

第三讲 被限定的 1844 年的马克思：分配原则和政治态度 /103

第四讲 证成问题 /157

附 录 / 219

　　附录一　公民友谊的两种类型 / 220

　　附录二　两个马克思式论题
　　　　　——异化劳动与关联性命题 / 255

　　附录三　青年马克思与中年罗尔斯 / 304

译后记 / 353

导　论

在本书中，我将尝试在现代最伟大的两位政治哲学家——卡尔·马克思与约翰·罗尔斯之间做出一种对话[①]。这两位思想家都对他们所生活的时代的社会安排有着深度批判，并就人的本质问题提出了引人注目的观点。此外，对于一个良善社会的恰当分配结构，他们也提出过相应主张。尽管在某些方面人们会感到惊奇，但我还是要去论证，他们思想是有所重叠的，比起我们对他们的通常认识而言，他们有着更多相似性。当然，他们的思想也有不同

[①] 见 A Theory of Justice (Cambridge, MA: Harvard University Press, 1971, revised edition, 1999)。本文的引用采用两种页码编排方式，前一种方式根据《正义论》1971 年的初版，后一种方式则是根据该书 1999 年的修订版。只有一个例外，对卡尔·马克思著作的引用是根据其英文版的卷数和页码做出的，首先是卡尔·马克思和弗里德里希·恩格斯的：*Marx-Engels Werke* (MEW), Berlin: Dietz Verlag, first volume published 1956 ("E, i" stands for Ergänzungsband, volume one); 以及 *Marx-Engels Collected Works* (MECW) New York: International Publishers, first volume published 1975，其首卷出版于 1975 年。

之处。我的目的就是对他们思想中的这些异同之处的相互影响进行探究。

在某种程度上,我的这些讲座的目的是去做一种学术性探究。我相信马克思和罗尔斯比我们以往所认为的要更为相近,因此,我希望通过阅读他们的文本来呈现出这种近似性。不过,我的目的同样是建构性的。在我看来,政治哲学似乎是我们对实质性的政治、哲学之内容和恰当的政治、哲学之方法进行创造性思考的支点。

政治哲学有很多目标,其中的一个核心目标就是对现存的各种政治制度进行评价。我们需要知道当下的政治安排是否具备道德上的可接受性,而对我们的政治制度进行评价的一个方面就是去看它们在多大程度上能够满足对各种不同种类的善的事物进行分配的恰当标准。这一基本理念是非常明确的。任何社会都会存在许多事物,这些事物能够创造出一些条件,在这些条件下,人们的生活能够变得繁荣。这些事物就是那些诸如各种商品和服务、担任公职的机会、对自治的参与,如此等等。不论在何种社会,这些事物都要在公民之间进行分配。问题在于:在给定的时间和社会之下,其分配方式是否具备道德上的可接受性。

举例来说,在当下的美国,收入分配已开始向高收入阶层倾斜,而在这一点上,情况还可能会变得更糟。2011年,一个无党派性质的机构——国会预算办公室的一项研究表明："在美国的分配收入中，从1979年到2007年，1%的顶层收入家庭的联邦税后收入增长了275%，而60%的中等收入家庭的增长却在40%以下。"① 就我个人而言，我认为这在道德上是无法被接受的。然而，正是由于我发现这一收入分配不具备道德上的可接受性，我才要提出某些标准，通过这些标准，我才能够断言美国的分配现状在道德上没有可接受性，并为我的这一结论进行辩护。而提出这一标准之后，我必须对这一标准提供有说服力的相应证成。

罗尔斯在其1971年的著作《正义论》中为分配的道德正当性提出一个标准，这就是他的两个正义原则。在我的第一个讲座中，我将就某些细节对这两个原则加以检验。在这里，我想指出的是，这些原则背后的基本目的并非罗尔斯所独有的，相反，19世纪和20世纪的许多作家都持有这种目的。在19世纪，持有这种目的的人有青年马克思、约翰·斯图亚特·密尔、马修·阿诺德，甚至奥斯卡尔·王尔德。他们都认为，良善的社会安排要做到两件事情：首先，它们要促成每个个体做出自己的选择和决定的可能性；其次，它们要为每个个体提供足够的手段，

---

① 引自维基百料，见：http://en.wikipedia.org/wiki/Income _ inequality _ in _ the _ United _ States # cite _ note-cbo - 16 The figures come from *Congressional Budget Office: Trends in the Distribution of Household Income Between 1979 and 2007*. October 2011。

以使他们真正具备追求他们所认为的良善生活的机会。在《德意志意识形态》中，马克思和恩格斯表达了下述著名观点，即在共产主义社会中，我将能够去行猎、钓鱼、饲养家畜等，并能"像我的头脑中所想的一样"来做这些事情。紧接着，马克思和恩格斯认为，只有共产主义才可以使"个人的全面实现"①成为可能。我援引马克思在1840年代的著作中的这些评论是想表明，一个良善的社会是这样一个社会，在这一社会中，每个个体都能发挥他们之所长，并按照他们所认为的最佳方式行事。

在1980年代和1990年代之间，英语哲学传统中曾经有过这样一场辩论，其内容即是马克思那里究竟有没有"正义"观念，以及他是否会谴责资本主义乃是"不正义的"。不过，在我看来，这场辩论似乎一直带有误导性。马克思，尤其是青年马克思那里，非常明确地具有某些规范性标准，而根据这些标准来衡量，他认为资本主义社会不是一种良善的社会，因为它压制了人的繁荣发展。关于这一点，在他1844年对异化劳动的讨论中是非常明确的。异化是一种规范性观念，而指明资本主义社会包含劳动的异化则是说，至少在这一方面，资本主义不是一种良善的社会体系。此外，马克思同样相信，一种他称之为"真正

---

① Marx and Engels, *The German Ideology*, MEW, vol. 3, p. 33/MECW, vol. 5, p. 47 and p. 273, 292.

的共产主义社会"的不同社会将会成为一种良善社会。我认为,对马克思在这里所运用的规范性标准的判定似乎比判定马克思是否认为这些标准就是我们今天所谓的"正义原则"更为重要。

重要的是,根据他的规范性之观点,青年马克思,也就是1840年代的马克思同最后两个世纪的西方主流思想是一致的。彰显这一关联的一个例子就是约翰·斯图亚特·密尔。密尔经常被视为一位与马克思的激进主义思想完全不同的作家,但我认为这对马克思和密尔来说都是一种误解。密尔的观点比我们有些时候所理解的要激进得多。不过,我在这里只想指出如下一点:像马克思一样,密尔赞同个体的自我发展,以及,与马克思类似,他希望使所有人都拥有这种自我发展的可能性。密尔的著作《论自由》就是对个体的自由发展之价值的论证。同时,它也是一种对维多利亚时期的应对社会加以改造,以保证个体发展之可能性的必要性的论证。而他的《功利主义》则支持能促进所有人的幸福的政治制度。当然,根据密尔对自由的评论,人们的幸福与他们所认为的适合自己的发展机会是紧密联系在一起的。我们可以把密尔的两部著作结合在一起,并将其视为一个整体性观点。在这一整体观点中,他认为,通过创造那些使每个个体都会选择的发展和实践其自身之能力的条件,制度能使社会幸福最大化。而这与创造出使所有个体都能够渔猎、饲养牲畜或成为批判性的批评家（马克思和恩格斯的所用术语），以及"就像他们头脑中所想的一样"来做这些事情的理念有着密切联系。

当然，我们也不应忽视密尔和马克思之间的区别。密尔的功利主义是一种集合性（aggregative）观点，马克思则认为这一观点是无法接受的。不过，我只想指出，这种差别更多体现为一种同一家族内部的分歧，而非两种完全异质的理论之争。

如我所言，19世纪和20世纪的许多作家都持这种理念。罗尔斯的著作也属于这一传统。而我将论证《正义论》的确要比我们对其通常的理解更为贴近这一传统。在我看来，罗尔斯与这一传统的不同之处似乎只有三点：首先，当许多作家对资本主义制度下的财富不平等悲叹时，罗尔斯则提出一种使这种实质性的不平等具有道德可接受性的特定标准，也就是他的差别原则；其次，当许多作家提倡自由、经济增长和经济上的再分配时，罗尔斯则坚持认为，至少在一个发展良好的经济环境中，自由对于经济增长和经济上的再分配有着道德上的优先性；最后，对于政治哲学的证成方式，罗尔斯有着不同的理解。在这里，我想指出罗尔斯政治哲学之证成观念某些方面的内容。罗尔斯有一个著名的"原初状态"，这一理念是说，分配正义原则应当从那些不知道自己的个体性体征和环境的选择主体的立场中被加以选择。同样，他认为，证成最终在于使我们的不同层次的信念服从于广泛的慎思，这一慎思则是用来产生一种广泛的、相互融贯的信念体系，这就是他所谓的反思平衡。罗尔斯从未放弃过原初状态和反思平衡，不过，他在最后又给他的实质性的理论证成支柱中添加了另一个理念，这就是罗尔斯所说的人的观念。在第二讲中，我将详细讨论人的观念在罗尔斯后期思想中扮演的角色。青年马克思从未提出过类似原初状态和反思平衡的理念。然而，一种人的观念却在他的1844年的著作中起着基础性作用。我将论证，一种对1844年的马克思的思想图景的思考方式即是对能够使马克思所理解的人的繁荣发展的条件进行说明。

这就自然地引出下述问题，即不论接受哪种被给定的人的观念，都要给出相应理由。如果罗尔斯和马克思的理论都要依赖上述这些观念，同时，就像他们所做的那样，这些观念有着实质性差别的话，我们凭什么应该接受其中一种而拒斥另一种？这个问题正是我的这些讲座试图解决的核心问题。然而，我无法为这一问题提供最终的答案。不过，在这些讲座的最后，我会给出一些策略，依据这些策略，我们可以进行进一步的研究，这些研究有可能会给出一种有说服力的答案。

我将试着使这两位对现存制度持批判态度的作家进行对话。他们都认为，与这个世界的当下之所是相比，这个世界不但可以变得不同，而且能够变得更好。在1844年，马克思为他所说的"真正的共产主义"进行了一番概述。而罗尔斯在其晚年则相信政治哲学的一个核心任务就是去对他所谓的"现实的乌托邦"进行阐述,这一事态与我们本质的可能性相符合,却超越当下的社会安排。[①]

这种以更好的未来的名义对当下进行批评是政治哲学家的最大责任所在。我们不能忘记,人类曾对彼此做过多少可怕之事。在《伯罗奔尼撒战争史》中,修昔底德给我们描述了"米洛斯人的对话"这幅图景。修昔底德对这一对话的描述是想解释政治在真实的人所组成的真实世界中的具体状况。在"米洛斯人的对话"中,雅典人包围了一座城邦——米洛斯,并要求其居民投降。这些居民则派出一个代表团来同包围者谈判。雅典人是愿意谈判的,但他们坚持认为不能把道德观念当作谈判的内容。他们认为,这些观念在现实的人类生活中没有任何力量。因为这个世界乃是"强者做他们能做的,而弱者则承受他们必须承受的苦难"[②]。修昔底德告诉我们,双方无法达成一致。最终,雅典人占领了米洛斯,杀掉了所有男人并将所有女人和孩子卖作奴隶。

当柏拉图在《理想国》中对理想城邦进行思考时,我

[①] John Rawls, *The Law of Peoples* (Cambridge, MA: Harvard University Press, 1999), p.7.
[②] Thucydides, *The Peloponnesian War* (New York: Modern Library, 1951), p.331.

猜测，他是了解修昔底德的著作的。柏拉图清楚地知道伯罗奔尼撒战争究竟是什么样子，因为这场战争是在他成年之后发生的。我将柏拉图的著作，也就是他所呈现的理想城邦视为人类社会和人类生活能够成为什么样子的一种尝试，并把我们经常粗鲁而野蛮地对待彼此的方式考虑进去。或许，柏拉图过于乐观了。我的观点是，任何关于人类社会和人类生活应当如何的政治哲学都必须始终留意两点，即人类的生活事实上如何，以及，这种生活在过去是怎样的。生活于21世纪的我们应当牢记人类在20世纪是如何对待彼此的。罗尔斯和马克思都是对未来非常抱有希望的作家（在此意义上，他们都是卢梭的继承者）。然而，我们——也就是生活于今天的世界上的你和我——需要在柏拉图的《理想国》和修昔底德的《伯罗奔尼撒战争史》之间找到一个有说服力的平衡点。

我在年代顺序上将罗尔斯和马克思进行了倒转，也就是先从对罗尔斯的讨论开始，继而进入对马克思的讨论。之所以采取这种进路，是因为我认为罗尔斯的作品能给我们提供一些范畴，而这些范畴在我们对马克思的讨论中会有所助益。在第一讲中，我将把《正义论》的观点展现给大家。在第二讲中，我将以对罗尔斯"人的观念"这一理念的讨论作为起点。在该讲座的第二部分，我将转向对马克思1844年的观点的讨论。之后，我将在第三讲中论证，如果马克思会接受物质匮乏这一事实，并由此认为需要某些形式的分配正义原则的话,他将会或多或少地认同罗尔斯的两个正义原则。最后,第四讲将转向对证成问题的讨论。

第一讲

罗尔斯论正义：分配原则和博爱关系

一、引论

让我们从某些传记性细节开始对罗尔斯的讨论。罗尔斯生于1921年，在美国东海岸、华盛顿特区正北方的马里兰州的巴尔的摩生活和成长。他的父亲是当地的一位名律师，因此，大致看来，罗尔斯的家庭具有中产阶级上层之背景。他中学读的是私立学校，中学毕业后去了普林斯顿大学，直到1943年从该校毕业。

大学毕业后，罗尔斯参加了美国陆军，成为一名步兵二等兵。我觉得这一点非常有趣，因为在那个时代，美国的大学毕业生通常会被训练成一名军官。然而，罗尔斯却选择成为一名士兵。当时，他随军驻扎在新几内亚和菲律宾群岛，战后又随军移驻到日本。他在新几内亚参加过一场战斗，据说在这场战斗中，一颗子弹穿透了他的盔顶却没有对他造成伤害。而在日本，他目睹了美军对广岛轰炸造成的毁坏。

罗尔斯在战前曾是一名虔诚的基督徒,他甚至曾认为自己会成为一名美国圣公会的牧师。然而,这场战争却对他造成了深重影响。他在新几内亚经历的战斗,以及随后目睹的对日本的轰炸,再加上他所获知的对犹太人的屠杀都削弱了他的宗教信仰。战后,他返回普林斯顿大学并获得哲学博士学位。他在普林斯顿有过短暂的任教期,随后,他去往牛津并在牛津居留一年。在这一年中,他与英国哲学家 H. L. A. 哈特(H. L. A. Hart)、以赛亚·伯林(Isaiah Berlin)和斯图亚特·汉普夏尔(Stuart Hampshire)共事。他在康奈尔大学和麻省理工学院获得教授职位。1962 年,罗尔斯成为哈佛大学的教授,在这里,他度过了自己以后的学术生涯。最后,他于 2002 年去世。

在 1950 年代,罗尔斯写过几篇重要的道德哲学和政治哲学论文,其中包括《伦理学决定程序纲要》《两种规则概念》和《作为公平的正义》。《作为公平的正义》最终成为罗尔斯同名思想的初次表述。他的《正义论》一书在 1960 年代就已经以手稿的形式流传,1971 年出版之后更是获得极大赞誉。

从一种恰当的历史角度来看《正义论》,我们不但必须谨记 1971 年的学术状况,也必须牢记这一时期的美国政治生活状况。从学术上看,在这一时期,功利主义思想历经数代流传已成为英语政治哲学的主流观点。在其经典表述中，也就是在杰米里·边沁（1748—1832）、约翰·斯图亚特·密尔（1806—1873）和亨利·西季维克（1838—1900）等人的著作中，功利主义呈现为如下观点：唯一可称为善的东西不过是一种特定的心理状态，也就是我们的快乐的感觉。许多极端复杂的功利主义思想之变体于近年来不断产生，一些功利主义的变体不再诉诸快乐的感觉，不过，大多数功利主义思想之变体还是认为，最终极的善是有价值的，因此，应当在所有个体组成的整个集合中，也就是人类整体中被加以最大化。对功利主义者来说，当下的社会制度是否正义，取决于这些制度是否有助于产生更多的效用（不论对"效用"如何界定），而不是取决于这些效用是否产生于某些可行的制度体系。

在1971年，一方面，功利主义占据着优势；另一方面，源自伟大的社会契约理论的政治哲学的另一传统则处在消亡的边缘。自康德以后，这一传统再也没有产生出重要著作，人们也不再重视这一传统下的哲学思想。这种状况，很大程度上是由于社会契约传统没有被以一种充分哲学化的方式加以理解。而之所以缺乏这种充分哲学化的理解，部分原因至少是现代以来没有发展出任何在深度和广度上能够与功利主义相匹敌的社会契约理论的尝试。罗尔斯的"作为公平的正义"则可以说正是这种尝试。

在阅读他的文本时，要始终留意罗尔斯将功利主义者视为首要对手①。功利主义者对正义也有自己的一般性理解。罗尔斯认为，我们都知道功利主义者对正义的理解是存在很多问题的，不过，功利主义之所以能够维持其地位，则是由于相比之下其替代性观点缺乏深度和广度。对此，罗尔斯认为要发展出一种具有足够的深度和广度的对正义的一般性理解。而我想强调的是，罗尔斯对正义的理解是一般性的，他的这种理解也需要从上述角度来评价。当然，对罗尔斯的这一特定观点的质疑也应当遵循这一进路，不过，对他的观点的最终评价却应当从其理论的整体性着眼。

同样，在对《正义论》进行思考时，应当考察该书写作时的政治背景。该书的写作正值越南战争和美国民权运动时期。这一时期的某些影响可在事实上被视为罗尔斯致力于写作《正义论》中关于公民不服从问题的五部分内容的动机。除了上述具体社会运动之外，罗尔斯式（Rawlsian）理论可完全被视为平衡这一时期左翼自由主义者的两大核心问题的一种尝试，这两个问题分别是：

---

① 简单说一下，罗尔斯也对直觉主义者有所回应。直觉主义者认为，人具有一种理智能力，运用这一能力，人们就可以理解许多不同的、独立的道德要求，并在它们有所冲突的时候对其加以平衡。常识就属于直觉主义。然而，直觉主义很难对其特定的主张加以证明。它似乎仅仅诉诸特定的不同直觉，而这些特定直觉则可能被个体和社会的偏见所扭曲。关于这个问题，见 Rawls, *A Theory of Justice*, §7。

为个体的广泛自由和机会辩护和为从富有者到较不富有者的主要社会再分配辩护。

二、罗尔斯的两个正义原则

要介绍罗尔斯的观点,最好以他的两个正义原则作为起点。但在做此工作之前,我们需要问这样一个问题:他的整个工作有什么必要性?这一问题关系到罗尔斯的下述假设,即我们需要找到恰当的正义原则或与之类似的其他原则,这种原则,也就是对物品进行分配的恰当规则。然而,为什么不去简单地假定人类能够克服物质匮乏,因而再也没有对分配问题进行思考的必要?为什么不能假定在一个恰当的社会中,每个人都能各取其所需?

罗尔斯的答案是,人类社会永远不可能达到这种状态。确实,我们是永远不可能接近这一状态的。罗尔斯坚信,当我们的生产力提高时,欲望也会随之增长。而人类能够利用的物质资源也许是有限的,同样,我们的物质生产的可能性也将达到某种限度。不过,罗尔斯并没有假定这一限度。相反,他假定我们对商品和服务的欲望是永远不会自行停息的。他相信,在恰当的社会制度之下,我们的欲望不会毫无限制地延续下去,如我们接下来将要看到的那样,他这种满怀希望的思想是与恰当社会制度的存在紧密联系在一起的,这种制度,也就是满足恰当正义原则的社会制度。

换个方式来表述，罗尔斯相信，至少就他所生活的美国和其他国家的制度来看，人的欲望都有着超出人的生产力的极大趋势。因此，我们需要一种原则来对分配问题加以规导，这种规导方式承认，并不是每个人都能获得他想要得到的一切。我在谈到青年马克思时会回到对这一问题的讨论。

罗尔斯同样相信人类的利他能力是有限的。他不否认我们具有关照彼此幸福的倾向。然而，他认为，我们不能简单地将如何对物质产品进行分配的问题仅仅依赖于我们关照彼此幸福的可能性。此外，罗尔斯非常乐观地认为，具体体现着恰当原则的社会制度将会造就我们关照彼此幸福的可能性。不过，这首先要求我们去发现和呈现正义的恰当原则。

罗尔斯将上述需要我们去探寻正义原则的境况称为"正义的环境"[①]。在我看来，这些环境似乎指出了现代人的生活中值得注意的另一个特征。我将这一特征称为我们的互惠性依赖（reciprocal dependence）。当然，这一事实从社会的起源之初，也就是从劳动的基本分工开始就已经很明显了。例如，在柏拉图的《理想国》第二卷的开头部分，当苏格拉底和他的对话者列举那些即便在一个原始的

[①] Rawls, *A Theory of Justice*, §22.

城邦中都不可或缺的匠人时,我们就能发现这种互惠性依赖。然而,我们相互依赖的程度是在近代早期才开始变得牢固。毕竟,在一个技术适度进步的社会中,几乎任何物品都体现为成百上千人的劳动。约翰·洛克在其1690年撰写的《政府论》(下篇)中就曾有过如下著名论断:

> 每一块面包在供我们食用之前需要勤劳提供并使用的东西,假如我们能够追根求源的话,将是一张奇怪的物品清单——铁、树木、皮革、树皮、木材、石头、砖头、煤、石灰、布、染料、沥青、焦油、桅杆、绳索,以及一切在船上应用的材料(船只运来了任何工人在工作的任何部分应用的任何物品),凡此种种,几乎不胜枚举,至少是过于冗长。[1]

不到一个世纪之后,亚当·斯密在其《国富论》中做出了同样的论断:

> 考察一下文明而繁荣的国家的最普通技工或日工的日用物品吧! 你就会看到,用他的劳动的一部分(虽然只是一小部分)来生产这种日用品的人的数目,

---

[1] John Locke, *the Second Treatise of Government* (Indianapolis: Hackett Publishing Company, 1980), §43, pp. 26‑27.

是难以计数的……没有成千上万的人的帮助和合作，一个文明国家里的卑不足道的人，即便按照（这是我们很错误地想象的）他一般适应的舒服简单的方式也不能够取得其日用品的供给的。①

我们广泛的互惠性依赖这一事实已得到人们长期的重视。在这一点上，罗尔斯的看法是，如果我们接受了依赖性这一事实，以及，如果我们同时承认我们处于正义的环境之中，那么，我们就需要从相互依赖性这一角度来对道德的可接受性做出解释。这就是罗尔斯提出两个正义原则的目的。

我们可以将相互依赖性，以及一般意义上的正义环境视为某种不幸却又不可避免的事情，对此，人类必须以某种方式来承受和适应。另一方面，我们也可以将这种相互依赖性视为生活中的一个特性，这一特性可以给我们提供一种获取重要的善的机会。我们可以关注这一事实，即我们的相互依赖性使人类对某些特定的、宝贵的能力的运用成为可能。然而，这种相互依赖性能够使我们对哪些宝贵的能力的运用成为可能，罗尔斯和马克思有着不同的看法。在罗尔斯看来，这种能力就是去正义地行事。对马克

---

① Adam Smith, *An Inquiry into the Nature and Causes of the Wealth of Nations* (Indianapolis, IN: Liberty Fund, 1981), I.i.11, pp. 22 – 23.

思来说，这种能力指的就是出于对他人幸福的关切而行事。相对其他作家，比如，相对那些自由至上论的作家来说——罗尔斯和马克思的这两种方式都提供了幸运的堕落（*felix culpa*）这一宗教理念的世俗变体。该理念本是一种宗教观点，在它看来，人类只有离开伊甸园并在具有匮乏和罪恶的世界中生存，才能去发展人类那些至关重要的能力[①]。以此观点，我们的相互依赖性能促使我们运用这些能力并使我们拥有这些自身即为善的关系。如果天赐吗哪（manna fell from heaven），而我们对彼此都无所需求的话，我们的处境将会更糟。因此，如我所言，罗尔斯和马克思以不同的方式遵循着同一条思路。

最后，我还要指出，我不会讨论罗尔斯的第二部重要著作——《政治自由主义》。因为这些讲座无法涵盖如此多的内容。

按照《正义论》的表述，罗尔斯的两个正义原则的内容如下：

（1）每个人对与其他人所拥有的最广泛的基本自由体系相容的类似自由体系都应有一种平等的权利。

（2）社会和经济的不平等必须这样安排，以使这种不平等（a）符合最不利者的最大利益，又（b）使那些优越

---

① A.O. Lovejoy, "Milton and the Paradox of the Fortunate Fall," in *English Literary History*, vol. 4, no. 3, 1937.

的地位应该在机会的公平平等的条件下向所有人开放①。

对这两个正义原则,我将略作评论。

(1) 这两个原则关涉到对各种善的事物的分配。为使我们的评论具有合理的精确性,我们需要一种度量标准,这一标准能对哪些事物是善的,或者,至少要能对那些既是善的又可作为社会生产和分配之主题的事物做出说明。在罗尔斯看来,这一度量标准就是他所说的"基本善"。这一引导性思想认为,不论人们要做什么,某些事物总是不可或缺。罗尔斯说,"为简化起见,假定这些社会掌握的主要基本善是权利、自由、机会、收入和财富"②。这些就是能去建构一种良善的人类生活的事物,即它们能够去建构非常宽泛的、不同种类的良善的人类生活。不同的人根据其不同个人偏好来以不同方式运用这些基本善,不过,一般来说,人们都希望得到更多,而不是更少的基本善。即便在你眼里,良善生活不需要获得太多收入,但毕竟更多,而不是更少的收入也能对你的生活有所助益。因此,罗尔斯假定,分配问题应当立足于对这些基本善的公平或正义的分配。

---

① 对第一原则的表述引自 Rawls, *A Theory of Justice*, p.60,53;对第二原则的表述则引自 *A Theory of Justice*, p.83,72. 罗尔斯对正义原则的最后表述,见 *A Theory of Justice*, pp.302-303,266-267。
② Rawls, *A Theory of Justice*, p.62,54.

要注意，罗尔斯并没有说基本善就是善（The Good），相反，他认为这些基本善只是被假定为任何人都不可或缺的东西，不论其拥有何种善的观念，以及这些善在事实上究竟是什么。

同样，我们还要注意，罗尔斯并没有通过对基本善这一概念的应用来预先否定功利主义。罗尔斯认为，作为一种度量标准，基本善相对效用来说的确有一些好处。这个问题，我无法在此加以深究。这里要注意的是，在这一阶段的论证中，功利主义同样能够接受基本善，并相应地得出不同于罗尔斯的两个正义原则的功利主义原则。原因在于，假定世界上的善仅仅是我们称之为"快乐"的这种心理状态，那么，从结果来看，对这些基本善的最佳分配方式就不是罗尔斯的两个正义原则，而是其他某些能够使快乐总量最大化或使快乐的单位总量最大化的方式（究竟是总量最大化还是单位总量最大化，要看背后起支配作用的是古典功利主义还是平均功利主义）。在这一阶段，对基本善的引入允许人们在作为公平的正义和其主要竞争者之间做出选择，因此，基本善在这一阶段无法得出确定结论。

（2）罗尔斯让我们去构想一种社会理想，这一理想的社会是被某种正义观所规导的。这也就是罗尔斯所谓的"良序社会"。他对良序社会的界定如下："它是一个这样的社会，在那里：①每个人都接受、也知道别人接受同样的正义原则;②基本的社会制度普遍地满足、也普遍为人所知地满足这些原则。"①

严格来说,有多少种具有说服力的正义原则就有多少种良序社会。罗尔斯则意在描述并论证某些规导一种非常特殊的良序社会的原则,也就是作为公平的正义原则。因此,当他谈到"良序社会"的时候,他指的就是被他的两个正义原则所规导的良序社会。为简洁起见,同样,我也将用"良序社会"来特指被罗尔斯的两个正义原则所规导的社会。不过,我必须申明,良序社会这一概念有着更加宽泛的意义。

(3)通过将其正义观分成两个原则,罗尔斯进而将其关切分为两个部分。一方面,他认为,"这些方面确定并保证了公民的平等的自由";另一方面,他认为"这些方面确立了社会和经济的不平等"②。罗尔斯这里的潜在观念似乎是说,在某些领域中,平等没有任何商谈的余地。比如,个体的言论自由、政治参与权都应被设定为完全平等,毫无妥协的余地。相反,他并不认为人们在经济上都是平等的。他确实从经济的平等出发,并将其视为分配问题的最初衡量基准。然而,如果具备正当理由的话,他也希望放弃上述基准。事实正是如此,罗尔斯所谓的"差别

---

① Rawls, *A Theory of Justice*, p.5, 4.
② Rawls, *A Theory of Justice*, p.61, 53.

原则"的整体观点就是去界定一些条件，在这些条件之下，对平等的背离能够具备道德上的可接受性。

（4）正义的第一条原则优先于第二条原则。这就意味着，在正常情况下，我们不能以实现第二条原则为理由来损害第一条原则。如果在某些情况下，使最不利者的利益最大化的唯一或最有效的方式就是去损害自由的话，罗尔斯必定会拒绝。他会认为这样一种损害是无法容忍的。

在这个问题上，罗尔斯所构想的事件有大有小。我们拿小的事件为例。当某些特殊群体或者某些对当地政府持反对态度的群体希望举行一次示威游行时，当地政府时常会拒绝，因为在游行过程中，维护安全的成本太高。比如，芝加哥的郊区小城——斯科基（Skokie）想要否决法西斯主义团体在城中示威游行的请求[1]。又如，当地政府会说，如果允许这一游行，将会造成恶劣的经济环境，从而损害经济发展。可以看到，在上面的例子中，如果允许其示威游行，将会损耗共同体的过多财富。罗尔斯的自由优先性理念则认为，节约财富不能成为不允许人们举行示威的充分理由。一般来说，即便自由意味着某种形式的大量开支，罗尔斯也认为，个体运用其自由的权利也必须得到保护。

---

[1] 该事件发生在 1977 年。这个群体是一个新纳粹组织，该组织希望在城镇中游行，以打击那些居住在斯科基的纳粹大屠杀的幸存者。

（5）在罗尔斯的正义第二原则中，有两个短语需要做出进一步的解释，即"机会的公平平等的条件"和"最不利者的最大利益"。我们来从"机会的公平平等的条件"开始谈起。当我们思考机会平等时，或许仅仅意味着人们对财富、权力或权威之地位的追逐没有阻碍。这就意味着对一些基本要素，比如对种族、性别或宗教等不加歧视。不过，对于这个问题，还有更广阔的理解路径，而罗尔斯所认可的正是这种更广阔的路径。这一路径关注的是如下事实，即真正的机会平等要求所有个体都拥有足够的、基本平等的教育背景，其他方面也是一样。比如，每个个体都要有足够的儿童健康保健或足够的营养摄入。这里的理念是，如果我们严肃对待公平竞争的话，就需要尽量确保人们在起跑线上不能被严重的障碍所阻滞。

例如，我住在芝加哥的一个中产阶级社区，不过，我的社区周围的那些居民却极端贫困。那些社区里的学校很糟糕。那些在贫困区成长、在学校接受教育的孩子们很少拥有发展他们的才能、摆脱贫困的机会。罗尔斯的公平机会原则认为，这种状况是极其不正当的。因此从他的正义原则来看，一个正义的社会必须找到某些方式，以使每个孩子都能得到足够的教育，一般来说，必须使每个孩子都拥有发展自己能力的真正机会。而反观当下美国的机会现状，可以说，这一现状远远达不到罗尔斯的公平机会原则之要求。

第二个需要进一步解释的短语是"最不利者的最大利益"。这一短语关系到罗尔斯的"差别原则"。这一理念主张，当且仅当不平等是尽最大可能地对社会底层加以提升的唯一或最有效的方式时，不平等才能被允许。以此观点，我们的关注点从一开始就应该落到社会中境况最不利的群体当中。当我们将这一群体的境况提升到对他们来说最可接受的水平之后，再将视线转移到境况次不利的群体，并以此类推。在这里，潜在观点是，当必要的不平等的目的是去提升最不利者的生活境遇时，这一观点才能在道德上得到证成。当然，这种不平等不能以损害自由为代价。

这里有两个关键要素：一个是"优先主义"（prioritarianism），它认为，对最不利群体的生活境况的提升在道德上优先于其他对分配的考虑。这一点已经成为多数英语政治哲学的基本假定。我在第三讲对马克思的讨论中会再次回到这一观点。

罗尔斯的第二点思考是：人是被动机所驱动的。因此，或许能使我们投入经历风险、做资产投资、辛勤劳作等活动的最佳方式就是去允许那些其最终结果会增加社会总量的不平等。或许，能够产生使最不利者能够得到最大程度改善的条件的环境就是去允许不平等的存在[①]。

[①] 这两个原则是更加一般性的正义观念的一种特例。见 *A Theory of Justice*, p.62, 54. 根据这种一般性观念，以权利和自由来换取收入和财富（转下页）

罗尔斯所持的就是这种观点。如果某种获得额外基本善的动机能够产生更多社会财富，而这些财富将有利于那些最不利者的话，人们具有这种动机就是正当的，尽管这一动机必须仅仅被限定在最大程度地改善最不利者的境遇之内。

还有一点需要顺便强调一下，差别原则并不是配给原则（allocative principle）。配给原则首先假定一些固定量的善，然后再对这些善进行适当的分配。事实上，配给原则将分配与生产分开了。而在罗尔斯看来，分配与生产是密不可分。不同的分配原则将会引出不同形式的投资和其他活动，而这些活动将会产生出不同的善。因此，整体来看，差别原则是去为每个个体提供恰当的动机，以使这些个体参与到能够提升基本善的总量的行为中。在这个意义上，罗尔斯不认为社会正义理论应当采取一种配给原则[①]，而是应当采用一种分配原则，也就是一种与社会生产相关的原则。

（6）罗尔斯的观点就是他所谓的"纯粹程序正义"。这一理念认为，如果我们能够确定正义的制度结构，那么，只要整体的制度结构是正义的，我们就不必担心每个个体

（接上页）的增长是能够被允许的，但两个正义原则是反对这一点的。在一般性观念那里，不存在对于善的优先性，两个正义原则则坚持这种优先性。

[①] Rawls, *A Theory of Justice*, pp. 88, 76 - 77.

的处境是否会不正义。也就是说,只要公民身处其中的程序或者这种社会条件是公正的,那么这一社会的整体处境就是公正的,不论每个具体个人的条件是否存在高低之别。分配程序的公正性确保了特定社会安排的公正性。

在罗尔斯看来,这一点就是说,对于何为个人之应得,没有任何先在的决定性标准。而在一些纯粹配给性语境中,则可以认为存在这样一些先在标准。因此,如果我们为十个人分蛋糕的话,我们似乎事先就知道每个人都应当得到与别人相等的一份。即我们事先可以说,杰克和吉尔应当得到同等的份额。然而,在作为公平的正义看来,我们不能事先就说,杰克应该得到比吉尔更多的基本善,或者相反,而是要在公正的程序中来视其实际所得。

罗尔斯经常用赌博为例来说明纯粹程序正义[①]。想象一下,我们将一枚重量均匀的硬币投掷一百次。正面朝上的情况下,杰克将赢得一美元,反之,吉尔将赢得一美元。假定这枚硬币被投掷了一百次,在这种情况下,由于每次投掷都是公平的,罗尔斯认为,这一百次投掷得出的任何结果都是公平的。这种程序的公平性能够被传递到结果上,因此,任何公平程序的结果也都是公平的。比如,如果吉尔赢得 80 美元而杰克仅仅得到 20 美元,这个结果是公平的,反之亦然。此外,在这个例子中,我们在这枚

[①] 关于纯粹程序正义,见 *A Theory of Justice*, pp.85 – 87,74 – 76。

硬币被投掷完一百次之前无法获知杰克和吉尔的实际所得。与此相似，在罗尔斯的两个正义原则所规导的社会系统实际建立并对分配进行运作之前，我们无法获知每个个人在罗尔斯的良序社会中将会有何所得。"因此，为了在分配份额上应用纯粹程序正义的概念，有必要建立和公平地贯彻一个正义的制度体系。"①

差别原则有一些直觉性诉求，然而，这一诉求也引来许多批评。下面，我将查看两种最普遍的批评，这将有助于我们接下来的分析。

第一种批评认为，差别原则会造成事实上的不平等。我们可以假定杰克就是最不利者。严格来说，以下情况在逻辑上是完全可能的，即允许杰克仅仅得到一美元，而吉尔，尽管其境况要比杰克要好得多，却得到一百万美元。如果杰克是最不利者的话，我们的目的是尽最大可能地改变其境况。如果能够最大可能地改变杰克的境遇的唯一途径就是给予吉尔一百万美元，以作为对其生产活动的激励，同时，这种激励又能在事实上增进社会整体财富的话，那么差别原则似乎就会认为，我们应该给予吉尔这一百万美元。对于这一方案，很多人都认为是有问题的。

从逻辑上看，这一标准的确是可能的。不过，从下面两个理由来看，它又极不可能真实发生。首先，我们要记

---

① Rawls, *A Theory of Justice*, pp.86-87,76.

住，罗尔斯的论述对象是一种良序社会。在这样一个社会中，公民具有一种他所说的"正义感"，而这一正义感则能够激励他们去遵照两个正义原则行事。因此，在罗尔斯的良序社会中，在某种程度上，人们遵照其正义感行事即为使人们对参与社会生产活动的动机保持真诚。那些想从自己对商品和服务的提供中获得额外收入的人们必须对他们所提供的商品和服务的价格基点保持真诚，而不能在参与某种活动时刻意欺骗。他们不能只是希望从公共钱袋里获取额外补贴。如果这样做的话，那就是没有遵照正义感行事。通过这一假定，所有公民都会相信差别原则就是正义的分配原则，同样，所有公民也就不会对其加以反对了。从结果来看，只有当没有其他更为廉价的途径去提升杰克这一美元的收入时，吉尔才会得到这一百万美元。同时，如果吉尔确实是某些具有较高价值的商品和服务的唯一提供者，以及只有当吉尔的确不想去提供这些商品和服务的话，他才可以得到少于一百万美元的收入。

显然，这一情境是极不可能发生的。不过，我们仍可假定它确实发生了。这一情境很是怪异，因为杰克多得这一美元的唯一途径竟然是要使吉尔多得另外的一百万美元。那么，为什么给吉尔这一百万美元是不正当的呢？通过上述假设可知，这是在不损害任何人的自由的前提下使杰克能够获利的最有效的途径。同样，这个假设告诉我们，吉尔的意愿序列很奇怪，他想要为一百万美元去提供商品和服务，如果这一百万美元中少了一美元，他就不想再参与这一活动了。这很奇怪，也不太可能，不过，这正是吉尔的选择。拒绝给吉尔这一百万美元的唯一理由就是我们无法接受经济上的这种不平等本身。可是，我们为什么应该这么做？难道我们不应该在不损害所有人的自由的前提下尽其所能地去关切那些境况最不利的人吗？要记住这一点，在上述假设中，在个人所拥有的自由方面，杰克和吉尔是完全平等的。此外，他们都有着平等的公民地位。罗尔斯坚持认为，经济上的不平等必须不能对公民平等的自由和地位造成损害。这看起来似乎很不现实。但在这里，我们需要记住两点：首先，如果给予吉尔这一百万美元就会对平等的自由造成损害的话，那我们就不应该给予吉尔这笔钱，而这样一来，我们就有了不给他这笔钱的一个新的、不同的理由；其次，在这些条件下，罗尔斯会同意这一观点，因为在罗尔斯看来，自由具有对差别原则的优先性。

我们刚刚谈了对差别原则的反对意见，即差别原则会允许不平等的存在，而这种不平等是很成问题的，因此，差别原则的均等程度是不够的。然而，也有某些观点认为，差别原则过于均等了。认为差别原则过于均等的论证是这样的：假定给贝蒂——她的现有境况要好于鲍勃——一百万美元，不过，这样做的结果要求从鲍勃那里取走一美元。差别原则是反对这一做法的。因为差别原则旨在最大化地提高鲍勃这一类最不利者的境况，而从鲍勃那里拿走一美元将使他的境况变得更糟。在这里，对差别原则的批评似乎认为，不允许给贝蒂以巨大收益的理由仅仅是因为这种行为从鲍勃那里拿走了很少量的财产，而这样做是不正当的。即便鲍勃的处境从一开始就比贝蒂要差，但仅仅因为鲍勃会失去很少量的财产就不允许贝蒂获得巨大收益似乎也是很古怪的想法。然而，这恰恰就是差别原则的主张。

对这种例子的回应是指出一种传递系统（transfer system）的可能性，这一系统会从贝蒂的新的、额外的一百万美元的收益中拿出至少两美元给鲍勃。以此方式，较差处境中的鲍勃将不会因为贝蒂这新增的一百万美元而变得更糟。相反，他的境况将由此被改善。不过，假设现在贝蒂非常真诚地说，如果少于一百万美元的收益，她将不会去提供相应的产品和服务，也就是说，如果其收益少于一百万美元，她就不会去参与这种生产活动。这也就是为什么罗尔斯坚信公平的关注点应当在鲍勃那里，而不是在贝蒂身上的原因。差别原则并不去阻止贝蒂获利，它并不妨碍她以某种不使鲍勃获利的方式来使自己获利。这种方式似乎没什么不公平的。如果贝蒂不愿与鲍勃分享她的任何所得，那我们为什么应该认为她遭遇了不公平的对待？

这个例子的重要性在于使我们理解罗尔斯的理论图景的整体含义。如我在上面的例子中所评论的，如果贝蒂游离于最大化地提高最不利者之境遇的社会系统之外的话，那这一百万美元就不是她所应得的。罗尔斯这一观点的根据是自然应得和合法期望的区别，这两者的区别是显而易见的。如果我们生活在一个合乎情理的（reasonable）正义社会中，而这一社会为某些特定行为提供奖励的话，那么，如果你照此行事，并在公共服务工作中取得极好的成绩，那么你就可以合法地期望得到这些奖励。如果你照此行事而没有得到相应奖励的话，你就有足够的理由抱怨。我们可以假设，社会中有这样一个规则，如果你做了 X，你将得到 Y。这一规则产生了一个得到 Y 的合法要求。这与自然应得相对立，自然应得的理念主张，一些人可能会自然地具有一种道德要求，而这一道德要求认为社会制度应给他提供某些奖励。但在罗尔斯看来，根本不是如此。

关于不同的社会向不同的体力和智力支付报酬的方式，罗尔斯这里有着最强的解释力。我们在这里可以举出许多例子。比如在美国，专业的棒球和篮球运动员比起专业足球运动员有着更高的收入。而在许多其他国家，情况则刚好相反，足球运动员的收入更高。然而，没有哪个美国足球运动员会说，他应该得到与美国棒球运动员同等的收入。没有哪个人能够要求社会应当被如此组织，以便使他自己的才能得到较高的报偿。

在其他领域也可以见到类似的情况。现在的许多外科医生都是女性，而在一百年前根本没有女性外科医生。其原因不仅是由于对女性的性别歧视,更在于一百年前外科手术领域没有助力器械。因此,那时的外科医生需要强有力的臂膀,否则,他将无法打开病人的身体。随着时间的推移,这种情况已经彻底改变了。现在,如果哪个男性会说,由于我的身体非常强壮,因此我具有成为一名外科医生的更大竞争力的话,他的理由定然会被视为荒诞不经。任何职业都有一个加入该行业的标准,比如,对于能否就读医学院,我们有一些标准,如果某人符合这些标准的话,他就能获准去该学院就读。然而,这些标准随着时间的推移也在不断发生变化。因此,罗尔斯认为,至少对于政治哲学,以及寻找具备可接受性的分配正义原则这一目的来说,独立于这些不断变化的标准的应得概念是没有意义的。

对于上面这些思路,多数人都会认同,至少是部分认同。不过,在其中一个领域,罗尔斯的观点引发了重要争论。而在这个问题上,我也认为他的观点的确存在问题。很多人都相信,人们在世间的成功得益于一种重要的品质,而这一品质与一个人是谁,以及一个人的责任是什么是紧密联系在一起的。至少在某些条件下,人们的行为会实际地产生一种独立的道德应得的要求。这一品质就是付出努力的能力,也就是辛勤劳作的能力。

在《正义论》中,罗尔斯认为,就像人的其他能力一样,人们辛勤劳作的能力可能也是社会环境所塑造的[①]。对这个问题,重要的是要看到,罗尔斯在做出这一论断时明确说过什么,以及他没有说过什么。罗尔斯有时会被解读为做出了一种宏观的形而上学论断,也就是说,他断言人的所有方面都是被社会决定的。而事实上,罗尔斯在不断努力走出形而上学的宏大承诺,因此,这样一种解读过于牵强了。不论如何,罗尔斯都不必做出此类断言。我认为,罗尔斯应被解读为做出了一种温和的、常识意义上的社会学论断,也就是说,很多东西都会对每个个体成功的愿望有着不可忽视的影响,比如,每个个体所在的当地文化的性质、家庭环境等。在悲惨的贫困环境中成长的人会很难通过辛勤工作看到未来的希望。对他们来说,成功的机会非常渺茫。一般来说,付出很多努力对他们来说似乎没有什么意义,尽管并非对他们中的所有人来说都是如此。这与下面的事实是相容的,即如果两个人共同生活在一种相同的背景环境下,他们的重大差异取决于他们的实际作为。因此,在我看来,罗尔斯的观点是有倾向性的。

尽管如此,罗尔斯还面临另一个问题。由于多数人都会有这样一种强烈信念,即很大程度上,努力毕竟是努力,因此,努力能够产生某些应得的主张。关键问题在于,罗尔斯本人在有些地方也有些类似讲法。比如,罗

[①] Rawls, *A Theory of Justice*, p.74, 64.

斯认为，行为主体要为他们的目的负责。也就是说，他认为，我喜欢昂贵的品位这一事实不能作为我从社会资源中获得额外要求的理由。假定除非我能拥有一套雅致的别墅、一辆劳斯莱斯轿车，还有百慕大群岛上的度假屋，否则我就无法快乐起来。对大多数人来说，他们的快乐所要求的东西比这些要少得多。罗尔斯的观点是，我的昂贵品位不能为我对更多资源的要求提供理由，这是因为，我是不必拥有这些昂贵品位的。我可以去喜欢一些较为廉价的东西。我不但不是被形而上学地被决定和框定的，同样，也没有在社会学意义上被加以决定和框定。即便我的成长环境使我去喜欢这些昂贵的东西，我对这些东西的品位仍然是我自己的责任[①]。

此外，罗尔斯承认，在他的良序社会中必须有刑法，以及警察、法庭、监狱等机构的存在。然而，如果在道德上，对人们施以惩罚是被容许的，我们就必须假定人们能够控制自己的行为。如果我们假定人们能控制自己的行为的话，难道不应该同时假定人们能够控制自己做出多大程度的努力吗？以及，我们不应该奖励那些付出努力的人们，而不奖励那些没有付出努力的人吗？

[①] 如罗尔斯在其 1975 年的论文《对善的公平》中所谈到的："我们将人视为有着掌握和修正其需求和欲望的能力。"见 John Rawls, "Fairness to Goodness," *Philosophical Review*, vol. 84, no. 4, 1975, p. 553。

第一讲 罗尔斯论正义：分配原则和博爱关系

罗尔斯必须面对人们对努力的意愿这个问题。这一点是很容易看到的。我们可以设想，两个人从完全相同的天资和环境下起步，其中一个人选择花时间来睡觉和偷懒，另一个人则是努力工作。现在，假定第一个人在基本善的占有上成为不利者，而他却将从第二个人的收益中获利，这看起来似乎是不公平的。当不利的境况是我无法控制的，因此，由此引发的不平等应当被矫正，这是一回事。如果这种境况是完全可以被我控制的，却还要对这种不平等进行补偿和矫正时，那就是另外一回事了。

我认为，罗尔斯在这里陷入了僵局。的确，就像他自己最后在《政治自由主义》的一个脚注中所承认的那样，差别原则的实施必须去掉上述情况①。不过，如果我们始终牢记当下的社会和良序社会之间的区别的话，罗尔斯所说的这些差别就可以合乎情理地具有一致性了。有的人或许会将良序社会视为一种条件，这种条件对人们做出努力的能力进行一种相对温和的抑制。这一经验论、社会学意义的观点会认为，与受作为公平的正义所规导的良序社会相比，当下的社会（比如美国）在很大程度上压制了我们做出努力的能力，至少，比起作为公平的正义规导下的良序社会，对多数人来说是如此。而罗尔斯的观点会是这

---

① John Rawls, *Political Liberalism* (New York: Columbia University Press, 1996), pp.181-182, note #9.

样的:

(1) 一些社会环境,比如美国的贫民区,是能够压制人们做出努力的能力的。

(2) 在实践中,任何一个特定个体自身努力的失败都很难撇开这些环境的影响。

因此,(3) 一般来说,我们不能以做出努力这一理念为理由来认为特定个体当下的贫困处境是正当的。

这些观点与在适当的社会环境下,人们能够期望做出努力,并为自己的努力负责这一理念相一致。同样,它也与如下理念,即我们有时会有足够理由来认为一些行为主体并没有去做他能够做到的事情这一理念相协调。在这一环境下,似乎可以相应地限制他们的社会收益。

我应当对罗尔斯的良序社会中可能存在的不平等程度作出说明。罗尔斯相信,在这样一个社会中,"一个良序社会所容许的绝对或相对的差别也许并不多于常常流行的那些差别"[1]。这一信念依赖两个前提。第一个前提是,在具有在不同行业间的移动自由和某种价格体系的社会中,最高工资将有变低的趋势。这是因为,高收入的工作倾向于包含权威和权力,以及对较为复杂的能力的运用。这些工作是远离单调乏味的。因此,相对其他工作来说,大多数具有相关能力的人将选择这些工作。因此,自由竞争条

---

[1] Rawls, *A Theory of Justice*, p.536,470.

件下，刺激人们去从事这些行业的工资收入将会比现在低得多。罗尔斯的这一假设认为，在真实的竞争背景下，人们在这些工作中得到的非货币收益是足够的，因此，大量的货币报偿就是不必要的了。罗尔斯的第二个前提是：在某些没有上限的较高水平的经济福利中，由于某些非劳动性活动的存在，经济福利进一步的重要性就被相对淡化了。特别是，罗尔斯认为从某些方面来讲，对个体来说，对各种文化、精神活动，以及各种社团的参与要更加重要①。此外，在这一层面的经济福利中，人们希望在各个层面参与自治性活动。如果我们接受这些人类心理学的前提，那么在罗尔斯的良序社会中，人们将不会像现在一样渴求越来越多的经济收益。

关于罗尔斯的良序社会中人们对平等的倾向性问题，还有一点需要讨论。即罗尔斯相信，在心理上维持公民们的自我价值感，也就是他们的自尊的东西最终将不在于他们拥有多少收入并在收入上与他人相比较，而在于他们作为平等公民的资格。这一点是至关重要的，在此次讲座的结尾，我将再次回到这个问题。

要记住，我们的任务是去为社会基本结构，也就是社会的核心制度构想出一种合理的道德框架，这样一种框架

---

① Rawls, *A Theory of Justice*, p.542-543.在该书的修订版中，对自由优先性的论述有所不同。

则要求我们对当下的资产进行再分配。也就是说,那些富人将不得不放弃他们的部分财产。因为当下的分配现状,比如美国的分配现状与罗尔斯的正义要求极为不符。在不正义的制度结构下,比如,在美国那种不正义的结构下,那些获得大量资产的人对其收入并不具有绝对的所有资格,因为他们的财富是在道德败坏的背景下获得的。在《共产党宣言》中,马克思和恩格斯向资本家宣告:"可见,你们责备我们,是说我们要消灭那种以社会上的绝大多数人没有财产为必要条件的所有制。总而言之,你们责备我们,是说我们要消灭你们的那种所有制。的确,我们是要这样做的。"[1] 而罗尔斯式的方案并不在一开始就打算废除任何人的财产。而是要去对这样一些条件进行探究,因为在这些条件下,对财产的占有具有道德上的正当性。然而,一个真正的正义社会中的条件很可能与我们当下的条件是极为不同的,比如,与当下的美国相比。我们假定,美国当下的条件是不正义的,也就是说,它们不符合

---

[1] Karl Marx and Friedrich Engels, *Die deutsche Ideologie. Kritik der neuesten deutschen Philosophie in ihren Repräsentanten Feuerbach, B. Bauer und Stirner, und des deutschen Sozialismus in seinen verschiedenen Propheten* (1845 – 46), *MEW*, vol. 3, p. 33/*The German Ideology. Critique of Modern German Philosophy According to Its Representatives Feuerbach, B. Bauer and Stirner, and of German Socialism According to Its Various Prophets*, *MECW*, vol.5, p.47.

我们将要接受的正义原则的要求。这样的话,那些现在在美国变得富有的人们就不能说对财产的当下分配是正义的,同样的理由,他们也不能认为再分配就是不正义的。因此,他们不能从道德上公然宣称反对财产的再分配。只有在这个意义上,罗尔斯才持有一种废除他们财产的主张。

三、良序社会中的关系问题

在第一讲的最后一部分,我想谈一谈在罗尔斯的良序社会中公民之间会具有何种关系。有些时候,罗尔斯式的社会被假定为原子化和高度个人主义的,因此,公民之间不会存在共有目的,人们也不会对彼此的幸福加以相互关照。这种看法有着很大的影响,因此,我将在最后通过分析尊重和关切这两种政治态度的差异来对罗尔斯和马克思做出区分。这些内容将在第三讲讨论。不论如何,在某种程度上,罗尔斯式的社会非常具备共有目的和承诺。这是罗尔斯的理论特色,而这一特色却没能得到足够理解和领会。

在《正义论》中,罗尔斯就曾明确担心他的观点被理解为一种他所说的"私人社会"。他对私人社会的界定如下:

> 它的主要特征首先是构成这个社会的人们，无论他们是个人还是社团，都具有他们的私人目的，而这些目的或相互冲突，或彼此独立，然而在任何情况下都不值得赞美。第二，制度本身被看得没有任何价值，和制度有关的活动不被看作一种善，如果被看作什么的话，也是被看作一种负担。所以，每个人仅仅把社会安排当作实现他的私人目标的手段。①

我将简要阐述罗尔斯的良序社会区别于私人社会的三种方式。首先，在罗尔斯构想的社会中，公民具有某种形式的共有和最终目的；其次，罗尔斯构想的社会是某种形式的社会联合；最后，这种社会例示着他所说的"互惠性"。下面，我们分别对其进行考察。

我首先从共有目的开始讲起②。在这里，我们需要做出两点区分。首先，可能存在内导性（internally-oriented）或外导性（externally-oriented）共有目的。前者是说，行为主体的共有目的仅仅是去在以某种特定方式所构建的社会中生活。相对之下，外导性共有目的则包含去实现被社

---

① Rawls, *A Theory of Justice*, p.521, 457.
② 我在拙作 *Community and Completion* 中对这个问题有详尽的讨论，另见 A. Reath, B. Herman, C. Korsgaard eds., *Reclaiming the History of Ethics: Essays for John Rawls*, (Cambridge: Cambridge University Press, 1997)。

会整体所倡导的某些目标,比如,在地上建立上帝之国,或者,建立民族帝国、大帝国。在这些例子中,行为主体均希望去促某种特定的共同生活结构之外的其他东西。然而,罗尔斯意义上的公民,至少作为公民而言,他们却只希望在两个正义原则所规导的社会结构中生活。对罗尔斯来说,这一共有目的十分重要。他甚至走得更远,将对正义制度的维续称为"人类繁荣的卓越形式"和"人类最好地体现了他们的本性"①。然而,这不包括任何除了作为公平的正义所规导的良序社会之外的外在目的,以及维持这样一个社会之外的任何目的,也就是说,除了对一个正义社会的维续之外,不存在任何别的目的②。对罗尔斯式公民来说,坚持正义的制度就是他们共有的、内导性的最终目的。

第二个区分是对重叠性(overlapping)共有目的和交互性(intertwined)共有目的的区分。当行为主体具有同样的目的,但他们不必通过他人或同他人 起来实现这目的时,该目的就是重叠性的。比如,许多捐赠者通过设立一个基金会来消除某种疾病,比方说糖尿病,这一行为构成了一个共有目的,但他们彼此的相互需要仅仅是由于需要共同努力来筹集足够的资金,以此消除这种疾病。假

---

① Rawls, *A Theory of Justice*, p.529, 463.
② Rawls, *A Theory of Justice*, p.528, 463.

如某个捐赠者自己筹集了足够资金来支持所有的研究，或者出现了某些幸运的环境，使得糖尿病完全消失的话，这一共有目的也不会因此丧失其意义。相比之下，对罗尔斯那里的公民来说，其彼此需要的理由是要以此意识到在一个正义的社会中生活是一种善。这种善要求给予彼此以正义。包括遵照自己的正义感来对其公民同伴行事，以及在行事中对这种正义感有所意识（至少是潜在的意识）。

通过重叠性、外导性共有目的而形成的共同体在结构上与那些通过内导性、交互性共有目的而形成的共同体是不同的。在一个由外导性、重叠性目的所形成的共同体中，行为主体之间并不由于其共有的最终目的而对彼此负责。这就意味着，如果我的行为对你的目的的实现做出了某种贡献，那么，从本质上看，这不过是由于我的目的的某种偶然性，因为这并不是我的目的的一部分。我们并不为彼此的目的而行事。相反，在罗尔斯看来，正义是公民们彼此给予和相互获得的，他们意在给予和获得正义，而所有这些都在所有公民之间被广泛地了解和赞赏。正是在这种"给予——获得"的过程中，公民们通过对这一行为结构的认可来各自认识到他们的最终目的（至少是某些最终目的）。

现在，我将转向罗尔斯所说的"社会联合"（social unions）理念。罗尔斯认为，我们每个人都同他人一起在各种团体中进行活动。这些团体或许是一起读小说时的读书小组，或许是每周举办的足球赛或慈善聚会。这些团体在形式上具有多种可能性。在这个问题上，一般认为，在一个现代社会中，存在许多既非直接经济性亦非直接政治性的组织，而人们可以在这样一些组织中得到实质性满足。

罗尔斯认为，要成为一种社会联合，一个组织必须满足以下要求，即："人们是否具有一种共有目的，取决于当这些需求由正义原则调节时，他们的兴趣引导他们从事的活动的更具体的特点。必定存在一致同意的行为，通过这个行为，每个人的美德和享受对所有人的善有所增益。这样，一旦人们共同实施一项为每个人所接受的计划，每个人都从其他人的活动中得到快乐。"[1] 罗尔斯举了一个良序的游戏为例。当我们共同处在一个游戏之中时，我们会互相赞赏每个人在游戏中的卓越表现，比如，你投篮的技能，其他人防守或进攻的技能等。此外，我们都有将游戏玩好这一共有目的。每个人都希望能够分在获胜的一组，然而，如果双方的实力过于悬殊，这场游戏就会让人感到索然无味。一场好的游戏必须能够产生某种愉悦感，这种愉悦感则是每一组成员都能在游戏中享受到的。下面是一个职业联盟的著名棒球运动员在一场冠军赛的决定性时刻的故事。这场比赛的过程非常激动人心，但到结局的时

---

[1] Rawls, *A Theory of Justice*, p.526,461.

候,这场比赛却让人感到单调乏味。这时,这位运动员跟对方球队一位著名运动员说道:"你能相信这是场比赛吗?"① 每个参赛者都应对比赛本身感到赞赏,因为这是他们共有的东西。

罗尔斯认为,每个人都从属于一个或多个这样的社会联合。进一步说,罗尔斯认为,我们应当将社会本身视为各种社会联合的社会联合,这一点极为重要。他说道:"与博弈者进行精彩而公平的比赛的共有目的一样,一个良序社会的成员们有共同合作以便以正义原则允许的方式实现他自己和他人的本性这一共同目标。这个集体的意图是人人获得一种有效正义感的结果。"②

对社会的这种理解使得罗尔斯从属于一种有趣的哲学传统。他的这种思想体现出向歌德的某种回归,并从属于黑格尔传统中的普遍进路。罗尔斯明确援引了威廉·冯·洪堡的观点:"所以,我们可以按照洪堡的看法说,正是通过建立在社会成员们的需要和潜在性基础上的社会联合,每一个人才能分享其他人实现出来的天赋才能的总和。"③

这一思想非常值得注意。该理念认为,在各种社会联

---

① 这场比赛是 1975 年的世界职业棒球大赛的第六次比赛。这两位运动员分别是 Pete Rose 和 Carlton Fisk。
② Rawls, *A Theory of Justice*, p.527,462.
③ Rawls, *A Theory of Justice*, p.523,459.

合的社会联合中,我将能够去赞赏别人所做的一切,反过来,别人也会以赞赏的态度来看待我的活动。在这一过程中,我在某种程度上分享着别人的成就。在某种程度上,我将把他人的成就视为自己的成就。

的确,这种社会完全不同于私人社会。此外,正如马克思的导师布鲁诺·鲍威尔(Bruno Bauer)在其回忆录中所评论的,通过对作为整体的社会的恰当界定,也就是鲍威尔所谓的"普遍的自我意识",我能够看到包括鲍威尔所说的我自己的"天赋"的产物在内的所有东西。[1] 在下一讲中,我们将会看到,在马克思那里同样具有类似的观点。通过社会联合的社会联合这一理念,罗尔斯试图说明,在他的良序社会中,公民彼此之间是具有密切联系的。罗尔斯接着写道:

> 我们被引向一种人类共同体的概念,这个共同体的成员们从彼此的由自由的制度激发的美德和个性中得到享受,同时,我们承认每一个人的善是人类完整活动的一个因素,这种活动的整个系统是大家都赞成的并且给每个人都带来快乐。这个共同体也可以被想

---

[1] Bruno Bauer, "Leiden und Freuden des theologischen Bewußtseins" (1843), in Hans-Martin Sass ed., *Feldzüge der reinen Kritik* (Frankfurt am Main: Suhrkamp Verlag, 1968), p.173.

象为经历时间的,因而,在一个社会的历史中世代相继的各代人的共同的贡献也能以类似的方式被表达。①

这段话同样值得注意。罗尔斯相信,在他的良序社会中,所有公民在给定的时间和代际之间都具有一系列不同关联,这些关联不但存在于一个社会中,而且被扩展到整个人类之中。这一理念不像约翰·斯图亚特·密尔走得那么远,因为密尔的理念源自奥古斯特·孔德的"人类宗教",而孔德的信徒则将其作为一种对不朽的令人满意的替代品②。尽管如此,对于存在于时空中的不同个体能够在多大程度上彼此相互关联这一问题,罗尔斯已经在自己的图景中设想得非常广泛了。他所构建的社会根本不是由仅仅追求其自身利益的独立的原子式个人所组成的。

关于罗尔斯的良序社会中的公民关系,我最后要谈的是,在他看来,作为公平的正义"表达了一种互惠的观念"③,也就是他时常所说的"互利原则"④。对此,我有

---

① Rawls, *A Theory of Justice*, p.523,459.
② John Stuart Mill, "Utility of Religion," in John Stuart Mill, *Collected Works* (Toronto: University of Toronto Press, 1963 – 1991), vol. x, 426. 这篇文章写于 1850—1858 年之间。
③ Rawls, *A Theory of Justice*, p.102,88.
④ Rawls, *A Theory of Justice*, p.102,88.

以下几点评论：

（1）互惠并非利己主义。在一个互惠性协议中，任何一方都是获利的。在差别原则之下，境况较好者和境况较差者都能依据平等这一基准而改善其境况。相比之下，利己主义则在其他人都受损时只允许一人得利。

（2）同样，互惠不是利他主义。一个利他主义者会为改善别人的外境而牺牲自己，使自己处于更差的境地。须再次提醒各位，我们的思考基准乃是平等。在这一基准和差别原则之下，各方都要去改善自己的处境。

（3）差别原则之所以被认为是正当的分配原则，乃是由于这一原则认为，不能在没有改善其他公民同伴的境况下仅仅改善自己的境况。相反，除非其他人的境况能同时得到改善，否则，公民们是不愿改善自己的境况的。

我想对最后一点详加评述。罗尔斯在《正义论》中认为，差别原则乃是"对博爱原则（the principle of fraternity）的一个解释"[①]，他将差别原则与博爱理念联系在一起的方式是将其与一个理想的家庭做出类比。

> 一个家庭的成员通常只希望在能促进家庭其他人的利益时获利。那么按照差别原则行动正好也产生这结果。那些处境较好者愿意只在一种促进较不利者

---

① Rawls, *A Theory of Justice*, p.105, 90.

利益的结构中占有他们的较大利益。①

因此,对差别原则的认可体现为一种与家庭关系相类似的关系,在这种关系中,只有同时惠及那些较不幸者,我才能接受一种较大的利益。差别原则也体现为一种分配关系,在这种关系中,人们可以像家庭成员一样相互行事。

紧接着,罗尔斯进一步评论道:"差别原则实际上代表这样一种同意:即把天赋的分布视为某种意义上的共同资产,可以共享由这种天赋分布的互补性带来的较大社会与经济利益。"② 对于这句话,最直接的理解应当是:良序社会中的公民都坚定地认为,在他们的社会中,他们的不同才能应当为公共善服务,而这些公共善的内容则是由差别原则所界定的。然而,我们可以稍微扩展一下这一理念:尽管我们中的每个人都有自己的计划和性格,但我们还是能认识到,在相当大的程度上,决定何为"才能"的是我们共同的社会制度和社会态度。如果去除社会这一背景,那么许多我个人所认为"有价值"的品质将并不真正

---

① Rawls, *A Theory of Justice*, p.105,90.
② Rawls, *A Theory of Justice*, p.101,87. 在修订版中,这一表述变为:"在某种意义上的一种共同资产,可以共享这种由天赋分布的互补性带来的较大社会和经济利益。"《正义论》接下来讨论了作为一种"集体资产"的"自然能力"的分布。新版加上了"在某种意义上"这一表述。见 Rawls, *A Theory of Justice*, p.179,156。

具备价值。它们的价值部分是由这一社会背景所赋予的。在这个意义上,我并不是将这些才能从社会之外带到社会之中,也并不是把它们"借给"或"给予"社会。因为只有在某一给定的社会中,它们才能称得上是一种才能。这一事实并不是由于对差别原则的偏爱而去奠定的一种道德论证的基础。然而,这个问题提醒我们,我们确实应该极为小心,不能将自己设想为能够脱离社会而存在。在很大程度上,我们是谁,依赖于在某一给定的社会中,我们能够拥有的可能性。罗尔斯认为,在某种意义上,我们所拥有的能力是被我们的社会结构构建而成的。因此,对差别原则的认可也就是认同如下思想的一种方式,即被社会所构建而成的"能力"应当被运用于公共善之中,至少,要部分运用于其中。

四、自尊、自重,以及平等地位

我将以对自尊(self-respect)问题,或者罗尔斯时常所说的自重(self-esteem)问题的讨论结束本次讲座。这两个概念并不完全相同,但在《正义论》中,罗尔斯是交互使用自尊和自重这两个概念的,因此,我在这里将以同样的方式来对待这两个概念[①]。

---

① David Sachs 对此有精彩的区分,见 David Sachs, "*How to Distinguish Self-Respect from Self-Esteem*," Philosophy and Public Affairs, (转下页)

罗尔斯将自尊或自重视为一种至关重要的基本善。他为这两个概念做了如下界定:

> 我们可以指出自尊(或自重)所具有的两个方面,首先……它包括一个人对他自己的价值的感觉,以及他自己的善概念,他的生活计划值得努力去实现这样一个确定的信念。其次,自尊包含着一个对自己实现自己的意图的能力的自信,就这种自信是在个人能力之内而言的。[1]

需要注明,拥有足够的自尊并不等同于快乐。或许,拥有足够自尊的人无法得到快乐;亦或许,足够的自尊是快乐的必要条件,但这个条件显然并不十分充分。但不论如何,自尊是极为重要的。罗尔斯认为,当缺乏自尊时,"就没有什么事情是值得去做的,或者即使有些事情值得去做,我们也缺乏追求它们的意志。所有的欲望和活动就变得虚无缥缈,我们就将陷入冷漠和犬儒主义"[2]。罗尔斯在这里做了一种非常类似于临床忧郁症的描述。而他的意思则是说,社会制度应当被安排得能够更加维持每个公民的自尊。

(接上页) vol.10, no.4, 1981, pp.346-360。
[1] Rawls, *A Theory of Justice*, p.440,386.
[2] Rawls, *A Theory of Justice*, p.440,386.

第一讲 罗尔斯论正义：分配原则和博爱关系

我们先来看一种非罗尔斯式自尊的基础。根据罗伯特·诺齐克的观点，我的自尊要求在某些重要的标准上，我的得分比别人更高。诺齐克认为，人们的自尊是通过将自己与其他人进行比较，并在这一比较中发现自己比别人做得更好这一方式呈现的，也就是说，他在这一比较中发现自己的出类拔萃。因此，在诺齐克看来，自尊完全基于自己优越于别人的确信①。

解释一下：如果诺齐克对自尊的解释是正确的，那么，自尊将会是一种稀缺的善。根据诺齐克的解释，并不是每个人都能获得足够的自尊，因为不可能每个人都出类拔萃，总会有人碌碌无为。

罗尔斯可以用两种方式来回应诺齐克。罗尔斯强调，每个公民都至少需要归属于一个团体，或者说，成为一个社会联合体的一员。在这一团体中，他们的贡献会被称道，就像罗尔斯所说的"受到他的伙伴的肯定"②。罗尔斯说，每个公民至少需要一个团体，在这个团体中，我们"感到我们的人格和行为受到其他同样受尊重并且受欢迎

---

① 见 Robert Nozick, *Anarchy, State and Utopia* (New York: Basic Books, Inc., 1974), pp.239–246. 在该书的一个脚注中，诺齐克列举了一个条件，在该条件下，个人的价值可以不依赖比较性的成就，这一条件就是启蒙。我自己通过启蒙得到成就并不损害你的成就。见 Nozick, *Anarchy, State, and Utopia*, p.244fn。
② Rawls, *A Theory of Justice*, p.442, 388.

的人们的赞扬和肯定"①。这一理念是说,如果我们从属于社会联合体的话,我们将会发现,其他人将会赞赏我们在这些社会联合体中的所作所为,从而会发现,他人会赞赏我们,也就是对我们加以重视。罗尔斯认为这将有助于维护我们的自尊。

关于自尊,罗尔斯还有第二个基本观点。他相信在作为公平的正义所规导下的良序社会中,自尊的基础将会日益成为别的东西,而不是人们对财富和收入的比较。如我在前面提到的,人们将会在一切非经济活动中找到满足感。此外,关键一点是,罗尔斯相信,平等公民的地位将维护他们的自尊或自重。关于这一点,罗尔斯有非常明确的表述:

> 在一个正义的社会,自重的基础不是一个人的收入分配,而是由社会肯定的基本权利和自由的分配。而且,由于这种分配是平等的,当人们聚到一起从事更广大的范围的社会公共事务时,每个人都有一种相似而可靠的地位。②

现在,假定罗尔斯的观点是正确的,也就是说,从人

---

① Rawls, *A Theory of Justice*, p.440,386.
② Rawls, *A Theory of Justice*, p.544,477.

第一讲 罗尔斯论正义：分配原则和博爱关系

的心理来看，作为有着平等的基本权利和自由的平等公民地位能够具有维护人们的足够自尊的可能性。这样一来，我们就能得出如下几点：

首先，足够的自尊和自重不再是一种稀缺的善。尽管诺齐克如此主张，但自尊在此处则被证明可以被所有公民足够地拥有。因为我的作为平等公民的地位并不减损任何其他人的平等公民地位。也就是说，平等的公民地位是不可比的。

其次，对于罗尔斯的良序社会中不平等的存在（这种不平等是差别原则的运用而导致的）将会产生大量的妒忌这一问题，我们能够提供答案。因为只有当别人拥有某些有价值的东西而我们自己却没有时，我们才会妒忌。然而，既然现在被假定为最有价值的就是拥有平等的基本权利和自由的平等公民，并假定我们都拥有这一地位。那么，公民们将没有太多理由对他人感到妒忌。

最后，对于自由相对于差别原则的优先性，我们又有了另一个重要论证。自由的优先性进一步认同平等公民的地位。给予平等的自由原则以优先性，也就是说，首要之事乃是平等的自由权。这也就是说，我们每个人都具有一种公民资格。因此，将优先性归结为自由乃是帮助所有公民维护其自尊的一种途径。

五、简要回顾

在第一讲中,我试图去做两件事。首先,我试图给大家呈现出罗尔斯的两个正义原则,解释这两个原则的内容,并针对两种普遍的批评为其辩护;第二,我试图展现罗尔斯的正义社会的观点不仅赋予个体自由以优先性,也提供了一种核心路径,通过这一路径,公民们得以拥有共有的善,正因为如此,博爱这一主题和对共同善的一致认可才具有核心地位。

显然,罗尔斯极为强调个体自由,这一点则是与哲学传统相符的。同时,我在讲座中也尽力去展现罗尔斯对其他问题亦有所强调的一幅图景,这些问题分别是:对共有目的的关注、对共同善的承认,以及成为平等公民的重要性。

人们常常认为,罗尔斯的思想体现的是自由的传统,这一点无疑是事实。然而,如果说罗尔斯构造的是一种自由主义学说的话,那么他所构造的这种自由主义学说是极为复杂的。此外,他的思想也尽力从其他传统,尤其是社群主义和公民共和主义传统中汲取资源。像其他哲学观一样,罗尔斯的学说也是有缺陷的。然而,通过某种方式,我已经试着呈现出他的理论中有价值和有说服力的一面,在接下来的讲座中我们将看到,1844年的马克思代表了另一种选择。

第二讲

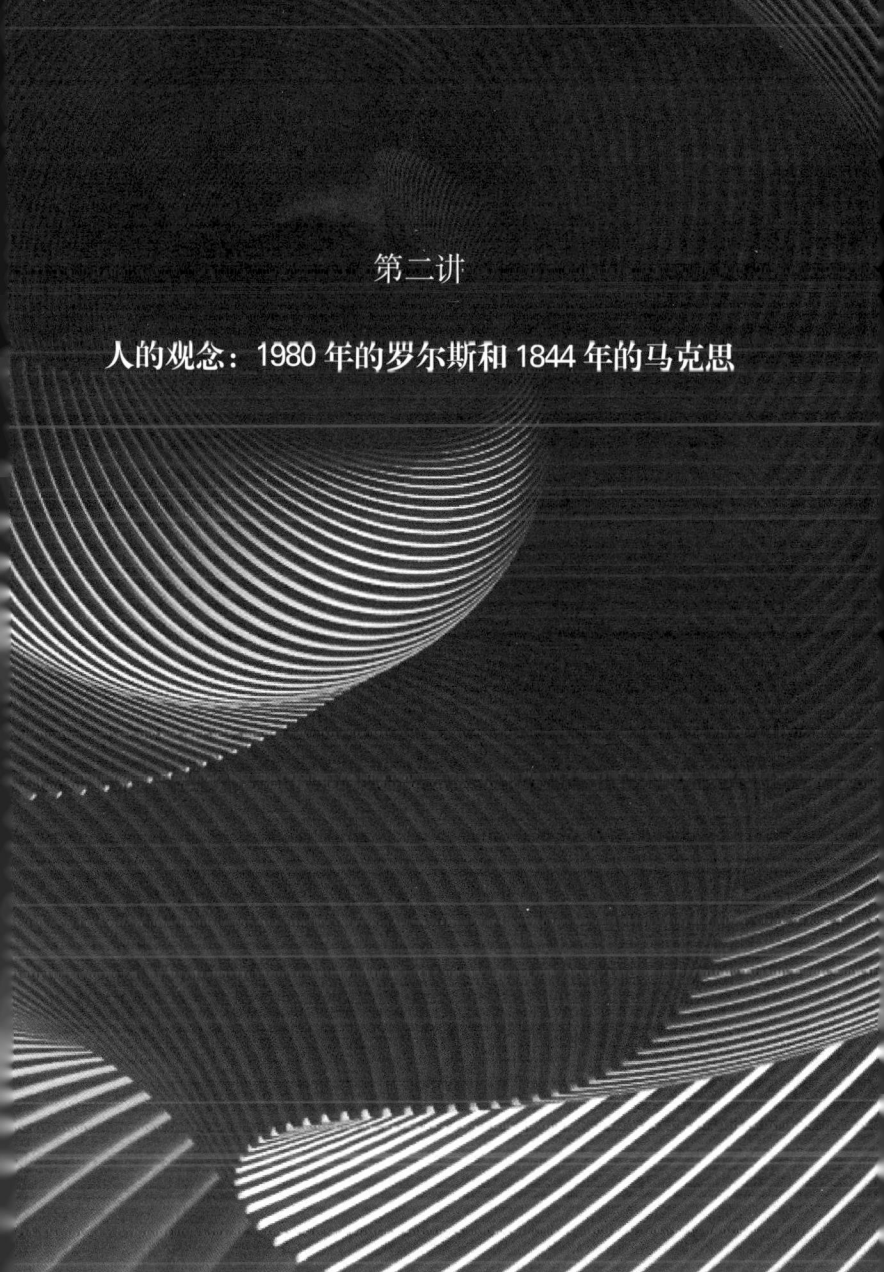

人的观念：1980 年的罗尔斯和 1844 年的马克思

一、简介

在上一讲中,我为罗尔斯的观点——作为公平的正义做了一番概述,至少,我已经就《正义论》所呈现的相关内容做了介绍。在本讲的前半部分,我将集中讨论这样一种观点如何能被证成。对这个问题的理解,在罗尔斯自己的著作中呈现为一种逐步演化的过程。在《正义论》时期,他侧重于强调道德人这一观念。这就是他在《正义论》中所说的,对"作为公平的正义"的"康德式理解"(Kantian interpretation)。在 1970 年代和 1980 年代之间,道德人这一理念在罗尔斯理论中的作用逐步凸显。这就是今天这一讲前半部分的内容。在本讲的后半部分,我将开始把论述重心转向青年马克思。特别是我将集中对马克思在其 1844 年的著作中所讲的真正的共产主义进行解释。

二、原初状态和证成问题

现在，我们可以提出某些正义原则了，如果这些正义原则在直觉上具有吸引力的话，那当然更好了。然而，这是不够的。我们还需要对这些原则进行证成，以表明这些原则是正当的，也就是说，它们是真实的或合乎情理的，或者是在某些其他意义上对于我们来说具有正当性。因此，我们必须提供某种方式的证成。在《正义论》中，关于证成的著名理念是，如果两个正义原则能够被处于"无知之幕"下的人们所选择，这两个原则就能够得到证成。许多对罗尔斯的介绍都将重心放在这种由无知之幕构建而成的"原初状态"的角色之上。此外，下述观点也得到许多关注：即从原初状态的立场来看，这一特定的正义原则能够被选择，因此，这个特定的正义原则是正当的。

我们似乎常常理所当然地认为，我们完全理解原初状态这一设置的道德效力。也就是说，我们似乎经常理所当然地认为，如果一组原则能够在无知之幕中被选择，那么我们在道德上就负有服从这些原则的义务。然而，事实并非如此明确。事实上，在无知之幕下进行选择的道德相关性有很多需要深入探究的地方。本讲的前半部分内容就是讨论这些问题，以及罗尔斯本人处理这些问题的方式。

如我所言，许多作家发现，罗尔斯的两个正义原则有着直觉性诉求。然而，罗尔斯却意在为他的两个正义原则追求一种严格的论证，原初状态则被认为是这种严格论证的核心部分。这一论证在原初状态之中究竟是如何确切发挥其作用的，现在看来，尚处于学术争论之中。这一问题正是我的关注所在。

在原初状态中，处于无知之幕背后的各方被隐藏了关于他们自己的一切特殊信息，比如他们的性别、种族、身高、体重、欲望类型，以及对什么是良善生活的信念。事实上，对于他们自己，他们是一无所知的。在这一无知之幕下，他们要去为真实的人所生活的真正人类社会选择具有规导性的正义原则。他们在一种对自己全然无知的状况下进行选择，却期望生活在一个被他们自己所选择的原则所规导的社会之中。这一理念认为，在他们做出选择之后，无知之幕就会被揭开，而他们将在其中开始其个人的生活。这里的关键之处在于：他们必须在这层幕布之后进行选择，并必须采取这样一种选择方式，以使在无知之幕揭开后无论他们事实上是谁都会接受这种为自己所选择的生活。

罗尔斯相信，当各方在这种非常奇特而纯粹的环境之下做出选择时，相对于其他可能的选择，尤其是平均功利主义原则，各方将选择他的两个正义原则。

如我所言，我们可以对原初状态中的协定进行讨论。然而，在我看来，相比原初状态的地位，这个问题似乎缺

第二讲 人的观念：1980年的罗尔斯和1844年的马克思

乏哲学上的重要性。

《正义论》出版之后，就有着对原初状态究竟是被设定为何种立场的思考和争论。它曾经在一段时间内被理解为对"道德的立场"进行阐述的一种方式。它被解释为，任何一种真正的道德原则在某种程度上都是原初状态的产物①。罗尔斯本人刚开始时就陷入这样一种思考误区，不过，他很快就转变了思路，并宣称原初状态不过是对规导现代社会之核心制度的正义原则进行选择的一种适当的道德立场。也就是说，罗尔斯反对原初状态是处理所有道德问题的一种方式。对罗尔斯来说，原初状态的最终应用是有限度的，也就是去解决特定社会中的特定问题。罗尔斯最终就是在这一限度内理解原初状态的。

一般而言，我们应当注意这一点：对于任何一种我们在道德和政治哲学中所诉求的立场，都要确定这一立场的适用范围。属于不同哲学传统的作家都对其所倾向的立场有所诉求，比如，英国经验主义传统中的亚当·斯密提出的是不偏不倚的旁观者的立场，而在黑格尔-马克思主义传统中，格奥尔格·卢卡奇提出的则是无产阶级的立场之

---

① 这里引用的是 Samuel Freeman 的观点："罗尔斯的原初状态理念最初被理解为站在道德立场上对正义问题的一种解释。"见 Samuel Freeman, *"Original Position,"* in The Stanford Encyclopedia of Philosophy, http://plato.stanford.edu/entries/original-position/。

理念①。对于任何一种被提出的立场，我们都要去追问："它的恰当适用范围是什么？这一立场的运用意在为何种特定问题提供答案？"

除了适用范围这一问题，罗尔斯的原初状态还面临其他批评。我将集中考察两点。我相信，在1970年代，罗尔斯对这些批评的回应致使他修订了对原初状态之角色的理解，也使他最终修订了他对自己的整体观点——作为公平的正义的理解。而这一问题涉及在其学说中引入康德式的人的观念，并将其作为其学说的基本要素。

对原初状态的第一个批评是说：在无知之幕中达成的任何协定都不过是一种假想的协定，这种契约也是假然契约，而非实然契约。而在假然契约这个问题上，人们会产生如下疑惑，即为什么这种契约会产生道德相关性和服从该契约的理由。当托马斯·霍布斯在《利维坦》中运用社会契约这一理念时，所运用的乃是实然契约的理念。人们在这一过程中彼此实然地订立"约定（covenant）"②。他

---

① 见 Adam Smith, *Theory of Moral Sentiments* (New York: Cambridge University Press, 2002)，并见 György Lukács, *Reification and the Consciousness of the Proletariat*, in Lukács, *History and Class Consciousness*, Rodney Livingstone transl. (Cambridge, MA: MIT Press, 1971), pp. 83-222。

② Thomas Hobbes, *Leviathan* (Cambridge: Cambridge University Press, 1996), chapter 18, p. 121.

第二讲 人的观念：1980年的罗尔斯和1844年的马克思

们彼此之间相互做出承诺，根据霍布斯的学说，他们具有服从他们所树立的权威的义务，因为对这一权威的服从是他们实然承诺的。当然，我们可以否认历史上曾经存在过霍布斯式自然状态，同样，我们也可以否认，任何社会中的任何人都不曾对服从某一权威做出过承诺。然而，霍布斯似乎坚信，如果你做出一个承诺，你就要对自己做出的承诺负有义务。在一种实然的订约活动中，似乎能够产生大量道德义务。

然而，无知之幕背后的协议并非实然的，相反，这一协议是假然的。没有人真正处在无知之幕背后，这整个结构都不过是一种哲学设置。罗尔斯的设想是这样的，如果我们假然地在无知之幕背后进行选择，我们将会假然地选择他的两个正义原则。不过，这样一来，问题仍然难以理解：如果他们从未真实地达成过这一协议，为什么所有人都应当服从那些我们从假然的角度会同意的协议呢？在某些假想情境中，我将会同意去做 X，即便对我来说，在这一假想的情境下做 X 是理性的，但这也几乎并不意味着我在真实情境下对该假然协议负有义务。

关于这个问题，先来看下面的例子。假定一个富有的资本家——我们可以叫他唐纳德·特朗普（Donald Trump）——决定去做慈善。由于特朗普相信资本主义，而风险又是资本主义的本质性要素，因此，特朗普决定通过抽奖来赠出他的财产。在这一抽奖过程中，门票需花费

100美元，不过，特朗普要在每1000美元的门票收入中拿出95%作为回馈。这样一来，门票收入的其他5%就显得微不足道了。显然，这样一种风险是值得冒的。因为会有95%的购票者将重新拿回1000美元，而他们的花费仅仅是100美元。看起来，这个赌注值得下。

假定我现在正在门票发售现场，我为自己购买了一张门票，由于我也有一种慈善感，于是，我就从电话簿中随机抽选一个名字，我们假定它是巴拉克·奥巴马（Barack Obama）。同样，我为他也买了一张门票，在这张门票上，我写下了奥巴马的名字以使其区别于我为自己购买的门票。在为奥巴马购票之前，我曾给他打电话以征得他的同意，但却未能联系上他。尽管如此，由于这个风险明显值得冒，因此，对奥巴马来说，让我为他购买一张门票是理性的。就这样，我假想，为他购票这一行为是能够得到他的同意的。

然而，尽管购入此票可能有幸获益，但第二天，事实证明，为奥巴马买的这张票没有中奖。这张票是毫无价值的。最后，我打电话联系上了奥巴马并就我的行为向他作了解释，同时向他索要为他购票的那一百美元。但他却生气地告诉我，他从来没有授权我的这一购买行为，因此，他什么都不欠我的。他说，他相信我会交还他的门票所赢得的一千美元，并许诺在购票之前，他会同意我的购票行为。然而，他认为，由于他从没有实然地表示过同意，因

第二讲 人的观念：1980年的罗尔斯和1844年的马克思

此，他毫无偿还我的义务。我找到一名法官，并告诉他，由于奥巴马会假然地同意让我去帮他购票，因此，他现在欠我一百美元。法官却把我嘲笑了一番而不予受理①。

这里的关键问题在于，除非你实然地做出某种选择，否则，你就等于根本没有做出任何选择。这类假然的同意不会导致任何道德义务。这就是运用原初状态的其中一个问题，即这里的同意仅仅是假然的。

第二个批评来自哲学家托马斯·内格尔（Thomas Negal）。如我所言，原初状态中处于无知之幕背后的各方被遮蔽了所有个人信息，包括他们自己的善观念。也就是说，他们所相信的能够构建一种良善而繁荣的人类生活的信息都被遮蔽了。在内格尔对《正义论》的早期评论中，他论证道，关于无知之幕对各方的善观念进行遮蔽的必要性，罗尔斯并没有给出证明。而这一步骤与遮蔽各方的信息，比如他们的种族或性别等有很大的不同②。如果我知道我的种族或性别的话，我会倾向于选择那些能够使与我有着相同种族或性别的人获益的正义原则。我会为我的个人所愿而操纵对正义原则的选择。或者，另外举个例子，如果我知道我生活在芝加哥，我可能提出使芝加哥的居民

---

① 关于这个问题，参见拙作：*Hypothetical Consent and Moral Force*, *Law and Philosophy*, vol. 10, no. 3, 1991, pp. 235 – 270。
② Thomas Nagel, "Rawls on Justice," *The Philosophical Review*, vol. 83, no. 2, 1973, pp. 220 – 234.

收入应当比平均收入水平高十倍的原则。而这一原则将会是根据我自己的喜好而使原则有所倾斜的利己主义企图。但通过对我的居住地的信息的遮蔽，无知之幕消除了根据我的喜好而使原则有所倾斜的可能性。

内格尔认为，如果我知道我的善观念的话，在理论上将会产生某些不同结果。如果我知道我的善观念，我就知道在我自己看来什么是对人类而言的良善生活，也就是说，这种良善生活的观点不光只针对我自己，而是针对所有人的。而如果我知道在我自己看来什么是对人类而言的良善生活的话，那么，我可能会试图选择那些能够保障这些良善生活的原则，而我在这里的动机则是对所有人都有利的，我将致力于使所有人过上我所相信的良善的人类生活的可能性。在这一点上，我的动机不是自利的。或许，无知之幕下的各方不应该知道他们的善观念，罗尔斯在这一点上仍然是对的。然而，内格尔的观点是说，各方之所以不能知道他们的善观念，其重要性并不在于去遮蔽原初状态中的所有能够使某些人去选择一种自利原则的信息。如果要对去除人们的善观念的信息的正当性进行证成，需要提供一种不同的理由。内格尔认为，罗尔斯在《正义论》中并没有提供任何此类理由。

从罗尔斯在 1970 年代撰写的文章中，可以看到罗尔斯对我所列举的上述批评进行的回应。这些文章阐发的观点在他 1980 年的讲座《道德理论中的康德式建构主义》

第二讲　人的观念：1980 年的罗尔斯和 1844 年的马克思

中达到了顶峰。从实质上看，罗尔斯对上述挑战的回应依赖于"道德人的观念"，以及较小范围内的"社会的观念"。罗尔斯在其 1980 年的讲座中对这些理念明确加以认同。[①] 罗尔斯在其中写道：

> 我们的任务是阐明一个公共正义观，这个观念是所有将他们自己以及他们与社会的关系以某种方式来理解的人都可以接受的……使得一个正义的观念获得辩护的东西，并非是从某些先定的秩序来看，这种正义观念是真确的；而是它与我们对自我的深层次理解和抱负的契合，以及我们意识到，给定体现在我们公共文化中的历史和传统，它就是于我们而言最合乎情理的原则。[②]

现在，我们来集中考察道德人的观念这一理念。对于

[①] 罗尔斯并非首次在"康德式建构主义"系列讲座中提出人的观念的作用。但在这些讲座中，他首次详细、明确地强调并发展了这一观念所扮演的角色。这一点，可以参阅他早期的一些评论，比如 John Rawls, *Reply to Alexander and Musgrave,*" Quarterly Journal of Economics, vol. 88, 1974., 并见 John Rawls, *A Kantian Conception of Equality* (1975), in John Rawls, *Collected Papers* (Cambridge, MA: Harvard University Press, 1999).

[②] John Rawls, "Kantian Constructivism in Moral Theory," *The Journal of Philosophy*, vol. 77, no. 9, 1980, p. 519.

这种人的观念的内容，罗尔斯在其 1980 年的讲座中有如下说明。在罗尔斯那里，人拥有所谓的两种道德能力，以及与之相伴随的所谓践行这些能力的"两种最高阶兴趣"。

> 我们认为道德人的特征就是拥有两种道德能力，以及具有两种相应的最高阶利益来掌握和运用这些能力。第一种能力就是有效正义感的能力，也就是理解、应用和践行（而不仅仅是遵循）正义原则的能力。第二种道德能力是形成、修正和理性地追求一种善观念的能力，道德人被认为受两种最高阶的利益驱动去掌握和运用这些能力。[①]

除此之外，罗尔斯认为，在任何既定时间内，道德人都拥有"一个确定的终极目的体系，也就是说具有一种特殊的善观念"[②]。

这些内容都需要进一步作出评论。

（1）在这里，人的观念是一个道德观念，而不是生物学或心理学观念。在如下两个意义上，罗尔斯的这一人的观念是道德性的。首先，它是我们作为道德存在者的观念。这一点是很明确的，罗尔斯给予他所谓的"两种道德

[①] Rawls, "Kantian Constructivism in Moral Theory," p. 525.
[②] Rawls, "Kantian Constructivism in Moral Theory," p. 525.

第二讲 人的观念：1980年的罗尔斯和1844年的马克思

能力"以极其重要的地位；其次，在志向性这个意义上，罗尔斯的这一观念是道德性的。这一观念是说，人应当处于不断生成的过程中。这种观点体现为罗尔斯的这一主张，即在践行我们的道德能力的过程中，我们有着更高阶的兴趣。拥有某种能力并不意味着必然会将其运用于实践，也并不意味着需要将其很好地付诸实践。要想将其很好地付诸实践，需要一些特定条件。而要很好地践行我们的两种道德能力的话，我们就需要生活在具备某些条件的社会中。而罗尔斯就在构想某种理想社会，在这一社会中，人类能够以一种恰当的方式来践行他们的两种道德能力。

我已经说过，这种人的观念是一种道德观念。当然，这一观点与某些经验事实有关。任何一种人的观念都包含对我们的欲望和动机的认定（也就是说，我们事实上可以被对正义的思考而驱动），而如果一种关于人的观念对于人类来说并不具备一种可能性的话，那么这种观念就没什么价值了。而且，经验事实能够为人的观念的内容给出有意义的说明。许多不同的关于人的道德观念与对人的经验性认知能够相容。经验性考量无法使我们从这些不同观念中做出选择。

（2）罗尔斯假定，他的道德观念选出了那些能够有效地作为我们的动机的自然特性。这一点，当他说第一种道德能力乃是"有效的正义感的能力，也就是理解、应用和践行（而不仅仅是遵循）正义原则的能力"时，就已经很清楚了。在这里，罗尔斯持一种谨慎的不可知论，即对我们的道德动机的本质进行怀疑。他并不关注正义感是否系于某些哲学家所谓的"内在理由"或"外在理由"[①]。他的关注点在于，道德人（不论我们如何理解这一理念）是被道德理由所驱动的，确切地说，他们是有一种被正义感所驱动的能力的。这是他的解释前提之一。

（3）如我所注明的，罗尔斯假定人们具有一种"兴趣"，也就是一种践行其道德能力的"最高阶兴趣"。在追求一种善观念的能力方面，这一点似乎是很明确的。如罗尔斯所言，在任何特定时间内，这一能力都与人们特定的善观念联系在一起。此外，人们对于其自身善观念的追求有着很大兴趣，这一点是非常明显的。不太明显的地方则在于，当出于一种正义感而践行其能力时，人们有一种最高阶的兴趣。罗尔斯似乎是说，人们的兴趣不但是去维续一种正义的社会安排，而且要为支持这些安排而做出行动。对待这一观点的一种方式是简单地将搭便车者的忧虑放到一边，不予考虑。这种处理方式与罗尔斯所说的正当与善的一致性问题有关。我将在下一讲再来谈这个问题。

（4）原初状态和两种道德能力共同塑造了作为自由而

[①] 对内在理由和外在理由之区分的经典论述，见 Bernard Williams, "Internal and External Reasons," in Williams, *Moral Luck: Philosophical Papers 1973–1980* (Cambridge: Cambridge University Press, 1981)。

第二讲　人的观念：1980年的罗尔斯和1844年的马克思

平等的理性存在者的诸行为主体。因此，我们须谨记原初状态这一术语。各方都是平等的，因为在无知之幕背后，所有行为主体除了知道他们具有两种道德能力之外，对其他事情一无所知。同时，各方并不是被迫接受给予他们的任何正义原则，在这个意义上，各方又是自由的。他们必须自由地去选择接受任何一种原则。此外，当他们的兴趣就是为践行他们的两种道德能力寻找适当的社会条件时，他们有能力判断哪些被给定的原则最符合他们的兴趣，在此意义上，他们又是理性的。

（5）最后，在某种程度上，对人的这种理解与罗尔斯在《正义论》中某些地方的观点是一脉相承的。在该书第77章，罗尔斯这样提问："哪些种类的存在者应得到正义的保障？"[①] 他的答案是，只有道德人才应得到这一保障，紧接着，他于后期在等同于两种道德能力的意义上描述了道德人的特点。一方面，道德人具有一种形成自己的善观念的能力；另一方面，则具有一种"通常有效地应用和实行正义原则的欲望"[②] 的能力。因此，在某种程度上，罗尔斯在1980年的讲座中阐发的人的观点是《正义论》中关于人的观点的继续发展，并不存在一个基本断裂。

我认为，我们现在就要去考察我上面所提到的人的观

---

① Rawls, *A Theory of Justice*, p.505,442.
② Rawls, *A Theory of Justice*, p.505,442.

念在原初状态的运用中产生的两个难题。

首先，我们先来思考假然契约。要记住，假然契约的难题在于，对这一契约的诉求似乎等同于对一种实然契约产生的道德效力的诉求，在实然契约中，两个或更多的人实然地行使他们的意志，并作出某种真实的契约或协定。然而，一种假然契约是不存在意志的行使的，因此，如果认为假然契约产生约束力的机制与实然契约相同，那就错了。我认为，罗尔斯摒弃了这一契约是一种具有约束力的契约的理念。他不再认为，人们之所以会承认这两个正义原则，仅仅是因为人们会在假想中接受这些原则。相反，我认为他认同的是以下观点：

（1）这一选择状态，也就是原初状态塑造了一种特定的道德人观念。我们将这一人的观念称为 CP。

（2）人们认可，这一 CP 观念是一种最具适用性的人的观念，这意味着这一观念所塑造的人的观念对我们来说是最可欲的（或者，我应该说，它们在最可欲同时也是最适用的）。

（3）人们想要在自身中，以及在自己的生活中实现一种最可欲的人的观念，因此，人们想要在自身中，以及在自己的生活中实现这种 CP 观念。

在（1）被给定时，原初状态的结果会产生某些法则，这些法则限制着那些体现出 CP 观念的存在者的行动。而给定了（2）和（3），我就有充分理由去根据 CP 观念的要求来行动。因此,我就有充分理由服从那些会在原初状态中选择的原则,因为它们是在原初状态中将会被选择的法则。实际上,对这些法则的遵行,就是在我自身之中,以及我的生活中来对这一 CP 观念的实现。

我们接着往下看。假定有一种观念,或者有一种具有吸引力的关于人的理想。我拥有一个道德榜样的观念。我想要去做这一道德榜样会去做的事情,并拒绝去做这个道德榜样将会拒斥的事情。此外,我希望精准地出于该道德榜样会去做某事或不做某事的理由来决定是否应该去做这件事。不过,对于不同的道德榜样来说,他们所信奉的道德内容也会不同。举个例子,"这个道德榜样会以此方式行事"可能会意味着以下方面的一种或几种:根据这个道德模范会具有的感觉,根据这个道德模范可能会拥有的信念,根据这个道德模范可能会做出的(令人舒适和得体的)行为举止。政治哲学的关注点通常放在行为、理由和态度之上,不过,在这三个要素之外加上其他要素也是完全可能的。

不论在一般性道德思考还是学术性道德思考中,接下来进行的实际上是非常为人所熟知的一步。我们来看一个一般性道德思考的例子,在美国,一些基督教福音派信徒最近诉求于"耶稣会如何去做",并以此来确定人们在行为上应该如何去做,以及在行动的过程中应当具有怎样的动机。也就是说,当这些人对该做什么进行思考时,他们用不着去运用康德的绝对命令或功利原则。而是去问拿撒勒的耶稣会如何去做，并努力做出同样的行为。而学术化的道德哲学家则不会以这种方式诉求宗教榜样。然而，西方哲学传统中的亚里士多德一脉却长久以来将行为的适当标准（行为、理由、感觉和其他事物的适当标准）与亚里士多德的实践智慧学说和人的实践智慧联系在一起。当人们决定做出某种行为时，他们参照一个特定的榜样，而在这里，这一榜样就是亚里士多德式的具有实践智慧的人。因此，如果我们将原初状态视为塑造这样一种特定的人的理想之方式的话，那么，我们就可以看到，罗尔斯的政治哲学实际上是符合这种历史传统的。

关于罗尔斯对假然契约之批评的回应，暂且谈到这里。那么，如何评价托马斯·内格尔的批评呢？事实上，将原初状态解读为塑造一种人的观念的方式同样可以为对他们的善观念的知识的遮蔽提供理由。各方被假定并被纯粹塑造为具有两种道德能力的自由而平等的理性存在者。然而，如果各方知道他们的善观念的话，那么，这一选择境况就不会仅仅把他们塑造为自由而平等的理性存在者了。相反，该选择境况将会把他们塑造为许多不同种类的人，比如，某些人会被塑造为自由而平等的基督徒；另一些人则会被塑造为自由而平等的穆斯林或世俗人道主义者。这样一来，人们就难以在无知之幕之下找到为能够被人们所认可的正义原则。更重要的是，这样会改变原初状态的要义。原初状态乃是要在某种描述中对人进行塑造,当无知之幕揭开后,所有在一个真实世界中实然存在的人都能够接受这一描述。而如果无知之幕通过人们的善观念来对人进行塑造的话,那么就只有持有这种特定善观念的人才能接受它。这样一来,运用无知之幕的所有意义就不存在了。它将再也不是一种每个人仅仅由于将自己视为拥有两种道德能力的自由而平等的理性存在者而接受的选择境况[①]。

简言之,罗尔斯在1980年的论文中重新构想的证成的基本理念是将一种道德人的观念作为起点,并以这一观念出发,进而进入到被认为是塑造人的观念的原初状态之中。这样一来,罗尔斯就能运用其原初状态的早期论证来推出其两个正义原则。

那么,在这里原初状态起到什么作用呢?原初状态的作用是去确定能使行为主体被塑造为仅仅具有两种道德能力,并在践行他们的两种道德能力的过程中同时具有两种最高阶兴趣的自由而平等的理性存在者的诸条件。那些在原初状态中被选择的诸原则乃是能够被如此塑造的存在者所接受的。

如我所言,罗尔斯1980年的论文对人的观念的强调与《正义论》的某些内容有着很强的关联性。比如,在

[①] John Rawls, "Fairness to Goodness," *The Philosophical Review*, vol. 84, no. 4, 1975, pp. 536–554.

《正义论》中，罗尔斯写道："对正义行为的欲望和表达我们作为自由的道德人的本性的欲望，在实践的意义上其实说的是同一个欲望。"① 他还说过："表达我们作为自由而平等的理性存在物的本性这一欲望，只能通过按照具有优先性的正当和正义原则去行动才能满足。"② 最后，他在《正义论》中写道，良序社会中的"道德人格"，也就是"康德式建构主义"相关讲座中的内容所指向的两种道德能力被视为"自我的基本方面"③。我将作为公平的正义的良序社会视为实现自我的这一基本方面的最佳条件。原初状态乃是一种设置，这种设置能使我们精确地看到，在这样一种社会中，哪种原则将能够被选择，以及，如果我们能在这种能够真实地实现我们的自我的基本方面的社会中生活的话，我们必须接受并遵守那些原则。

如此一来，依据对这样一种特定的人的观念的说明，我们就有了一种理解原初状态的方式。这一点非常重要。比如，它解释了我们为什么需要这一原初状态，以及原初状态为什么要采取这种方式。同样，它使罗尔斯能够回应搭便车者这一问题。任何一种政治哲学都必须给出公民服从基本社会规则的充分理由。仅仅通过政治高压，比如在

---

① Rawls, *A Theory of Justice*, p.572,501.
② Rawls, *A Theory of Justice*, p.574,503.
③ Rawls, *A Theory of Justice*, p.563,493.

第二讲 人的观念：1980 年的罗尔斯和 1844 年的马克思

社会中遍布警察，是不足以为社会稳定提供足够基础的。公民必须自发地遵循社会规则。这种自发性遵循的一个基础是这样一种信念，即这些服从是在道德上被要求的。罗尔斯的观点包含着这一信念。在他那里，公民具有一种正义感，他们也具有依此正义感而行事的能力。他们能够遵照社会规则，因为这是正义的要求。不过，由于在罗尔斯那里，公民将他们自己视为一种具有践行其正义感这一兴趣的存在者，因此，他们也就不再将自己对社会规则的服从仅仅视为一种负担。对他们来说，他们相信这种服从行为能够实现他们的本质。这是他们的善的一部分。同样，一个将自己视为罗尔斯式的人（Rawlsian Person）的潜在搭便车者将不会相信搭便车是他的兴趣。他同样会自发地遵从正义的社会规则。

因此，在罗尔斯的思想体系中，人的观念有着很大贡献。然而，对这一观念的依赖也引发了两个基本问题。

1. 第一个问题涉及的是罗尔斯人的观念的范围。道德人的观念乃是我们所向往的人的理想。这一观念或多或少能将作为整体的人的生活包括在内。比如，就像卢梭在《爱弥尔》中所描述的那位斯巴达母亲的爱国主义情结一样，这种人的理想可能过于饱满。卢梭写道：

> 有一个斯巴达妇女的五个儿子都在军队里。她等待着战事的消息，一个奴隶来了，她战栗地问他。

"你的五个儿子都战死了。""贱奴,谁问你这个?""我们已经胜利了!"于是,这位母亲便跑到庙中去感谢神灵。这样的人就是公民。①

卢梭在《论波兰政府》中有着同样的评论。他在该书中写道:"一个孩子睁开眼睛就应该看到他的祖国,并只能看到他的祖国,直到临死的那一天都应如此。"② 在这些文本中,卢梭认为,人们作为公民的自我意识应当超越他们自己的所有其他身份。在斯巴达的例子中,那个母亲似乎仅仅是个公民,而并不同时是一个母亲。

不过,一种关于人的理想也可能只具有较小的包含性。1844 年的马克思认为,真正的共产主义者致力于所有人的繁荣发展,然而,马克思同样为每个个人追求其自己的自我实现留下了空间。如马克思在几年之后的《德意志意识形态》中谈到,任何一个人都可以去做一名猎人、渔夫,等等③。在《正义论》中,罗尔斯将对一个正义社会的

---

① Jean-Jacques Rousseau, *Emile or On Education* (New York: Basic Books, Inc., 1979), p.40.

② Jean-Jacques Rousseau, *Considerations on the Government of Poland* (GP) in *The Social Contract and Other Later Political Writings* (Cambridge: Cambridge University Press, 1997), p.189.

③ 见 Karl Marx "Auszüge aus James Mills Buch *Élémens d'économie politique*. Trad. par J.T. Parisot, Paris 1823"/"Comments on James Mill, *Élémens d'économie politique*," *MEW*, Ergänzungsband i/*MECW*, vol.3;(转下页)

第二讲 人的观念：1980 年的罗尔斯和 1844 年的马克思

创造和维续视为"人类繁荣的卓越形式"，另外，他认为，通过对正义制度的维续，"人们最好地展现他们的本性"。不过，他同样给个体的计划留下了足够的空间[①]。毕竟，这是自由原则及其优先性的意义所在。不论是马克思还是《正义论》时期的罗尔斯，都没有将爱国主义或任何其他外导性目的（如我在上一讲中阐述过）作为人的观念的决定性要素。比起卢梭，他们的人的观念要"弱"得多。

在罗尔斯的第二部著作《政治自由主义》中，罗尔斯的人的观念更"弱"了。在这部著作中，罗尔斯认为，他所说的人的观念仅仅是一种他所谓的"政治"的观念。这一观念说明了我们何以能够将自己仅仅视为公民，以及仅仅作为公民而言，我们的兴趣所在。罗尔斯认为，他们同样会有许多与公民身份极为不符的粗俗的兴趣。我们或许会认为，我们具有很多与其他自我的观念相关的兴趣。比如，如果我是一名虔诚的基督徒或穆斯林，我或许会相信自己具有这样一种兴趣，即按照能够在天堂中得到永福的

（接上页）Karl Marx, *Ökonomisch-philosophische Manuskripte*, *MEW*, Ergänzungsband I/*Economic and Philosophic Manuscripts of 1844*, *MECW*, vol. 3; and Karl Marx and Friedrich Engels, *Die deutsche Ideologie*, *MEW*, vol. 3/*The German Ideology*, and *MECW*, vol. 5. 关于对他人的繁荣发展的承诺，参见拙作"Producing for Others," in C. Zurn and H. Schmidt am Busch eds., *The Philosophy of Recognition: Historical and Contemporary Perspectives*, Rowman and Littlefield, 2010.

[①] Rawls, *A Theory of Justice*, p. 529, 463.

方式行事。对《政治自由主义》时期的罗尔斯来说，道德人的观念仅仅需要在人的整体观念中占有足够地位，从而在那些核心事例中具有足够说服力。

我在此所谈的人的观念的范围不但对于理解罗尔斯来说非常重要，对于一般性的政治哲学来说也很重要。然而，对这个问题，我们不能简单地一笔带过。而是要拿出足够时间来恰当对待，因此，在这里，我只能先把这个问题放在一边了。

2. 关于人的观念，我想深入讨论的是第二个问题。在某种程度上，这个问题是本次系列讲座的核心问题。这个问题是：对某些特定的人的观念之需求的证成包含哪些要素？我在前面已经论证过，在《正义论》的写作之后，罗尔斯越来越依赖一种特定的人的观念。当然，政治哲学家一直以来就是依赖于这一观念的。他们总是依赖于"什么是人"的不同观点。柏拉图代表着早期西方政治哲学史的一个重要时期，他在《理想国》中论证道，人类的灵魂具有三个部分。而近代西方政治哲学则肇始于霍布斯在《利维坦》中对人类动机的狭隘界定。因此，罗尔斯有着对一种扮演着基础性角色的人的观念的诉求，这并不稀奇。

然而，所有这些诉求都会引发证成问题。毕竟，柏拉图的道德人观念的内容与霍布斯的人的观念无法兼容，而他们两人的观念与罗尔斯相比也都是完全不同的。那么，我们能以什么理由来接受这些给定的人的观念呢?

在《理想国》中,柏拉图用了大量篇幅来试图使我们接受他所提出的观念。他试图让我们接受这一观点,即,如果我们能够理解国家的结构,我们就同样能够理解人类灵魂的结构,由此,柏拉图提供了一种论证,即证明除了欲望和理性之外,人类的灵魂还包含其他东西,即激情或精神。在柏拉图看来,最好的灵魂与最佳的政体相似,它们都被假定有着三个要素,即欲望、理性和激情,而这三个要素则处在一种恰当的平衡之中。实际上,《理想国》的大部分内容就是其对人的观念,以及对一种符合这一观念的政治制度的必要性的冗长而复杂的论证。

霍布斯则更为直接。他在《利维坦》导论的结尾处这样写道:

> 让人们不要完全根据别人的行动来了解别人吧,这种办法只能适用于他们所熟知的人,而那是为数不多的。要统治整个国家的人就必须从自己的内心进行了解而不是去了解这个或那个个别的人,而是要了解整个人类。这样做起来虽然有困难,难度胜过学任何语言或学科学;但是当我清晰地系统论述了我自己的了解办法后,留下的另一个困难,只须考虑他自己内心是否还是那么一回事。因为这类理论是不容许有别

的验证的。①

在这里，霍布斯所诉求的是两样东西。一方面，读者必须"在他内心中发觉这是同一回事"。霍布斯的论述必须与读者最终所相信的自身之所是相符合。如果你觉得你与霍布斯在《利维坦》中所论述的人不怎么相符的话，那么，他的论证将无法说服你。霍布斯很清楚，他需要说服他的读者，他所描述的那种狭隘的、以自我利益为中心的存在者实际上是关于人类的事实，也就是说，任何读者都完全是这样一种存在者。我们可以从《利维坦》第13章中的长篇大论中清楚地看到这一点。霍布斯担心，他的读者会拒绝接受他对人类动机的这种狭隘描述。于是，霍布斯这样写道：

> 我们不妨让这种人（读者）考虑一下自己的情形。当他外出旅行时，他会带上武器并设法结伴而行；就寝时，他会把门闩上；甚至就在屋子里面，也要把箱子锁上。他做这一切时，自己分明知道有法律和武装的官员来惩办使他遭受伤害的一切行为。试问他带上武器骑行时对自己的国人是什么看法？把门闩起来的时候对同胞们是什么看法？把箱子锁起来时对

---

① Hobbes, *Leviathan*, introduction, p.11.

自己的子女和仆人是什么看法？他在这些地方用行动攻击人类的程度不是正和我用文字的攻击相同吗？[①]

在这里，我们看到霍布斯是在强调，他的读者的确会在事实上接受他对人性的解释。或许，其读者不会轻易承认他们本身即是如此，但霍布斯认为，如果这些读者真诚地反观自己在这个世界上的具体作为的话，他们最终将会在事实上接受他对人性的写照。

然而，霍布斯的诉求中还有第二个方面。他写道："当我清晰地系统论述了我自己的了解办法后，留下的另一个困难，只需考虑他自己内心是否还是那么一回事。"现在，我就将这个被清晰、系统地加以论述的《利维坦》看作一个整体，即霍布斯的全部观点。这就是说，霍布斯将对人性的理解与对令人满意的、可行的政治安排的理解结合在一起，同时，他在问我们（他的读者），在我们自己对人性及其可能性的理解被给定的情况下，我们接受他的作为一个整体的政治观点是否明智。

那么，罗尔斯如何看待这一问题？罗尔斯怎样对他的人的观念进行证成？我再从其早期的《道德理论中的康德式建构主义》中引用一段文字：

---

① Hobbes, *Leviathan*, chapter 13, p.89.

> 我们的任务是阐明一个公共正义观，这个观念是所有将他们自己，以及他们与社会的关系以某种方式来理解的人都可以接受的。尽管在此过程中将会涉及对某些理论性困难的处理，但这首要地是一个实践的社会性任务。使得一个正义观念获得辩护的东西，并非是从某些先定的秩序看来，这种正义观念是真确的；而是它与我们对自我的深层次理解和抱负的契合，以及我们意识到，给定体现在我们公共文化的历史和传统，它就是于我们而言最合乎情理的原则。①

我必须以某种特定方式来看待我的人格，同样，我必须将某种特定的人的观念视为对我自身和我的抱负的理解相符合。就像霍布斯一样，我必须赞同，作为政治哲学家的罗尔斯对作为读者的我有着恰当的解读。因此，对于我视自身之所是的那种存在者，罗尔斯有着精确的把握。就像霍布斯和《利维坦》一样，要去接受的是这样一种观念，即人的观念是被整合进可欲和可行的政治安排的整体观念之中的。

在这一点上，罗尔斯会面临一个问题。大致来说，就是要去阐明，人们所认可的人的观念在下述意义上并非被

---

① Rawls, "Kantian Constructivism in Moral Theory," p.519.

扭曲的，也就是说，人们不是仅仅因为某些错误的认知而认可这一观念。罗尔斯相信，他的人的观念能够为其读者所熟知并认可，也就是说，人们能够接受这一观念。在这一点上，罗尔斯也许是错的。毕竟，罗尔斯的读者是否会接受他的人的观念，这是一个经验问题。即便我们中的大多数人都确实接受了罗尔斯的人的观念，还有一个进一步的担忧，即人们之所以接受这种人的观念，仅仅是因为这些人是在一个特定的社会中成长起来的。而人们之所以倾向于这种人的观念和与此相关的政治制度，则不过是由于他们已经被这样一种社会所塑造。罗尔斯敏锐地觉察到他的观点将会面临这一质疑。我们将在最后一讲讨论这个主题。而在这里，我想说明的是，马克思也会面临这一质疑。马克思同样持有一种人的观念，因此，他在如何证成这种人的观念的问题上同样面临这一深层困境。因此，我暂且先不讨论对人的观念的证成问题，而是先行阐述马克思的这一特定观念的内容。

现在，我将转向对马克思的讨论。

三、1844 年的马克思：为他人而生产

对青年马克思的讨论，我的讲座有二个目标。首先，我想在内容上阐明马克思在 1844 年寻求一种真正的共产主义社会，这是本次讲座要处理的内容。其次，我想去改

造 1844 年的马克思所认为的在接下来的几个世纪将会盛行的关于匮乏的条件的观点。这是我的下一场讲座的内容。不论怎样对其加以阐述，它们都是人类生活的一部分，因此，它们也是任何一种政治哲学的一部分。最后，我想阐明青年马克思对其规范性问题，也就是他的人的观念的证成路径。我将证明，马克思的证成观会给他自己造成一个严重的问题。

对待马克思的理论，我是有所选择的。我主要把马克思视为一个规范性思想家，而不是一位经济学家、历史学家或社会学家。当然，马克思的理论是包含上述所有内容的，然而，我相信，在规范性思想家这个层面上，马克思在很大程度上被低估了。而马克思的这个层面正是我想在政治哲学论域中加以讨论的。

马克思之所以在作为规范性哲学家的这个层面被低估，部分原因是他本人看起来似乎是拒斥规范性哲学思考的。的确，他似乎对这种思考很是轻视，规范性判断的角色在他那里也非常含糊。在我看来，认为《资本论》第一卷在某种程度上是价值中立的这种观点非常荒谬。我认为，青年马克思对良善的人类社会有一种特色鲜明的哲学兴趣。而我将论证，他以非哲学的方式对此做出的证成是存在内在问题的。

关于马克思的生平，想必大家已经很熟悉了，因此，我只想提及 1844 年之前的一些要点。马克思于 1818 年生于德国莱茵兰地区的小城——特里尔。他的家庭是个土生土长的犹太家庭。数代以来，这个家庭就同它的拉比一起供养着特里尔城。然而，马克思的父亲是位律师，在当时的普鲁士，从事这一职业必须成为基督徒。因此，在1816年或1817年，马克思的父亲改信了新教路德宗。不过，他似乎只是名义上改信。马克思的父亲是启蒙运动的信徒，因而，他似乎根本不相信任何宗教。卡尔·马克思自己是位无神论者。马克思刚开始在波恩大学读书，后转学至柏林大学，并在那里最终完成了他的关于德谟克利特和伊壁鸠鲁的观点之比较的博士论文。在他1841年完成博士论文之后，马克思希望得到一份与学术相关的工作。然而，那时的马克思已经加入了多数时期位于柏林的激进思想家的群体，这一群体当时被认为是左翼黑格尔主义，也就是我们今天所谓的"青年黑格尔主义"。他的精神导师——布鲁诺·鲍威尔也身处其中。那时，鲍威尔只是波恩大学的一位年轻教授。在右翼黑格尔主义群体中，他被认为是一颗正在上升的新星，然而，他对《圣经》的研究却逐渐变得激进并逐渐具有无神论意味。1841年，鲍威尔写了一系列论辩文章，并把论战的矛头指向基督教。这些文章最终使他被解除了学术职务，而布鲁诺·鲍威尔的学术愿望的结局也正预示着马克思的学术希望的终结。1842年，马克思做了自由派报纸——《莱茵报》的编辑。大约一年之后，这份报纸被普鲁士政府取缔。1843年末，马克思来到巴黎,在这里,他写成了《论犹太人问题》《詹姆斯·穆勒〈政治经济学原理〉一书摘要》(以下简称《穆勒评注》)和《1844年经济学哲学手稿》等著作。马克思于1849年去往伦敦,他在那里度过了其后半生的大部分时间,也正是在伦敦完成了《资本论》的写作,养育子女,并于1883年去世。

我想快速进入马克思在1844年对他所谓的"真正的共产主义"的解释。我认为,进入这一解释的恰当方式就是对马克思那里的人类相互依赖的最可欲的形式之图景进行考察。在第一讲中,我分别引用了约翰·洛克和亚当·斯密对人类经济在两百甚至是三百年前的广泛的相互依赖性的论述。在那个时代,我们之所以相互依赖,所依据的不仅是日常用品,也依据某些理念和文化,等等。

因此,我们彼此之间是深刻、广泛地相互依赖的。然而,马克思认为,在资本主义社会的条件下,这种依赖性在根本上却是通过在市场中将彼此作为一种工具性运用而实现的。在市场中,每个人都去尽力使自己获得更多的产品却给予他人最少的报酬[①]。相反,马克思则给出了真正的共产主义这种可供选择的事态,这一事态的提出是为了使其区别于一些法国思想家所持有的共产主义观点。

---

① Marx, "Auszüge," *MEW*, Ergänzungsband i, pp. 459 – 462/"Comments," *MECW*, vol. 3, pp. 224 – 227.

他所说的这种真正的共产主义是一种条件，在这种条件下，个体不但能与人类相一致，而且也会理解，怎样的行为能够实现他们的作为人的本性。马克思相信，至少在物品的生产和消费方面，任何个体都没有理由来纯粹工具性地对待其他个体。而且，我们不这样做是有坚实理由的。

这一点需要详细阐述。我们最好来看马克思的《穆勒评注》中的一个长篇评论：

> 假定我们作为人进行生产。在这种情况下，我们每个人在自己的生产过程中就双重肯定了自己和另一个人：①我在我的生产中物化了我的个性的特点，因此我既在活动中享受了个人的生命表现，又在对产品的直观中由于认识到我的个性是物质的、可以直观地感知的因而是毫无疑问的权力而感受到个人的乐趣。②在你享受或使用我的产品时，我直接享受到的是：既意识到我的劳动满足了人的需要，从而物化了人的本质，又创造了与另一个人的本质的需要相符合的物品。③对你来说，我是你与类之间的中介人，你自己意识到和感觉到我是你自己本质的补充，是你自己不可分割的一部分，从而我认识到我是你自己本质的补充，是你自己不可分割的一部分，从而我认识到我自己被你的思想和你的爱所证实。④在我个人的生命表

现中，我直接创造了你的生命表现，因而在我个人的活动中，我直接证实和实现了我的真正的本质，即我的人的本质，我的社会的本质。

我们的生产同样是反映我们本质的镜子。

这种关系是互惠性的，你那方面所发生的事情同样也是我这方面所发生的事情。①

马克思在这一段中列出的编号很让人迷惑。因为他断言只有两种肯定自我和他人的方式，却列出了四个条目。人们可能会试着认为，马克思从每个行为主体的角度各列出两条路径，不过，上述文本却并不支持这一解读。因为这四个条目都是以第一人称的角度来写的，其他主体的视角则被"你那方面所发生的事情同样也是我这方面所发生的事情"这一评论所解释。或许，其中的两个要素被假定为更多地与人们为自己所做之事相关，而其他两个要素则被假定为更多地与人们为他人所做之事相关，尽管这种解释似乎也难以与上述文本相符。这个问题，我们先放到一边。就整体而言，我从马克思的角度来看，最重要的是，标题①所要处理的内容是个体之作为个体的自我肯定。他的这一理念非常清楚：在一个共产主义社会中，行为主体

---

① Marx, "Auszüge," *MEW*, Ergänzungsband I, pp. 462 - 63/"Comments," *MECW*, vol. 3, pp. 227 - 28.

将在生产过程中得到个体性的满足，这一满足不但体现在人们选择参与的特定活动中，也体现在下述事实中，即这一活动的结果在某种程度上是外在的，而在这种外在结果中，个体能够看到其个体性的具体展现。

这一段的其他部分谈的是每个个体与其他个体的关系。马克思似乎有两个彼此联系的关切：其中的一个关切是，个体间彼此一对一的关系；另一个关切是，作为人类之一员的不同个体之间的关系。

在标题②—标题④中，马克思强调了人的相互依赖性，然而，他是以一种特殊的方式来对此加以讨论的。他在许多地方讲过，在一个共产主义社会中，行为主体会彼此之间相互"成全"。[①] 这是一个很有趣的观点。对这一理念最简单的解读是，在真正的共产主义社会中，行为主体会互相使对方实现他们的目的。合作给所有行为主体都带来利益，也就是说，合作能够产生使行为主体用来实现其特定目的的额外的商品和服务。

然而，这一解读并不充分。毕竟，从总体来看，这样一种利益的相互给予在资本主义社会中也能实现。在资本主义社会中，商品是为了消费者的需要而生产的，因此，从某种意义上讲，我们确实也在为彼此而生产。然而，马克思肯定意味着某些别的东西。

---

① 我把德文单词"Ergänzung"译为"Complete"。

实际上，马克思强调在资本主义社会的纯粹市场关系中，我们并非为了彼此的利益而生产。就事实来看，通过市场关系，我为他人提供的利益是与我无关的，或者，这至多是一种为我去赚钱和追求我自己的利益这一最终目的而服务的一种方式。马克思认为，在市场关系中，人们会努力去胜过对方：

> 我同你的社会关系，我为你的需要所进行的劳动只不过是假象，我们相互的补充，也只是一种以相互掠夺为基础的假象。在这里，掠夺和欺骗的企图必然是秘而不宣的，因为我们的交换无论从你那方面或从我这方面来说都是自私自利的，因为每一个人的私利都力图超过另一个人的私利，所以我们就不可避免地要设法互相欺骗。我认为我的物品对你的物品所具有的权力的大小，当然需要得到你的承认，才能成为真正的权力。但是，我们互相承认对方对自己的物品的权力，这却是一场斗争。在这场斗争中，谁更有毅力，更有力量，更高明，或者说，更狡猾，谁就胜利。如果身强力壮，我就直接掠夺你。如果用不上体力了，我们就互相讹诈，比较狡猾的人就欺骗不太狡猾的人。就整个关系来说，谁欺骗谁，这是偶然的事情。双方都进行观念上和思想上的欺骗，也就是说，

每一方都已在自己的判断中欺骗了对方。①

在市场中,行为主体不过是希望去获取更多,而为了做到这一点,他们愿意在能够不被问责的情况下对他人加以欺骗和强迫。这种欺骗和强迫并不需要刻意去损害其他行为主体的目的,不过,从客观效果来看,它们却很可能产生这一结果。如果我被欺骗和强迫而卷入一场交易当中,若是没有欺骗和强迫,我也有可能不去做这一交易。这就是为什么我们的相互成全不过是表面上看起来如此,而并非真正如此。最终,一方能够维护其目的的手段将会越来越少,而不是各方相互获利。

我认为,马克思由于对行为主体去欺骗和强迫的意图的强调,使得其深层观点变得模糊不清。因为这种强调意味着,马克思或许并不反对资本主义社会中那些无欺诈、无暴力的交易。而这一点似乎是非常不可能的。实际上,马克思反对市场的根本理由在于:在市场关系中,人们除了自己的以自我为导向的目的之外,无法拥有一种为他人提供能对实现他们的目的有所助益的有用之物的目的。与此相反,马克思相信,在共产主义社会中,每个个体的生产部分是作为个体的自我实现一种形式,然而,它们同样

---

① Marx, "Auszüge," *MEW*, Ergänzungsband I, pp. 460 - 61/"Comments," *MECW*, vol. 3, p. 226.

会为使他人获益而生产。使他人获益这一目的是内在于生产目的之中的。

在马克思那里,行为主体之目的的一个重要方面被假定为为他人提供实现其目的的必需品。他认为,在一个真正的共产主义社会中,我不仅会为你的晚饭提供番茄,除此之外,在种植这些番茄的过程中,我的目的就是给你提供能够为你所用的番茄。你对我所种植的这些番茄的使用则会成为我的目的之一,而这一目的同时也会是你的目的。我们的不同目的不但不会相互冲突,反而会相互补充。由于你也会生产出某些可以为我所用的东西,因此,这种补充就会成为互惠性的,至少在一个作为整体的共同体中便是如此。

需要指出,上述关系为马克思于三十年之后完成的《哥达纲领批判》中的观点——"各尽所能,按需分配"[1] 埋下了伏笔。从1844年的马克思的观点来看,我的生产活动对于我自己来说是一种善,它是我的自我实现的一部分。"各尽所能"这一表述并非导向一种运用自己的才能来促进公共利益的义务。同样,它也并不包含下述主张,即,由于我所获得的商品,我必须对社会做出补偿。我认为,这一观点只不过是对马克思所相信的真正的共产

---

[1] Karl Marx, "Kritik des Gothaer Programms" (1875), *MEW*, vol. 19, p. 21/"Critique of the Gotha Programme," *MECW*, vol. 24, p. 87.

第二讲 人的观念：1980年的罗尔斯和1844年的马克思

主义生活的一种描述。在这样一种社会中，我对自己的能力的运用无非是自己的善的一个组成部分[①]。这一点非常重要。我们没有责任去生产，然而，我们都会去做这件事。

在《穆勒评注》中，马克思接着认为，在共产主义社会中，当其他人使用我的产品时，我会在"为他人创造出他需要的相应物品"[②]中得到满足。这一理念非常明确。假定我个人在财产方面没有任何顾虑，因为我从公共的供销处获取自己的所需。我把我的时间都花在雕琢一把椅子上。这一活动是我的自我实现的方式。然而，我也希望这把椅子能够得到应用，否则，如果这把椅子被放在阁楼中烂掉的话，我的自我实现也将随之黯然失色。就像我种植的土豆那样，我也希望我雕刻出来的椅子为某人所用。只有在那时，我才能对满足一种人的需要有所助益，也只有在那时，如马克思所说，我才能"被你自己意识到和感觉到我是你自己本质的实现"[③]。

[①] 这一观点来自 GA. Cohen。见 G. A. Cohen, "Marxism and Contemporary Political Philosophy, 或"Why Nozick Exercises Some Marxists More than He does Many Egalitarian Liberals," *Canadian Journal of Philosophy*, Supplementary Volume 16, 1990, pp. 381–382。

[②] Marx, "Auszüge," *MEW*, Ergänzungsband I, p. 462/"Comments," *MECW*, vol. 3, p. 228.

[③] Marx, "Auszüge," *MEW*, Ergänzungsband I, p. 462/"Comments," *MECW*, vol. 3, p. 228.

因此，在共产主义社会中，在根据我的能力而生产的产品和依据你的需要的使用之间具有一种相关性。我的产品是为了你的需要而生产的，你的需要的满足则成为我的产品的最终阶段。使我的产品符合你的需要也会是我自己的目的。实际上，对你的需要的满足将会是我自己的善的一部分。

在这里，马克思的前提是，社会是摆脱了物质匮乏的。在下一讲，我将对这一前提提出质疑。不过，我们在此处还应考察马克思的真正的共产主义之图景的另一方面。在1844年的马克思看来，人们的相互成全比仅仅为彼此的需要而生产具有更多意义。他认为，在共产主义社会中，我们同样都是彼此与类之间的中介。更确切地说，马克思认为，生产者会成为消费者和类之间的中介。我将这一理念理解为，在共产主义社会中，当其他人使用我的产品时，他将我视为一个一般意义上的类的代表。在他对这一产品的使用中，毫无疑问，他能够认识到我所生产出来的特定价值。然而，他同样能认识到，是某个"人"带着"让他来使用"这一目的而进行生产的。这就像是说，是这个一般意义上的类在为他生产出某些东西。我使这一理念走得更远，即，当他看到是这个类在为他生产时，他会肯定自己的属于这个类的成员资格，尽管在马克思的文本中，这层意思并不明显。

实际上，我认为马克思还应该把这一中介关系倒转过

第二讲 人的观念：1980 年的罗尔斯和 1844 年的马克思

来。当我是共产主义社会中的生产者时，消费者难道就不能同样对这个类有所体现，并作为我和类之间的中介吗？消费者带着我为人类的某些用途而生产这一认识的消费过程可以被视为我为他人进行生产（同时也体现了我的个体性）的确证。同样，这也可以被视为我对我的属于这个类的成员资格进行确证的一种方式。我猜测，当马克思说"因此，在我的个体活动中，我会直接认识到并肯定我的真实本性，我的作为人的本性和属于共同性的本性"[1] 时，他是有着类似思考的。

行为主体的类资格会在这些生产/消费的互动性中得到肯定，因为这些互动性包含某种活动。马克思认为，通过这种活动，人们能够作为人类的一员来意识到其本性。在这种互动性中，行为主体会彼此肯定，这种彼此肯定不仅仅是作为某些群体的成员，同时也作为人类的成员。也就是说，他们是作为这样一种存在者，这种生产/消费的互动行为乃是实现他们的本性的方式。生产和消费具有一种特定的共鸣。在他们的日常活动中，不同个体会显而易见地看到他们的根本本性，以及他们的群体（类）成员资格。

---

[1] 一种类似的观点，见 David Archard, "The Marxist Ethic of Self-realization: Individuality and Community," in J. D. G. Evans ed., *Moral Philosophy and Contemporary Problems* (Cambridge: Cambridge University Press, 1987), especially pp. 32–33。

路德维希·费尔巴哈和1844年的马克思都相信存在一种独特的机制,也就是一种"中介"机制。通过这一机制,行为主体可以通过与作为整体的类建立一种牢固的关系来肯定自己的人性。费尔巴哈认为,一般而言,我们和他人的互动行为就可以起到这种作用。不过,他所强调的特定行为是爱,这一点很是有趣。费尔巴哈认为,在这一过程中,女人象征着更大的群体,她们使男人意识到这一群体,以及他们在这一群体中的成员资格[1]。

初看上去,马克思似乎与费尔巴哈很相似。他说过:"人与人之间直接的、自然的和必要的关系就是男人和女人之间的关系。"[2] 同样,与费尔巴哈一样,马克思认为,人们就是通过这种对个体的自然关系来与类建立关系的[3]。尽管如此,马克思与费尔巴哈还是极为不同的。因为费尔巴哈说过,通过爱,我学到的其中一件事就是"只有共同

---

[1] 比如,Ludwig Feuerbach, *Das Wesen des Christentums* (1841, rev.1843, rev.1849), edited by Werner Schuffenhauer. Berlin: Akademie Verlag, 1956, pp. 266 – 267/*The Essence of Christianity* (1841), translated by George Eliot. New York: Harper & Row, 1957, pp. 168 – 169。

[2] Marx, *Ökonomisch-philosophische Manuskripte aus dem Jahre 1844*, in *MEW*, Ergänzungsband I, p. 535/*Economic and Philosophic Manuscripts of 1844*, *MECW*, vol. 3, p. 295.

[3] Marx, *Ökonomisch-philosophische Manuskripte*, *MEW*, Ergänzungsband I, pp. 535 – 536/*Economic and Philosophic Manuscripts of 1844*, *MECW*, vol. 3, pp. 295 – 296.

体才能构成人性"。然而，在《穆勒评注》中，马克思则认为，在资本主义社会中，人的从属于共同体的本性"呈现为异化的形式"①。马克思的这一比较是在我们真正的从属于共同体的本性——他所说的人"在类生活中，在真正的人的生活中的相互补充"② 和我们的存在于资本主义社会之中的从属于共同体的本性中做出的。从原则上看，即便共同体确实构成人性，在马克思看来，这种构成也是在资本主义的"异化的形式中"完成的，而爱并不能改变这一事实。

此外，在《1844年经济学哲学手稿》中，马克思接着论证道，资本主义条件下的两性关系普遍地造就了"无尽的退化"③。马克思认为，从男女关系的特性中，人们可以看到，这些社会关系是否实际上是恰当的人的关系。男女关系显示出，"他的人的本性在何种程度上对人来说成了自然的本质，他的人的本性在何种程度上对他来说成了自然界。这种关系还表明，人具有的需要在何种程度上成了

---

① Marx, "Auszüge," *MEW*, Ergänzungsband I, p. 451/"Comments," *MECW*, vol. 3, p. 217.
② Marx, "Auszüge," *MEW*, Ergänzungsband I, 451/"Comments," *MECW*, vol. 3, p. 217.
③ Marx, *Ökonomisch-philosophische Manuskripte*, *MEW*, Ergänzungsband I, p. 535/*Economic and Philosophic Manuscripts of 1844*, *MECW*, vol. 3, p. 295.

人的需要，也就是说，别人作为人在何种程度上成了人的需要，他作为个人的存在在何种程度上同时又是社会存在物"①。在费尔巴哈描绘的男女关系图景中，不同个体以肯定彼此之人性的方式相互联系着。马克思则认为，在资本主义社会中，情况并非如此。就像人的其他关系一样，资本主义社会中的两性关系也被纯粹工具化了②。而在这样一种关系中，个体就不能相互成为彼此与类的中介。或许男女关系在共产主义社会中能够扮演这一角色，然而，共产主义社会中尚有其他关系，其中最明显的就是经济关系。

根据马克思的观点，个体和类之中介的核心形式是在对物品的生产和使用活动中发生的。他还谈道，通过我们

---

① Marx, *Ökonomisch-philosophische Manuskripte*, *MEW*, Ergänzungsband I, p.535/*Economic and Philosophic Manuscripts of 1844*, *MECW*, vol.3, p.296. 这里的语境是将马克思的"人的需要"和"粗陋的共产主义社会"的目标进行对比，其意图仅仅是使工具性关系普遍化（"拿妇女当作共同淫乐的牺牲品和婢女来对待……把妇女变成公有的和共有的财产"）。见 *Ökonomisch-philosophische Manuskripte*, *MEW*, Ergänzungsband I, pp.534-535/*Economic and Philosophic Manuscripts of 1844*, *MECW*, vol.3, pp.294-295). 这种"粗陋的社会主义"的理想不过是一种存在于资本主义社会中的关系的极端体现。

② 两性关系和劳动关系的这种结构性等同在马克思的下述著作中有着清晰的阐述：*Ökonomisch-philosophische* Manuskripte, *MEW*, Ergänzungsband I, p.534/*Economic and Philosophic Manuscripts of 1844*, *MECW*, vol.3, p.295。

第二讲　人的观念：1980年的罗尔斯和1844年的马克思

的生产，我们的本性得到相互映照。"我们的生产同样是反映我们的本质的镜子。"① 现在，我们假定，如同马克思所相信的那样，人类借以意识到其本性的活动事实上就是对物品的生产，而这些生产是为了体现出人们的个体性并为他人提供实现他们的目的的手段。并假定，在真正的共产主义社会中，所有人都对此深信不疑。那么，对真正的共产主义者来说，将他们所生产的产品视为对他们的本性的体现就是说得通的。对于这些"体现"而言，这些产品就能被认为"反映"了他们的本性。

这种相互映照的观点值得深究：对 A 进行映照的映像包含着对 B 进行映照的映像，反之亦然。马克思所说的镜子就是生产，不过，只有当它们以某种特定方式被理解时，才能发挥镜子的作用。为了反映人的根本本性，它们必须被理解为使这些本性具体化。共产主义者可能就是这样来理解它们的，生产相互映照着我们的本性，这不仅意味着我将我和你的生产都视为体现着人的根本本性，同样，我也会看到，你也将我和你的生产都视为体现人类的根本本性。也就是说，不但我能看到这一点，你同样也能看到。

因此，一般来说，共产主义者将人的本性视为被他们

---

① Marx, "Auszüge," *MEW*, Ergänzungsband I 463/"Comments," *MECW*, vol.3, p.228.

的产品所反映，而且，他们对这一事实是彼此知悉的。共产主义者相信，为彼此而生产是人的本性之一。他们会将物品的经济交换视为其共同的根本本性的体现。这一映照过程会体现出共产主义者的如下信念，即，他们分享着一种共同的本性，而他们当下的（根本）关系乃是目的性和互惠性的相互实现。在这些条件之下，牢固的共同体之纽带是能够建立的。

在马克思看来，人们对类的认同导向对类所生产的产品的所属感。当人们所属的团体非常小时，这一理念就能看得很清楚了。假定现在有四五个人共同修建一所房子。他们当中的某个人可能会告诉他的朋友，"这所房子是我修建的"。这句话不会是对下面这句话的简写："我建造了这所房子的餐厅和小卧室，贴上了西北面墙壁上的墙板并铺设了浴室的瓷砖。"相反，此人想要表达的是，他自己是参与对这所房子的整体建设的，并在整体上将这所房子视为他的产品。

在某种程度上，行为主体将自己与某一团体紧密联系在一起。这意味着他们似乎很可能将自己与这一团体的产品联系起来，即使这一团体的规模很大，个体的贡献相对来说很小时也是如此。马克思泛化了这一心理能力。他的这一观点或多或少地与布鲁诺·鲍威尔有相同之处，关于鲍威尔的观点，我在第一讲讨论罗尔斯的社会联合之理念时已经有所涉及，即作为人类的自我意识的一员，我可以

第二讲 人的观念：1980 年的罗尔斯和 1844 年的马克思

"甚至将他们的天赋和创造作为我自己的决断"[①]。马克思也会同意，作为团体的成员，这些成员"拥有"作为整体的该团体的能力，并能将该团体所生产的产品视为"他们自己的"。当然，在马克思看来，至少在 1844 年，这一相关的团体就是人类。

那么，我们的产品能够事实上映照我们所共有的类本性吗？这个问题涉及 1844 年的马克思所思考的对类的牢固认同的心理说服力。当我们在欣赏一幅山景画，而不是在欣赏这些景色本身时，我们就可以说，这幅画乃是人类的一种表现形式。马克思在主张"工业的历史和工业的已经产生的对象性的存在，是一本打开了的人的本质力量的书"[②] 时，他的观点是，对待这些工业、农业，以及其他产品时可以采取一种类似的态度。与公共杂货店出售的番茄相比，我确实会带着不同的眼光来看待邻居家的花园里所种植的番茄，其中的原因不仅仅是它们更好吃，或感激邻居的慷慨大度。而是说，作为一种产品，邻居家的花园里种植的番茄更能明显地体现出人们的劳动。马克思的观点是，我们与类有着牢固的认同，并具有关于人的本性的恰当观念，而公共杂货店里的番茄同样也会与这一本性产

[①] Bauer, "Leiden und Freuden des theologischen Bewußtseins," p.173.
[②] Marx, *Ökonomisch-philosophische* Manuskripte *MEW*, Ergänzungsband I, p.542/*Economic and Philosophic Manuscripts of 1844*, MECW, vol.3, p. 302.

生共鸣。

在对真正的共产主义社会中的关系问题进行思考时，同样应该参考我所大段引用的马克思在《穆勒评注》中对爱的诉求。在对真正的共产主义社会中的经济关系进行描述时，马克思认为，"我认识到我自己被你的思想和你的爱所证实"[①]。那么，在他所主张的共产主义社会中，公民之间会存在情感的联结纽带吗？这幅图景真的有说服力吗？

马克思所思考的并不是个体间的亲密关系，也不是伴随这种个体间的亲密关系而产生的情感的深度。相反，我认为马克思是在一种更抽象、更普遍的层面上对人们之间的友谊结构进行思考的。这种结构是友谊的一种特征，即，对待朋友要相互给予。相对于我们达成某种互不赠与的协议，即我为我自己购买手套，而你为你自己购买围巾来说，我为你购买围巾，你为我购买手套则要好得多。在这种礼物的互赠行为中，我们的关联性或团结性得到进一步证实。共产主义社会的生产即被认为具有这种结构。不同的个体相互为彼此而生产。因此，人们或许会认为，真正的共产主义将会具有广泛的"结构性的而非个体性的"[②] 友谊关

---

① "Auszüge," *MEW*, Ergänzungsband I 462/"Comments," *MECW*, vol. 3, p. 228.

② 在 *Alienation* 这部著作中，Richard Schacht 认为，"马克思式社会交往是直接的、个体性的"（Schacht, *Alienation*, Garden City, N.Y.：（转下页）

系。下一讲，我将详细展开对此类态度的探讨，并将其作为对公民来说能够对彼此的幸福加以互惠性关切的一种理念。

四、附论：19世纪中期的思想家

马克思在1840年代的很多观点在许多方面都是极具原创性的。然而，它们仍然是对19世纪中期其他作家的某种回应。在本讲的结尾，我想简要谈谈这个问题。我相信，如果我们想去理解马克思，尤其是，如果我们想从他的观点中找到某些能为今用的东西的话，那么，搞清楚他与现代政治哲学主流思想的关系就十分重要了。

在对19世纪中期作家的讨论中，我将关注三点。首先，他们有着对当下的批评。我们常常谈到，在那个时期，新的商业、工业和民主的文明正在产生一种低劣的人及其生活方式。马克思在1844年对劳动异化的讨论正是这种广泛倾向的一个例子。比如，我们可以看马修·阿诺德（Matthew Arnold）对清教徒中的中产阶级的论述：

(接上页)Doubleday & Company, 1970: p.90) Schacht的观点是说，与黑格尔相比，马克思拒斥将制度性角色（比如公民）作为不同个体间社会交往的基础。马克思的确拒斥这种角色，因此，就马克思主义的社会交往是直接的而非中介性的这一角度而言，Schacht是对的。但在另一方面，至少就其有着广泛的亲密性这一意义而言，它又不必是个体性的，而这一点也是不乏说服力的。

"它体现出一种有缺陷的宗教形式,一种狭隘的理智和知识,一种发育不良的美感。"① 密尔对他所处的时代有着这样的评论:"他们的人的能力已经枯萎、失去活力。"② 美国人梭罗则写道:"我们像蚂蚁一样,卑微地活着。"③

这些批评者所作的批评各有不同。他们当中,有些人批评的是行为主体被压缩成一种单一的模式。比如,爱默生写道:"在大多数要求中,德性变得固化。"④ 密尔和托克维尔则对公共意见的专制化表现出担忧。密尔写道:"在我们的时代,从最高层到最底层,人人都生活在怀有敌意且令人畏惧的审查制度之下。"⑤ 其他人则批评,对金

---

① Matthew Arnold, "Irish Catholicism and British Liberalism" (1878), in Matthew Arnold, *The Works of Matthew Arnold in Fifteen* Volumes (London: MacMillan and Co, 1903 - 1904), vol. 10, p. 97. 另见 Matthew Arnold, *Friendship's Garland* (1871), in Arnold, *Works*, vol. 6, p. 378:"你们这些中产阶级的人们认为,当他的信件在一天之内被从伊斯灵顿和坎伯韦尔之间来回转送 12 次,以及,如果火车于一刻钟就能在上述两地之间来回行驶的话,那么,这就是文明和发展的最高阶段了。他认为,如果火车仅仅载着他从一个不自由的、沉闷的伊斯灵顿的生活驶向一个不自由的、沉闷的坎伯韦尔的生活,而这些信件不过是告诉他这就是那里的生活的话,这种文明和发展就是不值一提的。"

② John Stuart Mill, *On Liberty*, in Mill, *Collected Works*, vol. 18, p. 265.

③ Henry David Thoreau, *Walden* (1854) (New York: Collier Books, 1962), p. 74.

④ Ralph Waldo Emerson, "Self-Reliance" (1841), in Ralph Waldo Emerson, *The Collected Works of Ralph Waldo Emerson* (Cambridge, Ma: Harvard University Press), vol. 2, p. 29.

⑤ Mill, *On Liberty*, in Mill, *Collected Works*, vol. 18, p. 264.

第二讲 人的观念：1980年的罗尔斯和1844年的马克思

钱的占有成为人们的全部追求。托马斯·卡莱尔（Thomas Carlyle）说："现金支付成为人与人之间的唯一联系纽带。"[①] 托克维尔说，社会的团结性已经完全消失，"我看到不可计数的彼此相似而又平等的人们，不断地追求那些狭隘而平庸的愉悦感，并用这些愉悦感来填充自己的灵魂。他们中的每一个人都退缩到自己的世界里，几乎不关心他人的命运"[②]。总之，日常生活的退化是一个普遍的主题。

尽管有着上述对于当下的严厉批评，这些作家中的许多人却对未来表现出极大的乐观，这就是我的第二个关注点。这里，我将以密尔为例，尽管许多其他作家也表达过类似的观点。

在密尔1859年出版的《论自由》一书中，《论个性为人类福祉的因素之一》这一章呈现了一幅最适合人类的生活图景。这幅图景表达了一种人的理想，一种性情、欲望和决断种类之形式的纲要，这一纲要表达着一种重要的人

---

① Thomas Carlyle, "Chartism" (1839), in Thomas Carlyle, *The Works of Thomas Carlyle* (New York: Charles Scribner's Sons, 1896–1901), vol. 29, p. 164.

② Alexis de Tocqueville, *De la Démocratie en Amérique* (Paris: Librairie Philosophique J. Vrin, 1990), vol. 2, p. 265/*Democracy in America*, translated by George Lawrence (Garden City, New York: Doubleday & Company, Inc., 1969), vol. 1, part iv, chapter 6, pp. 691–92. 该段引文引自出版于1840年的最后一卷。

类成就。密尔说道:"我们的欲望和冲动同样应当是我们自己的,它们不应当被别人的观点所强加。"① 密尔主张"生活实验"和"各式各样的性格"②。他还引用了洪堡的观点,即"人的目的……乃是要使其各种能力得到最高度和最调和的发展而达成一个完整而一贯的整体"③。与此一致,密尔把个性的充分实现视为一种艺术作品④。

密尔接下来的目标就是寻找一种制度性条件,在这些条件下,每个个体都能够发展其广泛的能力,同时,在这些条件下,人们能够自由地选择其所要发展的能力。

在他的著作《功利主义》中,密尔还给我们展示了另一种看起来似乎不同的人类理想图景。这就是我要关注的第三点。在《功利主义》中,密尔解释道,恰当的功利主体的行为部分是由良心所驱动的,而在根本上他们则是被同情心所驱动的。这也就是对其他人类成员的快乐和痛苦的认同,在这个被限定的意义上,也就是被对其他所有人类成员的快乐和痛苦的认同所驱动。密尔写道,这种行为主体会与其他主体同喜、同悲,并会"越来越根据他们的善来确定他的感觉",因此,他们会具有一种提升普遍幸

---

① Mill, *On Liberty*, in Mill, *Collected Works*, vol.18, p.263.
② Mill, *On Liberty*, in Mill, *Collected Works*, vol.18, p.269 and 261.
③ Mill, *On Liberty*, in Mill, *Collected Works*, vol.18, p.261.所引用的段落引自 Wilhelm von Humboldt, *The Limits of State Action*。
④ Mill, *On Liberty*, in Mill, *Collected Works*, vol.18, pp.263 and 266.

福的直接动机①。密尔确信，这是一种真实可靠的心理可能性。他对奥古斯特·孔德的《实证政治学》评论道：

> 这本著作极其充分地证明了：即便没有宗教信仰的帮助，我们也能够使"为人类服务"具有一种宗教所具有的心理力量和社会功效；我们甚至能够使人类生活完全被"为人类服务"所控制，使一切思想、感情和行为都涂上"为人类服务"的色彩，乃至以往宗教曾经有过的最大控制力与之相比也只能算是一种雏形，乃至其可能造成的危险并不在于控制程度不够而在于控制得过分，过分到不恰当地干预人的自由和个性。②

密尔的这段话重述了他的早期文章中的一个观点，"宗教的效用"。在那些文章中，他说，对于"人性宗教的信徒来说……人类统一的意义，以及对普遍善的深刻情感或许能够产生出一种能够满足宗教的所有重要功能的情感和原则"③。

在这里，密尔的理想是这样一种人，他们对人性有着

---

① John Stuart Mill, *Utilitarianism*, in Mill, *Collected Works*, vol.10, p.231.
② Mill, *Utilitarianism*, in Mill, *Collected Works*, vol.10, p.232.
③ Mill, "Utility of Religion," in Mill, *Collected Works*, vol.10, p.422.

深刻关切。他们的思想和情感都被他们本人所主导，并与密尔所说的"一种出于其自身的理由被爱和追求的无私的事物"所绑定①。在这种爱和追求的过程中，行为主体找到他们自身的满足。此外，当密尔认为这种对他人的关切应当出于其自身的理由时，他同样认为，它们的出现会在事实上带来大量回报。"如果这种人性宗教像那些超自然的宗教一样被广为倡导的话……那些接受了惯常的道德教育的人将会在追随者的追随脚步中度过他们的理想生活，一直到他们死去。"② 人们会接受一种心理上的满足，以此取代个人的不朽。对人性的强烈认同也正因此而为人提供了一种善的生活图景。

一些法国作家，还有少数几位英国作家也持有与此类似的图景，其中就包括小说家乔治·艾略特。费尔巴哈同样认可类似图景。在《基督教的本质》中，费尔巴哈通过对类的认同来肯定不朽这一理念："因此，谁在生活时意识到类是一个真理，那谁就将自己的为了别人的存在，将自己的为了公众、公益的存在，当作是自己永垂不朽的存在。"③ 与密尔一样，在费尔巴哈看来，人的不朽这一目标应当被抛弃，能够对此取而代之的是对类的认同。

---

① Mill, "Utility of Religion," in Mill, *Collected Works*, vol.10, p.422.
② Mill, "Utility of Religion," in Mill, *Collected Works*, vol.10, p.426.
③ Feuerbach, *Das Wesen des Christentums*, p. 269/*The Essence of Christianity*, p.171 (translation amended, emphasis in original).

第二讲 人的观念：1980年的罗尔斯和1844年的马克思

1844年的马克思的观点与这些作家中的许多人是一致的。马克思定然相信，当下的社会销蚀着人类基本的可能性。他也相信，在一个良善的社会中，人们会拥有发展他们的广泛能力的机会，而他们在发展这些能力的时候与他们所认为的何种能力具有值得发展的价值的信念相一致。此外，马克思甚至在我们可以从他人的幸福中得到满足这一观点上与密尔具有相似之处。马克思强调，在真正的共产主义社会中，分享他人的快乐是可能的。马克思认为，在真正的共产主义社会中，"别人的感受和享受也成了我自己的占有"，以及"对象为他人所肯定，这同样是他自己的享受"①。实际上，马克思是说，你的享受也就是我的享受，你的享受将给我以满足。当然，马克思并没有使用同情这一概念，他也没有使用快乐和痛苦这些术语。然而，在真正的共产主义社会中，行为主体依然能在事实上感受彼此的快乐（还有他们的痛苦，如果他们有的话），并为这些快乐（悲伤）而欢愉（痛苦）。

马克思甚至似乎在《1844年经济学哲学手稿》的某个地方认可费尔巴哈和密尔的通过对类的认同来通达一种不朽的理念。马克思写道："死似乎是类对特定个体的冷酷

---

① Marx, *Ökonomisch-philosophische Manuskripte, MEW,* Ergänzungsband I, pp. 540 and 563/*Economic and Philosophic Manuscripts of 1844*, *MECW*, vol. 3, pp. 300 and 322 (emphasis in original).

无情的胜利，并且似乎是同它们的统一相矛盾的；但是特定的个体不过是一个特定的类存在物，而作为这样的存在物是迟早要死的。"[1] 这里的用词"似乎"暗示着，马克思相信死亡并非真的是对个体的胜利，除非这一个体仅仅是一个个体，而不同时是类的成员。

当然，我不想忽视这些思想家的不同之处。正如我在第一讲的开头所言，我尤其不想忽视这一事实，即密尔是一个功利主义者，而功利主义是一种会被马克思所拒绝的集合性观点。在这一点上，思想史只不过是在提醒我们，马克思对于良善人类生活的观点并不是与众不同的，也不是孤立的。在许多方面，他的观点都属于19世纪中期的主流话语的一部分。特别是，其他作家与青年马克思在以下两点上是相同的：①对个体性的重要性和个人的全面发展的坚持；②对其他个体的幸福之关切的强调。

---

[1] Marx, *Ökonomisch-philosophische Manuskripte*, *MEW*, Ergänzungsband I, p.539/*Economic and Philosophic Manuscripts of 1844*, *MECW*, vol.3, p.299.

第三讲

被限定的 1844 年的马克思：分配原则和政治态度

一、导论

在本书中,我将努力把青年马克思拉入 21 世纪早期的语境。为了这一目的,我将说明马克思的观点可以用两种途径来加以修正。首先,我们必须拒斥他的这一信念,即,我们应该仅仅对克服了物质匮乏的社会进行思考;其次,我们需要修正马克思的哲学人类学。尤其是,我们要修正他在 1844 年所主张的,良善的人类生活主要在于在劳动过程中对物质世界的改造。因为对于能构成良善的人类生活的活动来说,这幅图景过于狭隘。

我将论证,经过这些恰当的修正,马克思将会接受或多或少与罗尔斯相一致的分配原则。然后,我将继续论证,两位作家之间仍然会有许多深刻分歧,这些分歧首先体现在两位作家所强调的基本政治态度上,其次则体现在他们对人的观念的理解上。

二、马克思与分配原则

我们先从匮乏问题谈起。在马克思于 1844 年构想的真正的共产主义的图景中,一个核心前提就是该社会是摆脱了物质匮乏的[①]。他在写作《哥达纲领批判》时仍然坚持这一前提。在这本著作中,马克思明确谈到,"各尽所能,按需分配"这一标准存在于"在劳动已不仅仅是谋生的手段,而且本身成了生活的第一需要之后;在随着个人的全面发展生产力也增长起来,而集体财富的一切源泉都充分涌流之后"[②]。在这里,马克思的深层信念是十分明确的。他相信,不论在何种社会,只要存在物质匮乏,该社会就避免不了基本的社会冲突。如他和恩格斯在《德意志意识形态》中所谈到的,在不明确的导向之下,如果一个社会没有超越物质的匮乏,那么,"所有的老麻烦"都是不可避免的[③]。马克思似乎相信,只要罗尔斯所说的"正

---

① 在这里,另一个(不太有说服力的)前提也能起到作用,即在共产主义社会中,个人不受限制地对活动的选择将不但在数量上有所增加,而且,那些被不同的个人所需要、以符合其不同的自我实现方式的商品和服务也会增加。这一前提体现出 Fourier 的影响。
② Marx, "Kritik des Gothaer Programms," MEW, vol.19, p.21/"Critique of the Gotha Programme," MECW, vol.24, p.87.
③ Marx and Engels, *Die deutsche Ideologie*, MEW, vol.3, p.35/*The German Ideology*, MECW vol.5, p.49.

105

义的环境"继续存在,那么和平就不可能出现,无冲突的社会也不可能出现。

现在,我相信,我们应该拒斥这种令人绝望的阐述。在很大程度上,物质匮乏将总会与我们形影相随。当然,人类应当尽力使每个人居有其所,食有其源。此外,一个良善的社会将减轻人们被赚取更多的物质财富所困扰的程度。在我们的生命中,最重要的事情并不依赖这些财富。相反,从人的欲望的本性来看,当人们有了新的机遇时,欲望也会随之增长,而这些欲望通常是正当的。比如,想拥有一台计算机的愿望就没什么错。它是对人类的可能性进行拓展的一种工具。再举个例子,如果中央空调不会造成污染的话,它就改善了人类的生活质量。人类的许多其他发明也是如此。产品的不断增多能使新的正当欲望不断产生,但匮乏却似乎一直要在将来与我们形影相随[①]。

对于人的生产能力的这样一种结果,马克思应当是赞成的。他必定明白,哪些东西能够被视为一种需求,很大程度上是由社会决定的。然而,如果我们的正当欲望与我们的生产力齐头并进的话,那么,在我们所有人(正当地)想要拥有的东西和我们所有人都能够拥有的东西之间

[①] 最近几年,关于匮乏这一问题的卓越研究成果,见 Robert Skidelsky and Edward Skidelsky, *How Much Is Enough? Money and the Good Life*, New York: Other Press, 2012)。

就总会永远隔着一道鸿沟。我将如下任务视为政治哲学的核心问题，那就是去寻找、发展并论证一套在道德上具有可辩护性的分配原则，也就是说，要去寻找一种在道德上具有可辩护性的方式，以此处理我们共同所欲的东西和能够共同拥有的东西之间的鸿沟。如果说，马克思的工作不仅仅局限于一种历史兴趣的话，那么，他的观点就必须能够将我们引向某些上述原则。事实上，我认为他是能做到这一点的。

假定马克思会接受物质匮乏将会存在这一观点，并假定，由于匮乏这一事实，他将会赞同，我们需要某些类似规则或原则的东西，以便对社会进行规导。那么，马克思会倾向于哪些规则或原则呢？在这一讲的第一部分，我将给出我的答案。

现在，我要对马克思做一些论证。这些论证是基于生于1818年，殁于1883年的德国思想家和革命者——卡尔·马克思的诸文本。然而，如果马克思做过如下两件彼此相关的事情的话，那么我想知道，从这些文本中，我们能看到马克思对待这两个问题是何种态度。这两件事情是：（首先）他接受了这样一种观点，即没有任何人类社会能够超越对一种分配原则的需要，以及，他也接受了如下观点，即对道德观念的讨论并非简单地屈从于某些支配性意识形态或错误的思想意识。我想将马克思拉入我们当下的讨论中。

对于接受匮乏这一事实的马克思，我要做出三点评论。对这一事实的接受，至少是在下述意义上，即人类的欲望总会超出其生产能力，因此，寻找某些用以规范某些物品在人类生活中进行分配的原则或规则是必要的。我的第一个观点是，这样一个马克思——我们不妨称其为"承认某些限定的马克思，或者被限定的马克思"——会接受某些与罗尔斯的第一原则，也就是平等的自由原则相一致的东西。我的意思是说，一个被限定的马克思将会赞同，一个合宜的（decent）社会将会是这样一个社会，在这一社会中，人类会拥有许多被他们视为恰当的自由。我援引马克思的某些文本中的内容来为我的这一观点辩护。

首先，我的上次讲座从《穆勒评注》中援引过大段文字，马克思在《穆勒评注》中为人类将会以真正的人的方式创造出的社会作出了一个概述。

在这一社会中，个体会选择参与哪种生产活动形式，取决于哪些活动能给他们带来满足，也取决于哪些活动能够构成他们的个体性自我实现的方式。对这样一种活动（或许多种这样的活动）的寻找和参与会符合这样一种人的要求，即你把自己看作似乎要求着对你自己的各个不同方面加以发展的机会。我认为，这些 1844 年的评论应当被解读为对"各尽其能"理念的一种期望。然而，这一理念所关注的是个人的自我实现，而不是社会义务。当然，只有在自由的条件下，行为主体才能发现他们能够做好哪些活动，以及喜欢去参与哪些活动。为了发现什么才能令自己满意，人们必须要有尝试许多事情的机会，实际上，这就进入到密尔所谓的"生活实验"① 当中。

同样，我们再来看看《德意志意识形态》中那些关于打猎和捕鱼的重要表述。这些表述认为，在共产主义社会中，我将可以去打猎或捕鱼，或者，一般而言，我能去做某些事情，如马克思和恩格斯所说的，"就像我的头脑中所想的一样"② 去做事。同样，它意味着，在共产主义社会中，我可以选择自己的活动，以及真诚地为自己做出选择离不开自由这一条件。在同等意义上，《共产党宣言》坚持"每个人的自由发展"③ 的必要性。

在马克思写于 1840 年代的许多文本中，他似乎关注着这一思想，即一个良善的社会，也就是真正的共产主义社会将会提供某些条件，在这些条件之下，每个人都能自由地发展他们自身以及他们的才能。关于这个问题，我们应该谈两点：首先，如我在上一讲中讲到的，马克思在这个问题上与当时包括密尔、阿诺德和王尔德等人在内的许

---

① Mill, *On Liberty*, in Mill, *Collected Works*, vol.18, p.269.
② Marx and Engels, *Die deutsche Ideologie*, MEW, vol.3, p.33/*The German Ideology*, MECW, vol.5, p.47.
③ Karl Marx and Friedrich Engels, *Manifest der Kommunistischen Partei* (1848), *MEW*, vol.4, p.482/*The Communist Manifesto*, *MECW*, vol.6, p.506.

多社会思想家非常一致。人们甚至能够找到他与尼采相重叠的痕迹。所有这些作家都强调，社会需要给每个个体提供能够使其自由发展的条件。并不是所有人都相信，每个人的自由发展就是一切人自由发展的条件（尼采对此就持鲜明的反对态度）。尽管如此，对个体性的强调仍然是一个共同的主题。

其次，马克思所假定的共产主义社会中的自由都有哪些内容？这一点并不清楚。

我们来慢慢阐述这一问题。比较清楚的是，马克思式自由需要包含移居自由、结社自由、言论自由以及出版自由。只有通过向他人学习，面对他人的质疑，人们才能就什么是生命中值得做的事情做出自己的决定。只有在这些条件下，人们才能真正决定，是要去打猎、捕鱼、饲养牲畜，还是要成为一个批评家。对我自己而言，这些活动，或这些活动的不同组合，究竟哪一种会更好，对这个问题的追问就再一次返回到《德意志意识形态》中的相关章节了。除非人们至少能够看到这个世界必须给我们提供什么，以及在判断什么东西对自己来说最为合适的过程中，人们是不是很真诚的，否则，人们就无法知道什么东西能作为自我实现的方式。因此，马克思对每个人的自由发展的主张要求共产主义社会中必须有着广泛的个体自由，或许，这种广泛的自由与自由主义作家对自由所做的标准阐述有所类似。

第三讲　被限定的 1844 年的马克思：分配原则和政治态度

当然，1840 年代的马克思认为，这种情况只有在共产主义社会中才能产生。他认为，在这样一种社会中将没有捍卫自由的必要，因为没有人会对自由横加干涉。他认为，在物质富足的条件之下，没有人会有任何理由来干涉其他人的选择。同样，也不会有任何国家机器有理由来干涉人们的这些选择。因此，尽管马克思似乎认可了个体自由的价值，但他却从未强调过一种类似的自由"原则"的必要性，因为他从不觉得有必要去保护那些他确信不会受到威胁的东西。

马克思认为，共产主义社会将不需要基本的政治制度，因此，他并没有过多讨论选举、投票等内容。他在晚年的确对此类问题有过简短的探讨，比如，写于 1871 年的《法兰西内战》就对此有所涉及。在该书中，他对选举程序做了一些评论，比如，他对巴黎公社那里的当权者由"普遍的选举所产生"，并"负有短期职责，并可在短期内撤销"[①] 这一途径感到赞赏。

在我看来，我们不应对这些评论关注过多，因为它们并不是对政治和政治参与的深思熟虑的观点。不论如何，我目前想把关注的焦点集中在他写于 1840 年代的文本。此外，我试图去理解的是，如果我们不能摆脱匮乏，并

---

① Karl Marx, *Der Bürgerkrieg in Frankreich*, *MEW*, vol. 17, p. 339/*The Civil War in France*, *MECW*, vol. 22, p. 331.

因此受制于对政治制度的需要的话,这些文本能给我们暗示出怎样一幅图景。在这里,我想援引一个常见的观点:对统治和被统治的参与本身就是一种自我发展的方式。我们要记住,马克思认同的是他在《德意志意识形态》中所说的"个体的全面实现"[1]这一理想的。因此,他——真实的马克思——认为这种实现将不包含对统治和被统治的参与,原因很简单,他认为统治和被统治都将不复存在,哲学家们在其传统中所讨论的政治制度问题也将不复存在。

因此,马克思认为,将不会有发展和实践古人,尤其是亚里士多德所高度称赞的实践理性的空间。但在这个问题上,我相信马克思完全错了。在匮乏这一事实被给定的前提下,政治制度将一直具有必要性。同样,在政治制度的必要性被给定的前提下,那些能够在这些制度中实践其政治智慧的个体也将是极为必要的。这就意味着,像那些参与这样或那样的政治制度的人们一样,对人们的实践智慧加以锻炼的能力应当被视为一种有价值的人类能力,这种锻炼的机会现在存在着,并将一直存在下去。而这也就意味着,个体的全面发展包含着有机会参与自治制度。因此,一个被限定的马克思应当会认为,人们必须具有参与

---

[1] Marx and Engels, *Die deutsche Ideologie*, MEW, vol. 3, p. 273/*The German Ideology*, MECW, vol. 5, p. 292.

自治的自由。

马克思论巴黎公社的作品提供了一种上述参与的独特形式。至于是否应该将这一问题视为马克思对民主制度的最终阐述，我们可以先放在一边。我的观点是说，如果马克思接受了对政治制度的需要，他同样应该接受这一观点，即部分来说，人类完满的、全面的生活可以视为对自治制度的参与。

对于这样一个被限定的马克思，我的第一个观点就谈这么多。我的第二个观点是：在物质分配方面，马克思可能会是一个优先主义者。在这里，我需要对几个初步的观点展开讨论。必须承认，对这几个观点的讨论是极为抽象和一般性的。第一个观点与分配的尺度有关。我们已经看到，罗尔斯将基本善作为尺度。从某种程度来看，这一观点是亚里士多德式的，也就是说，它给出了某些条件，在这些条件下，行为主体能够实践各种具有不同价值的能力。我不会对这一被限定的马克思是否能够找到一种与罗尔斯的思想相一致的尺度做出任何评论，而是仅仅指出，对马克思来说，我们每个人都拥有实践其广泛能力的机会同样非常重要。我认为，使罗尔斯选择基本善这一理念的动机会对马克思来说同样有效。然而，马克思是否会认为，基本善这一尺度实际上就是满足这一动机的最佳方式？这个问题，我将开放给大家讨论。

另外要讨论的一个问题就是优先主义理念。我在第一讲中已经简要提到了这个理念，不过，在这里，我想对这个理念再多谈几句。我将优先主义视为这样一种观点，即在社会分配中，某些重要的优先性应当被赋予那些当下的最不利者，以促进其幸福的增长（不论对幸福如何理解）。对罗尔斯来说，这一优先性是以词典式序列排列的：社会分配必须使最不利者的境况得到最大程度的改善。而从分量上来说，其他运用于最不利者的优先性就没有这么重要了。

我认为，这个被限定的马克思会是某种优先主义者。这就意味着，马克思不会是个纯粹的平均主义者。毕竟，一个纯粹的平均主义者不会给予最不利者以优先权。相反，他会坚持认为我们应当将最不利者和最有利者之间的差别一概抹平。他坚信每个人都应该得到完全相等的一份。因此，如果青年马克思如我所相信的那样是一个优先主义者的话，那他就不是个纯粹的平均主义者。他并不将平均分配本身看作是有意义的。从他的文本来看，我们可以在他的《1844年经济学哲学手稿》中找到依据，在这部著作中，马克思批评了他所说的"粗陋的共产主义"。他认为，"粗陋的共产主义不过是这种妒忌和这种从想象的最低限度出发的平均化的顶点"，并"到处否定人的个性"。他写道，这种粗陋的共产主义（区别于马克思自己的"真正的共产主义"）"想用强制的方法把才能等

第三讲 被限定的 1844 年的马克思：分配原则和政治态度

舍弃"。①

这些评论非常有趣。这种将对平等的追求视为一种妒忌的表现形式的指责是由来已久的。的确，直到今天，这种指责还是如影随形。马克思之所以说这些话，似乎是想表明，他关心平等，但理由并非平等本身。毋宁说，他关心的是每个人都有过一种良善生活的机会。同样，马克思批评粗陋的共产主义用一种强制性方法来舍弃人们的才能，这一点同样很有趣。也就是说，马克思似乎认为，人们之间的才能差异具有其特定作用，因此，简单地消除这些差异是不正义的。马克思相信，"各尽其能"这一表述所表明的就是才能所扮演的正确角色，这一点看上去似乎非常明确。不过，要记住，这个表述并不表明为公众尽其所能是一种义务，而只是对一个在真正的共产主义之下的个人如何找到其自身的个体性满足所进行的描述。

如果我们现在转向对《哥达纲领批判》的讨论，同样会看到，"按需分配"这一理念并不是对平等的简单强调。在这一文本中，马克思检视了在向共产主义的过渡阶段中，作为分配原则的按劳动时间领取报酬的方式。在按劳动时间领取报酬的情况下，如果工作一小时，我将获得 X

---

① Marx, *Ökonomisch-philosophische Manuskripte aus dem Jahre 1844*, *MEW*, Ergänzungsband I, p. 534/*Economic and Philosophic Manuscripts of 1844*, *MECW*, vol. 3, p. 294.

的报酬。如果工作两小时，我就要获得 2X 的报酬[1]。对于这一标准，马克思有两处不满。首先，他认为，如果劳动被"作为衡量标准的话，（它）必须同时在强度和持久性上有所界定"[2]。劳动时间必须根据生产能力来得到调整。那些更具生产能力的人将会以此获得更多报酬，不论他们是在规定的时间内还是用额外的时间劳动。不过，可以确定的是，劳动者的能力在这些维度上都有所不同。因此，马克思的观点是，通过劳动时间获得的报酬应当在这些劳动者的报酬中反映出这些差别。更具生产能力的劳动者应当比具有较少生产能力的劳动者获得更多报酬，原因正是由于他们更具生产能力。马克思认为，按劳动时间取酬的这一特征是"有缺陷的"。他似乎认为，这些因素导致的工资差异是不正义的，并将在共产主义社会中完全消失。[3] 作为不同分配的基础，这种对人与人之间的任意性差异的拒斥定然与罗尔斯的思想完全一致。因此，尽管马克思似乎拒斥了所有的严格平均取酬，但他也拒绝纯粹按照生产能力取酬这一理念，因为假定那些只具有较低生产

---

[1] Marx, "Kritik des Gothaer Programms," *MEW*, vol. 19, p. 20/"The Critique of the Gotha Programme," *MECW*, vol. 24, p. 86.

[2] Marx, "Kritik des Gothaer Programms," *MEW*, vol. 19, p. 21/"The Critique of the Gotha Programme," *MECW*, vol. 24, p. 86.

[3] Marx, "Kritik des Gothaer Programms," *MEW*, vol. 19, pp. 20–21/"The Critique of the Gotha Programme," *MECW*, vol. 24, p. 87.

能力的人们自身没有任何缺点的话,这对他们来说是不公平的。

马克思对按生产能力取酬这一分配体系的第二种批评更为重要:按生产能力取酬忽视了人们的不同需求。马克思这样写道:"有的工人结婚了,有些还没有;有些工人比其他工人有更多的子女要养育,等等。"① 马克思对需求的关注暗示着,要将优先性赋予那些最具需求的人们,也就是最不利者。此外,马克思相信,共产主义者对彼此幸福的关切是平等的,不过,具有这种关切的行为主体将倾向于关注最不利者的条件,这似乎是很合理的。如果我平等地关心每一个人,那么最不利者的境况将可能对我造成最坏的影响。因此,下述情况很有可能发生,如果共产主义社会如同世间任何一个真实的社会一样受制于匮乏性的话,那么在分配原则方面,一个被限定的1844年的马克思会将某种优先性原则视为最佳可能性原则。

当然,我在这里的观点仅仅是一种推测。不过,作为一种去判定这个被限定的1844年的马克思之观点的方式,做出这些推测还是很值得的。托马斯·内格尔对此论证道:"平等地爱自己的孩子的父母在孩子的分配方面会有

---

① Marx, "Kritik des Gothaer Programms," *MEW*, vol. 19, p. 21/"The Critique of the Gotha Programme," *MECW*, vol. 24, p. 87.

某种优先性。"① 我们来想象这样一个家庭,在这个家庭中,父母平等地爱着他们的孩子,或者说,父母对每个孩子的幸福给予同等关切。那么,这对父母将如何在他们的多个孩子中分配资源呢②?

这对父母最初会选择的基准或许就是平等分配。也就是说,每个孩子将得到一份平等的资源,不论这里的"资源"被如何理解。然而,仔细思考之后,我们就会发现,不同孩子的不同需求可能会导致这一基准的某些偏差。为某个孩子的钢琴课程投入的资源可能会比另一个孩子参加足球活动的花费要多。我认为,这对父母的根本目的是去给每个孩子提供足够的训练和机会,以使他们能够发展其能力和兴趣。这就意味着,有些时候,在某个孩子身上的投入比另一个孩子要多。父母对资源的分配并不是为了使

---

① Thomas Nagel, "Equality," in Nagel, *Mortal Questions*, (Cambridge: Cambridge University Press, 1979), pp. 123 - 4. As Nagel notes, there are complications when the intuition is applied beyond a family to overall social distribution.
② 如果有足够极端的个人需要,即如果给予乔(Joe)适当的数量时就会剥夺其他兄弟姐妹应得的部分的话,这就会给这家庭带来难题,对一个社会来说同样如此。在这样一种不幸的境况中,应该采取怎样的思路以在分配中保持平衡尚且是不清楚的。在这里,我接受的是一种普遍的观点,即在我们处理那些极为不利的情况之前,我们需要对那些"有利"的情况有清楚的认识。不论如何,本文所强调的是关注的焦点。在正常情况下,我们会特别关注那些最不利的儿童,并力所能及地给予这些儿童以机会。

任何东西得到最大化。这种必要的权衡之目标是去使每个作为个体的孩子都拥有过上一种体面生活的机会。

当然,家庭并非社会。但当我们以家庭为基础做出相应类比时,我认为,我们还是会选择优先主义。我们可以要求每一个公民都将自己设想为其他所有人的父母。或者,或许更好的办法是,每个公民都将自己设想为其他所有公民的家庭成员。以此方式,我们在这里就可以做一个思想实验:每个人都将自己设想为平等地关心其家庭成员,并同时设想,其他的每一个家庭成员也平等地对他和其他家庭成员加以关心。我们可以将其称为不偏不倚的家庭成员/公民立场,或者直接简单地称之为不偏不倚的公民立场。它包含着对所有作为个体的公民的幸福的平等关心。

在我看来,马克思那里的共产主义者对待彼此的态度与此十分相似。要记住他对"爱"的诉求,共产主义者都是以"爱"来彼此对待的。我将尽力将其解读为与马克思的诸多文本相一致,然而,只有我们在讨论有着几百万人口的社会中的公民关系时,它才有其相应意义。我将稍后回到对这个问题的讨论。现在,我只想指出,关心彼此的个人生活的公民可能会在分配规则的选择中选择优先主义。

上述论证并不严格。不过,我相信,它抓住了马克思的观点中的核心要素。关于这一论证,我想再指出几点。

第一点，从结论来看，马克思会是一个优先主义者，而不会倾向于像功利主义一样的集合性观点。我认为，青年马克思倾向于个人发展，并因此倾向于实质性的个人自由这一制度性前提。因此，这样看来，我们不能对马克思作出任何功利主义的曲解。然而，除此之外，由于马克思关注的是个人的发展，因此，我认为，他会反对如下纯粹的集合性观点，即人们的幸福和发展要为提升一种更大的集合性的善，比如，平均功利的最大化而牺牲。我们要记住《共产党宣言》中的这一主线，"每个人的自由发展是一切人的自由发展的条件。"对每个人的自由发展的强调会与所有集合性观点不相容。

我要指出的第二点是，我试图将马克思放在不偏不倚的观察者或不偏不倚的评判者这一传统之下，不过，我在某些特定方面对他的观点有所调整。从其一般形式来看，设定一个不偏不倚的评判者这一传统描述了一个特定立场，而对这一立场的描述则先行设定了一个会采取这一立场的存在者。因此，准确地说，亚当·斯密的不偏不倚的观察者即是说，他自己是不偏不倚的。在20世纪，罗德里克·福斯（Roderick Firth）曾试图用一种非常一般性的术语来塑造这一观点。福斯所谓的"理想的观察者"对非伦理事实来说是"无所不知""无所不能"的。福斯的观点是，这一理想的观察者所立足的是道德本身的立场①。我想强调的是,当我谈到不偏不倚的公民或者马克思的真正的共产主义社会中的不偏不倚的社会成员时,我并不认为,这样一种公民,或者这样一种不偏不倚的共产主义社会的成员是立足于道德立场的。而是仅仅认为,对于共产主义社会中如何就事物进行分配这一目的来说,如果将这一社会中平等地关切该社会所有其他人的幸福的成员的立场作为思考起点的话。那么,对于这一问题的探讨来说将会很有助益。

我们稍稍换个角度来看这个观点,不偏不倚的公民并不仅仅只对现象(phenomena)做出回应,就像斯密的旁观者(spectator)和福斯的观察者(observer)那样。相比之下,不偏不倚的公民代表着其他人。实际上,不偏不倚的公民塑造了一种独特的人的观念,确切地说,这种人的观念是一种自由、理性的存在者,他们能够对每个个体的幸福加以平等的关切。通过将内格尔对家庭内部分配的观点加以改造,我的看法是,被如此理解的这种不偏不倚的公民会关注那些在其社会中的最不利者②。

关于这一论证,我最后想说的是,至于马克思会倾向

---

① Roderick Firth, "Ethical Absolutism and the Ideal Observer," *Philosophy and Phenomenological Research*, vol.12, no.3, 1952.
② 限于篇幅,本文无法展开论证,不过,我相信,对不偏不倚的公民的知识性限制会导向非常类似罗尔斯的原初状态的条件,并会导向一种类似(尽管不是完全相同)原初状态的推理。

于哪种形式的优先主义,我将这个问题留给大家。然而,我猜测,他可能会对罗尔斯的差别原则有所深度保留[①]。我认为,在将差别原则接受为最好的优先性原则时,马克思会经历一段艰难的历程。如我的上述论证,马克思并不因为物质平等自身的理由而对其加以认可。因此,差别原则主张某种程度的物质不平等,这一点不见得会被马克思所反对。而且,像差别原则这样一种主要以自我利益为动机的原则与1844年的马克思所认为的共产主义者的动机是极为相符的。马克思为个体对自我实现的追求留有很大空间。他并不强调要去牺牲个人的善。不过,很大程度上,他所构想的共产主义者的行为是对彼此的幸福有所关切的。在这个问题上,进一步的研究必须表明,如果我们所讨论的社会世界不再被这个被限定的1844年的马克思所接受的话,它是否还能与个体的动机(以及类似罗尔斯的差别原则的其他原则)相容?

对马克思来说,我们得出的结论似乎是很奇怪的。我

[①] 这个被限定的1844年的马克思能否会是一个充足主义者?这要看对充足怎么理解。马克思是进步论者。他认为,能够对人类的条件进一步加以改善,而如果充足的水准不随着这些改善而提升的话,那么,他就不是一个充足主义者。另一方面,共产主义社会中的各取所需这一理念暗示着,马克思的根本标准在于,对任何行为主体来说,充足的标准都在于使他们真正具有追求其自己的自我实现的机会。不过,这一标准要求超越物质匮乏。因此,这个被限定的1844年的马克思会接受怎样的充足之标准,尚不清楚。

将他解读成这样一位作家：他支持某些个体自由的原则，以及一些具有优先性的物质分配原则。然而，就事实而言，如果我们认为他的理念能帮助我们恰当处理匮乏这一事实的话，对马克思来说，这是谈不上奇怪的。的确，我仅仅是把马克思安放在进步论这一西方政治思想的核心传统中。更一般地说，我把马克思安放在一种现代意义上的亚里士多德式思想脉络中，这一脉络的关键之处在于，不同个体都拥有一种机会，以发展那些广泛的、被他们个人所选择的有价值的能力。

让我们回到《共产党宣言》的著名口号："每个人的自由发展是一切人自由发展的前提。"这一口号确证了我归之于马克思的规范性观点，一个良善社会为每个个体的自由发展提供着条件。此外，它还给这一规范性观点添加了一种经验性观点，即每个个体自由发展的前提是所有个体都具有如此行事的机会。

《共产党宣言》中的这一表述使我们能够转向这个被限定的马克思的第三个观点。该观点认为，这个被限定的马克思会赋予自由以优先性。从其文本来看，马克思希望在自由和提供使所有个体发展其能力的各种益品之间没有再次权衡的必要，这一点似乎非常清楚。他认为，除非每个个体都能自由发展，否则我们的自由发展就不可能具备普遍性，而如果每个个体都能得到自由发展的话，我们就能在事实上获得普遍的自由发展。

不过，这一论述过于简单了。我们难免会遇到某些情境，在这些情境中，经济发展、经济效率或某些对一般的善的理解都会要求对自由的某些限制。这类冲突总是难免的，这一事实也是自由主义政治思想的主要问题之一。而自由主义政治思想却几乎总在讨论某些不应当限制个体自由的情境，至少，除非与自由相对的另一方面的价值具有相当明显的重要性，否则，自由就决不应当被限制。

从一般情况来看，这个被限定的马克思会倾向于自由的优先性。这是因为，马克思对个体的全面发展极为重视。经过一个多数经济发达的国家已经达到或者容易达到的物质富足的特定时期，我认为，马克思将会赞同罗尔斯所说的，对个体发展的助益更多来自做事情、接受不同理念，以及同他人共事等自由，而不是更多地来自物质益品。显然，这里有着相当可观的论辩空间，总体而言，我认为，这个被限定的马克思将会认为，对自由的权衡应当超越对多数其他事情的考虑。

三、对1844年的马克思的哲学人类学改造

我想对1844年的马克思的观点进行改造的第二点是他的哲学人类学。我已论证过，19世纪的其他作家在强调良善的人类生活包含对一种广泛的人类能力的实践时，他

们与马克思非常相似。然而，有的时候，1844年的马克思似乎将相关的能力局限在那些对物质世界加以改造，以使其能为人类所用的能力上。1844年的马克思认为，迄今为止，这一重要内容一直被人们所忽视。因此，在《1844年经济学哲学手稿》中，他声称："工业的历史和工业的已经产生的对象性的存在，是一本打开了的人的本质力量的书。"① 他称其为"人类劳动很大的一部分"和"人类活动的一笔财富"，同时，他批评以往作家仅仅将其视为"需求和普遍需求"②。在这里，马克思认为，以往的作家对政治活动、哲学和宗教的强调都没能看到人性的核心内容。在他看来，要去加以实践的正是那些被古希腊哲学家们所轻视的人的能力。

在这里，要牢记以下几点。首先，是对劳动的崇拜，这种崇拜将普通劳动包括在内。而事实上，这种崇拜在维多利亚时代的文化中并不是不寻常的。我们可以在那个时代的许多小说家那里找到这一因素，比如，在约瑟夫·康拉德（Joseph Conrad）的作品中，最具德性的角色通常是

---

① Marx, *Ökonomisch-philosophische Manuskripte, MEW*, Ergänzungsband I, p.542/*Economic and Philosophic Manuscripts of 1844*, *MECW*, vol.3, p.302.
② Marx, *Ökonomisch-philosophische Manuskripte, MEW*, Ergänzungsband I, p.543/*Economic and Philosophic Manuscripts of 1844*, *MECW*, vol.3, p.303.

那些参加普通劳动并在其中找到满足感的人。再重复一遍，马克思更多是处在当时的主流之中，但他却似乎没有意识到这一点。

最重要的人类活动是否就是以满足人的基本需求为目的的活动，马克思自己常常是不太清楚的。在其《1844年经济学哲学手稿》中，马克思并没有崇拜那些以满足人的基本需求为目的的劳动。同样，他也写道："动物只是在直接的肉体需要的支配下生产，而人甚至不需要肉体需要的支配也进行生产，且只有不受这种肉体的支配时才进行真正的生产。"① 在这篇文字中，马克思似乎认为，人类的真正繁荣在于去践行任何一种人们自由地发现值得自己去践行的能力。而在这里，没有任何对普通的日常劳动过程中所使用的能力的强调。

对于这个问题，马克思似乎在其生涯中的不同阶段有过不同观点。在《资本论》的写作时期，他似乎认为，满足人类基本需求的劳动，也就是必要劳动，是不在人类繁荣的范围之内的。比如，在《资本论》第三卷中，马克思写道："实在说来，自由王国，必须在劳动不复由必要和外部目的规定的地方，方才会开始。依照事物的性质，这

---

① Marx, *Ökonomisch-philosophische Manuskripte*, *MEW*, Ergänzungsband I, p.517/*Economic and Philosophic Manuscripts of 1844*, *MECW*, vol.3, p.276.

个自由王国，就是在严格的物质生产的彼岸。"① 然而，在他的生涯中的早些时候，在《1844年经济学哲学手稿》中，他所强调的核心似乎确实就在于满足基本需求的物质生产活动。

让我在此稍作停留，并对上述内容做一学术性探索。我们现在只看马克思在 1844 年的作品。我们有三点理由认为他写于 1844 年的文本应当被解读为将必要劳动视为良善生活的核心活动。

首先，马克思在 1844 年认为，他的解释与传统解释是不同的。在传统解释看来，必要劳动不在良善生活的范围内。不论人们是否应当做哲学思考，统治一个国家，或是崇拜上帝，所有这些活动都不同于必要劳动。如果马克思不过是倾向于某些其他非必要活动的话，那么，他的观点与这些传统观点就没什么不同。

其次，马克思在 1844 年的大量著作中包含着对资本主义社会中的劳动的批判。这一批判是说，在这种劳动中，劳动者必须为获取工资而劳动，而这种劳动明显是对基本消费品的生产，因此，对于类的生存来说，这种劳动是必要的。1844 年的马克思对资本主义之下的劳动的首要

---

① Karl Marx, *Das Kapital. Kritik der politischen Ökonomie* (1867, 1885, 1894), (Berlin: Dietz Verlag, 1982), vol. 3, p. 828/*Capital* (New York: International Publishers, 1967), vol. 3, p. 820.

批判完全不在于这类劳动的存在,也就是说,它在数量上应当有所减少,或者应当完全消失(或许全部由机器代替此类劳动),而是在于他所说的"异化"①。资本主义社会中劳动被异化这一事实是对资本主义的深刻的、基本的批判。它意在表明,资本主义与良善的人类生活有着根本冲突。然而,只有当这类被异化的劳动是人类生活中的一个深层的、基本的向度时,以及,只有当此类劳动对良善的人类生活来说具有根本的重要性时,劳动的异化才能够表明这一点。

最后,正如我们在《穆勒评注》中所看到的,马克思描述了我们"作为人"②而生产的情况。他概述了共产主义社会中的生产,并描绘了通过这种生产,行为主体如何实现他们的本质。《穆勒评注》中所描述的劳动是必要劳动,而其意图显然是与资本主义制度下的劳动进行对照③。

同样,我们也应该从哲学角度来思考这一问题。从哲学角度来看的话,很难在必要劳动和非必要劳动之间划定

---

① Marx, *Ökonomisch-philosophische Manuskripte*, *MEW*, Ergänzungsband I, pp. 510 – 522/*Economic and Philosophic Manuscripts of 1844*, *MECW*, vol. 3, pp. 270 – 282.
② Marx, "Auszüge," *MEW*, Ergänzungsband I, p. 462/"Comments," *MECW*, vol. 3, p. 227.
③ 关于必要劳动并不是马克思的首要关切这一观点,见 George C. Brenkert, *Marx's Ethics of Freedom* (London: Routledge & Kegan Paul, 1983), pp. 90 – 92。

一条清晰的界线。显然，当1844年的马克思谈到劳动的时候，他的头脑中所思考的这种劳动的核心就是对物质世界进行物理性改造，也就是砍伐树木，种植粮食，炼铸钢铁及在工厂中生产鞋子和衣物。然而，将劳动局限于这些活动会将心理活动排除在外，这是很荒谬的。在建造一座大桥这件事上，工程师的活动与钢铁炼制者和铆工的活动有着同等重要性。

那么，对于物质世界的改造来说，"劳动"到底是心理性的，还是生理性的？它会将绘制蓝图和使用手提钻结合在一起吗？实际上，"劳动"的范围比这一划分要广泛得多。在《1844年经济学哲学手稿》中，马克思将其称为"科学活动"，这一语境表明，他认为所有这些科学活动不但都不必最终指向即时性的实践成果，而且，这种活动也是某种形式的劳动[①]。当然，我们举工程师的例子而不是举理论化学家的例子来说明其活动是一种劳动，不免有些怪异。

那么，劳动就是导致即时性或延迟性的对物质世界进行物理改造的心理或生理活动吗？在这个问题上，我们很难做出准确界定。在周一，数学家M的新定理没有得到

[①] Marx, *Ökonomisch-philosophische Manuskripte*, MEW, Ergänzungsband I, p.538/*Economic and Philosophic Manuscripts of 1844*, MECW, vol.3, p.298.

应用，而在周二，他的定理就被人运用了。那么，现在应该把 M 在周一的活动重新归结为一种劳动吗？周一，我将一些木块雕刻出一些奇怪的形状以自娱，周二，我发现其中一块被雕刻过的木头刚好可以用来堵住堤坝的漏洞。那么，我在周一劳动了吗？因此，"劳动"这一范畴似乎根本没有什么边界。然而，如果不想让马克思的观点失去价值的话，对一些边界的设定就是必要的。

我认为，如果我们不把目光仅仅集中在"劳动"这一范畴上，情况就会更好一些。我认为，1844 年的马克思试图去界定一种能够单独被归结为劳动的活动，而这种努力的方向是错误的。相反，我认为，我们应该将关注点放在人类的许多有助于满足彼此的基本需求，以及促进彼此的一般性幸福的活动方式上。我们所参与的某些活动可能与 1844 年的马克思意义上的"劳动"相类似，而许多其他活动则并非如此。其部分原因可以被归结为这一事实，即现在的许多职业要求提供的是服务，而不是对物质产品的生产。同样，另外一部分原因则在于下述事实，即今天的许多职业要求多种脑力劳作而非体力劳作。然而，如下事实也能作为相关原因，即我们为彼此所做的事情并不被局限于我们的工作要求之中。在马克思 1844 年的许多文本中，共产主义者被描述成通过生产彼此所使用的物品而显示出他们对其他人之幸福的关切。而在现代社会中，人类则通过各种不同方式来显示其对彼此幸福的关切。我们生产出为彼此所使用的物品,同样,我们也为彼此提供服务。然而,我们也服从法律,我们进行选举,我们谈论当下的时政。总之,我们做着许多事情,它们都在提供对社会的维续。

我的建议是去区分马克思在其 1844 年的著作中所描述的关系的深层含义和他所关注的改造物质世界的活动。马克思对人的构想在于,他们关心彼此的幸福,并以一种广泛的行为方式去行动,以提升彼此的幸福。而这一关系,正是我想对马克思在 1844 年的著作进行强调的。

四、罗尔斯和被限定的青年马克思之间的相似性

我刚刚论证过下述内容:

一个接受了物质匮乏这一必然限定的 1844 年的马克思将不得不去寻找一些分配原则,以规导一个被限定的共产主义社会。

我也论证过:

(1) 这样的一个马克思很可能会赞同某些与罗尔斯的两个正义原则相类似的分配原则,尽管他与罗尔斯未必完全一致。同样,我有如下建议,尽管这一设想更多是试验性的。

(2) 至少在已经获得一种合宜的经济发展水平的社会中,就一般情况而言,根据自由的优先性,马克思会赞同

罗尔斯的观点。

（3）最后，我已经强调过：我们应该将目光集中在马克思在其1844年的著作中所描述的共产主义者之间的关系，而拒斥其1844年的著作中的这一特定观点，即基本的人类活动在于对物质世界的改造。

因此，我们现在可以思考罗尔斯和这个被限定的马克思之间的相似与不同。首先，我们来看两者的相似之处。我刚才已经谈到三点，在这里，我再提出两处进一步的相似点。

（1）第一点与罗尔斯和1844年的马克思的视域中，其理想社会中的行为主体拥有共有目的的方式有关。我在第一讲中区分了两种共有目的，即内导性和外导性共有目的。在前者那里，行为主体的共有目的之内容仅仅是在一个以某种特定方式所建构的社会中生活。相比之下，后者则包含对某种作为整体的集体所持有的目的的实现，比如，在地上实现上帝之国，或者追求建立帝国和征服。在这里，行为主体希望去促进某种维续特定生活结构之外的东西。

马克思那里的共产主义者拥有创造并维续某种社会这一共有目的。在这种社会中，每个行为主体都能意识到他自己作为一名存在者的本性，这种存在者在表现其个体性的同时也为作为人类一部分的他人提供对世界的持续性改造。除此之外，马克思那里的共产主义者再没有其他共有

第三讲　被限定的1844年的马克思：分配原则和政治态度

目的。与此相似，罗尔斯那里的公民，至少仅仅作为公民而言只希望生活在其基本结构被两个正义原则所规导的社会中。重复一下我在第一讲中讲过的内容，在《正义论》中，罗尔斯相信对一个正义社会的维续乃是"人类繁荣的卓越形式"，以及"人们最好地体现着他们的本质"①。与此类似，通过对一个共产主义社会的维续，马克思那里的公民会最好地体现着他们的本质并会参与到马克思所认为的人类繁荣的卓越形式之中。

我在第一讲中提到的第二点区分是对重叠性共有目的和交互性共有目的的区分。当不同行为主体拥有同样的目的，但他们却不需要同他人一起，并通过他人来实现其目的时，这些目的就是重叠性的。以下论述是马克思对共产主义者的行为进行描述的一部分，即他为人类的其他成员去生产，而在对这些产品的消费中，他对其他人为他所生产的产品加以赞赏。如果他的产品腐烂掉了，或者天赐吗哪的话，他在生产中的目的就会大打折扣。如果人们之间彼此互助，以彼此实现其目的这一要素不可或缺的话，他们的目的就是交互性的。

罗尔斯那里的公民需要彼此互助，以实现其生活在一个正义社会中的善。这种善包括给予彼此以正义。这一结构与马克思所理解的共产主义是相同的，除了下述情况，

---

① Rawls, *A Theory of Justice*, p.529, 463.

即马克思所理解的共产主义者给予彼此的并不是正义,而是各种不同形式的商品,公民们可以用这些商品来追求他们各自的生活。对马克思和罗尔斯来说,公民们都是相互给予和获取,他们想要彼此给予,并从彼此那里获取这些东西,而所有这些东西都普遍地为公民们所理解和赞赏。对这两位作家来说,正是通过这种给予/获取过程,人们对这些行为结构加以个体性的认可,并共同实现(至少是部分实现)他们的最终目的①。

(2) 他们之间的最后一个相似之处与罗尔斯那里的一致性有关。因为在罗尔斯的良序社会中,公民在运用其正

---

① 另一个不同之处在于:在《正义论》时期的罗尔斯看来,使分配原则成为必要的环境不但包括物质匮乏和有限的仁慈,也包含如下事实,即在自由的条件之下,人们的基本信念是多元化的,比如,不同的宗教信仰和不同的善观念(Rawls, *A Theory of Justice*, pp. 127 - 128, 110 - 111)。除非在行为主体看来,他们在发展和实践他们的哪些能力(比如,行猎和打渔,见 Marx and Engels, *Die deutsche Ideologie*, MEW, vol. 3, p. 33/*The German Ideology*, MECW, vol. 5, p. 47.)这个问题上存在中度分歧,否则,即便是这个被限定的马克思也会拒斥这最后一个观点。他定然会拒斥下述观点,即一个合宜的社会会包括多元的宗教信仰。Bruno Bauer 认为,在一个合宜的社会中,宗教信仰和宗教制度将会消亡[宗教会成为"一种不过是个体的私人事务,并留待个体的私人判断",就此而言,它会很快消亡。Bruno Bauer, *Die Judenfrage* (Braunschweig: Friedrich Otto, 1843), pp. 72 and 67.]马克思从来没有怀疑过在共产主义社会中这种情况会发生。如果 1844 年的马克思接受了宗教在社会中会有所繁盛的话,那他也就不再是马克思了。因此,即使是这个被限定的马克思和《正义论》时期的罗尔斯都会在使分配原则成为必要条件方面保持极大的差异。

义感能力时视自己具有一种最高阶的最终目的,罗尔斯称之为"一致性"。我在前面的讲座中曾提到这一点。现在,我想对这个问题多谈几句。罗尔斯在《正义论》中认为,正义的行动并不仅仅是一种与人们对善的追求相冲突的负担,相反,在一个正义的社会中,人们自己的善和成为一个正义的人是结合在一起的。它们相互支撑,这就是罗尔斯所谓的正当与善的一致性。如果一个社会具备这种一致性的话,我们就要成为这种遵守社会规则的人,因为这些规则至少会部分构成他们的善。同样,遵守这些规则也将成为人们的善的一部分,因为这些规则依赖这样一些价值,这些价值与人们想要去成为的人相符合。人们在这样一种服从中会发现一种自我实现的方式[①]。

人们可以将罗尔斯的思想视为一种亚里士多德式的。我们都拥有某些至关重要的能力,而引导我们的生活走向繁荣的就是以正当的方式来运用这些至关重要的能力。罗尔斯将我们视为道德存在者,而"道德存在者"这个表述则要根据他在《道德哲学中的康德式建构主义》这一讲座中所说的"两种道德能力"来理解。这些能力中的一种是拥有正义感的能力,对这一能力的运用则被视为一种最高阶的兴趣。这就意味着人类繁荣的一个重要组成部分就在于运用这一能力。在《正义论》中,罗尔斯对此有着非常

---

① Rawls, *A Theory of Justice*, pp. 398 - 399, 349 - 350.

清晰的阐述。比如，他写道："从实践的角度讲，正义的行动的欲望和体现我们作为自由的道德人的本质的欲望是同一种欲望。"① 同样，他写道："体现我们作为自由和平等的理性存在者的本质的欲望只能够通过依照具有第一优先性的正当和正义的原则而行动来实现。"② 最后，他还写道，在良序社会中，他所说的"道德人格"——也就是《道德哲学中的康德式建构主义》中所讲的两种道德能力——指的就是"自我的基本方面"③。罗尔斯相信，良序社会即是实现这一自我的基本方面的最佳条件。

在这个问题上，1844年的马克思与罗尔斯有一个结构性的相似之处。如我所强调的，马克思相信，参与那些为他人提供各种物品，以使他们能够追求自己的善的活动乃是我自己的善的一个重要组成部分。在马克思那里，对人来说，重要之处与罗尔斯所理解的"追求某人自己的善/正义感的能力"这对能力不同，毋宁说，马克思所理解的重要之处在于"追求其自己的善的能力/为使他人得利而行动的能力"。在马克思看来，对第二种能力的运用真实体现着人的本质。这第二种能力——使他人获利的能力——就是马克思在对自我的基本方面进行思考时代替正

---

① Rawls, *A Theory of Justice*, p.572, 501.
② Rawls, *A Theory of Justice*, p.574, 503.
③ Rawls, *A Theory of Justice*, p.563, 493.

义感的位置的能力。而在马克思看来，这种能力只有在真正的共产主义社会中才能得到恰当运用。在这样一种社会中，人们将为他人而生产，也就是说，在某种程度上，人们将会带着使他人获利的意图来进行生产。而这种行为则是人们自己的善的一部分。

五、不同的政治态度

与我们通常的看法相比，马克思和罗尔斯有着更多相似之处。然而，他们之间也有不同。我认为，他们之间确实存在两个密切相关的基本差异。为了理解第一个差异，我想介绍政治态度这一范畴。这一范畴乃是公民们仅仅从公民的角度来看待彼此时所持有的基本立场。理想地来看，这种态度能够对制度，以及制度对待公民们的方式产生影响。此外，这一态度是公民们在相互对待的各种方式中呈现出来的。

现代政治态度非常独特，因为现代政治态度的主要对象是我们互不了解的、彼此冷淡的陌生人。在现代社会中，我们在日常生活中能够拥有许多不同种类的公民间的直接互动，这些互动非常重要。然而，尽管我拥有公民同伴，以及对他们的某种态度，但在很大程度上，这些公民是不被我所了解的。的确，如我在第一讲的开头所提到的，很大程度上，现代政治哲学是对人们之间的正当关系的研究，而从个体的角度来看，人们对彼此都知之甚少，或者干脆一无所知。然而，在密尔所谓的"我们的生存的基础"上，以及在所有那些能够使良善人类生活得以可能的事物上，他们又是互相依赖的[1]。根据我对这一概念的理解，拥有一种特定的政治态度也就是拥有一种特定的关于其公民同伴的信念和期望，以及拥有一种以特定方式对其公民同伴做出反应的意向。

毫无疑问，我们每个人都拥有不止一种这样的态度。不过，制度的安排倾向于培育某些政治态度而抑制其他态度。我的理解是，政治态度是我作为一个公民生活于其中的背景的一部分。我所持有的核心政治态度渗透在我看待和对待我的公民同伴的方式之中。我将使我的态度渗透进我们共同的社会生活中。而我所持有的关于我的公民同伴的政治态度的信念将影响到我将如何看待被其他公民和我们的社会政治制度所对待的自己。

我的观点是，对罗尔斯来说，在作为公平的正义所主张的良序社会中存在着一种最为公民所认可的主要政治态度。即是说，有一个被他的两个正义原则所体现的政治态度，而这一政治态度同样是其两个正义原则的道德基础。这一态度是罗尔斯式制度要去注入公民之中的，这就是说，从理想的角度来看，这一政治态度会成为罗尔斯的良

---

[1] Mill, *Utilitarianism*, in Mill, *Collected Works*, vol.10, p.251.

序社会中公民日常生活的本质构成部分。这一罗尔斯式政治态度就是彼此之间对作为人的公民的平等尊重。这一对人的平等尊重的重要性在于,它是罗尔斯继承康德思想的重要路径。

关于尊重这一概念,已经有大量著述。对这些争论的梳理则需要另外一个系列讲座来完成。我在这里想表明的是,对公民同伴的尊重这一政治态度包含以下几个要点:首先,它包含着对其公民同伴的作为人的基本价值的信念,这一价值独立于他们的财富,他们的才能或成就等。对于这种基本价值的基础,有着些许难以理解的地方。幸运的是,我在这里不必非得对这一问题进行思考(在罗尔斯看来,这种基本价值似乎就是对两种道德能力的拥有)。关键之处在于,在一个主要政治态度就是对人的尊重的社会中,公民们是以这种方式互相彼此看待的,也就是说,他们视彼此都具有这种基本价值。其次,这一态度所包含的第二点是说,这种态度包含一种意向,即以与其公民同伴对他们自己的基本价值的信念相一致的方式来对待他们。这就会包含某些特定形式的礼节和公共论辩中的合情理性。同样,也包括我们的核心社会制度中的一种特定内容。其中最明显的莫过于,在政治领域中有所尊重地对待他人似乎包含着对如下观点的接受,即其他人应当具有做各种不同事情的自由,比如表达自我,参与同别人的论辩,等等。

一些哲学家对什么是我所说的"平等的充满敬意的社会"有过论述。这些哲学家通常强调的重点在于，在这样一个平等的充满敬意的社会中，法律面前的平等和所有公民的平等地位都能得到极大重视。如我所言，罗尔斯在这些方面都有所强调。我认为，一个平等的、充满敬意的社会具备以下几个特征：

（1）个体之间没有隶属关系。所有个体仅仅服从法律。

（2）那些在制度中占据着权力和权威的人们仅仅是法律的代表，而且，他们自己也是服从法律的。此外，他们对公民负责。没有任何人隶属于他们，也就是说，没有任何公民要隶属于官员。

（3）所有公民都是平等地依赖法律的。用洛克的话来说，法律平等地适用于"富人和穷人……高居庙堂的幸运者和田里耕地的农夫"[①]。

（4）公民通过民主的政治程序平等地共同制定法律。我们的个体意志均被平等地体现在集体意志之中。

对此，有时候还可以提出进一步的评论。即，如果所有公民在法律面前都是平等的，那么，这必定是由于所有公民都有得到尊重的权利。这意味着：

（1）公民们视彼此为这样一种存在者，他们拥有参与

[①] Locke, *Second Treatise of Government*, §142, p.363.

政治决策所需要的（有价值的）能力，并拥有能够认识（被民主地制定的）法律的要求所需要的（有价值的）能力，最后，他们至少是部分服从这种法律，因为这些法律是被（民主地制定的）。

（2）更一般地讲，每个公民都拥有充分的政治参与和被公平对待的权利，因为每个公民都有其作为公民的身份，或更一般地说，作为人的身份。而这些方面在社会中是得到广泛理解的。

上面提到的"在社会中得到广泛理解"非常重要。因为它指向制度安排的表达性功能。法律经常被视为表达性的。比如，约·芬伯格（Joel Feinberg）指出，刑法表达了共同体对罪犯，即我们对集体耻辱的道德谴责[1]。我想以一种更为积极的方式主张，对所有公民在法律面前一律平等这一观点的公共理解能被认为是表达了对公民的平等（及其基本）价值的肯定。在我们所构想的平等的充满敬意的社会中，公民们会相信他们在法律面前的平等表达了公民所普遍具有的特定信念。我认为，法律面前的这种平

---

[1] Joel Feinberg, "The Expressive Function of Punishment," in Joel Feinberg, *Doing and Deserving: Essays in the Theory of Responsibility* (Princeton: Princeton University Press, 1970), pp. 95-118. 对最为表述性的法律的一般看法，见 Elizabeth S. Anderson and Richard H. Pildes, "Expressive Theories of Law: A General Restatement," *University of Pennsylvania Law Review*, vol. 148, no. 5, 2000, pp. 1503-1575。

等会表达出如下几点：

（1）公民们相信他们自己和其他公民的基本价值，以及他们尊重作为具有这一基本价值的存在者的其他公民。

（2）公民们相信，其他公民都相信（1）中的内容，并像尊重具有基本价值的存在者那样尊重他们。

（3）①公民们相信，其他公民能向他们提出特定要求，比如，实践其特定的自由或特定背景下的经济条件的要求；②公民们具有去满足这些要求的（充分）动机。

（4）公民们相信，其他公民是相信第（3）条第①句中关于他们的观点的，以及其他公民都有着满足他们的要求的（充分）动机。

我相信，将（1）~（4）结合起来看，它们是倾向于支持公民们的自我价值感的，这种自我价值感也就是罗尔斯所说的自尊和自重。可做如下假定，在这样一个社会中，每一个公民都自己相信，其他人也都相信他具有基本价值。对我们中的大多数人来说，这会是对我们的自我价值感进行肯定的重要支柱[1]。此外，在这样一个社会中，每一个公民都有着满足他人的特定基本要求的动机，每个公民也都相信，其他人也都有着类似的动机。在这里，公民们不仅是在他们容易受到他人的伤害这个意义上彼此依

---

[1] Rawls, *A Theory of Justice*, p.179, 156.

第三讲 被限定的1844年的马克思:分配原则和政治态度

赖,也在于能够以一种更为基本的方式来依赖他人[1]。

我们再来看看马克思。马克思并不谈尊重。我认为,马克思所强调的政治态度的确不是尊重,而是一种与此不同的态度。这种态度,我称之为"关切",更确切地说,是"对他人幸福的关切"。当然,马克思自己没有用过这一术语。我将努力证明,这一术语确实是暗含在他的思想之中的。不论如何,我认为,"关切"这一概念有助于我们去建构一种在哲学上最为吸引人的观点,而这一观点与青年马克思的观点是相似的,或者,它能被设想为继承于青年马克思的观点。

我们先来看一段文字,以此开始我们对这种政治态度的讨论。这段文字所展现的是一种对他人幸福之关切的完全缺失,也就是一种对他人幸福的全然漠不关心。这段文字出自恩格斯于1844年的著作——《英国工人阶级的状况》,内容如下:

> 归根到底,唯一的决定性的因素还是个人的利益,特别是发财的渴望。有一次我和这样一个资产者在曼彻斯特街上走,和他谈到工人区的恶劣和不符合

---

[1] 关于这个充满敬意的互惠性社会,还可以加上一些其他内容。比如,它依赖对X的尊重这一价值,因此,根据X(理性抑或人性)的内容,它会有许多变体。其特定变体会对特定X的重要价值加以辩护。

> 卫生条件的建筑体系，谈到这些地区可怕的居住条件，我说我还没有看到过比曼彻斯特的建筑更糟糕的城市。他静静地听完这一切，在走到拐角上和我告别的时候，他说，"但是在你这里到底可以赚很多钱。再见，先生！"英国资产者对自己的工人是否挨饿是毫不在乎的，只要他自己能赚钱就行。①

在这段文字中，重要的是要看到，在恩格斯看来，资本家并未表现出对劳动者的任何轻视。资本家并不从他们的这种悲苦境地中获得满足（由此看来，他的态度不同于卢梭所认为的富人对待穷人的态度）②。接下来，这段文字展示的内容就与之前有所不同了。这个资本家并不关心曼彻斯特的劳动者的工作和生活条件，也就是说，在这个资本家看来，他们的境遇与自己无关。他并不关心他们的生活有多么悲苦。他对他们的幸福完全是漠不关心的。

当哲学家们谈论尊重这一态度时，常常将其与另一种

---

① Friedrich Engels, *Die Lage der arbeitenden Klasse in England*, MEW, vol. 2, p. 487/*The Condition of the Working-Class in England*, MECW, vol. 4, p. 563.
② Jean-Jacques Rousseau, *Discourse on the Origin and Foundation of Inequality Among Men*, in Rousseau, *The Discourses and Other Early Political Writings*, transl. Victor Gourevitch (Cambridge: Cambridge University Press, 1997), p. 184.

第三讲 被限定的1844年的马克思：分配原则和政治态度

不同的态度——轻视做对比。在我看来，关切的反面态度是冷淡。在1844年的马克思看来，劳动者的异化包括一种（正当）信念，即他并不是他人关心的对象，其他人对他的幸福是漠不关心的。我的观点是，在马克思那里，正当的，也就是非异化的社会关系包括对彼此幸福的相互关切。他相信在一个真正的共产主义社会中，这样一种关系能够实现。在这样一个社会中，公民们的幸福是彼此相关的。

如我所言，马克思没有用过任何一个能够与英语中的"关切"恰当对应的德文词。然而，在他的1844年的著作中，他确实不时地使用Liebe这个德文词，也就是英文中的"爱"。不过，如我在上一讲中所谈到的，马克思不会以此意味着共产主义社会中的劳动者会在个体之间直接具有这种对其劳动同伴的此类情感，这里所说的同伴包括那些他们从未谋面的数以百万计的劳动者。在前一讲中，我说过，共产主义者会彼此具有一种我所说的"结构性友谊"。我认为，能够最完美地符合结构性友谊这一理念的政治态度就是我所说的"关切"。

如果关切与罗尔斯那里的尊重相对应，那么，一种马克思意义的平等的、相互关切的社会结构应当怎样与我刚刚谈过的罗尔斯意义的平等的、充满敬意的社会相对应？我相信，对于我所说的这个被限定的马克思而言，被两个马克思式分配原则——一种自由原则和某些形式的优先性原则所规导，并与平等的关切这一政治态度相联系的共产主义社会会包含以下几点内容：

（1）行为主体会为彼此提供实现其个体性的目的所必需的商品和服务。

（2）这些为他人提供的东西会是每个行为主体的目的的重要组成部分，结合（1）和（2）这两点，其结论为（3）。

（3）消费者对商品和服务的使用会有助于其生产者实现他们的目的。商品和服务的生产者和消费者的目的之间会具有某种互补性。同样，由于消费者也会提供某些商品和服务，也就是说，作为消费者，他们同样会为其他人提供某些物品，因此，这一互补性会是互惠性的。

需要注意以下几点关系：

（1）我不为任何特定个人提供商品和服务，在这个意义上，他们都是非人格性的（impersonal）。

（2）我所说的平等的、充满敬意的社会在社会安排上具有一种重要的表达性（expressive）作用。公民们将自己视为为他人提供某些事物的行为主体，同时也将他人视为为他们自己提供某些事物的行为主体。实际上，公民们在其日常生活的产品和服务中能看到其体现出的某种特定目的。

（3）在真正的共产主义社会中，公民对彼此抱有一对特定的政治态度。首先，是对彼此幸福的关切。行为主体对于彼此的幸福并不是漠不关心的。相反，他们是相互关切的。其次，与对彼此幸福的互惠性关切这一事实相联系，每个公民都赞赏他人为自己所做之事。

我们来对下面这些范畴，即关切这一范畴及赞赏这一与之相关的范畴进行探究。对于政治哲学来说，这些范畴十分重要，而从某种程度来看，这些范畴可以取自马克思。

尽管青年马克思使用了"爱"这一术语，但这并不表明"关切"仅仅是爱的一种较弱的形式。如果将关切理解为爱的一种形式的话，几乎可以肯定地说，这就意味着对未曾谋面的、遥远的他人加以关切是不可能的。因为爱一般来说被认为是包含着惯常的、强烈的情感，而这些情感是无法从那些未曾谋面的、遥远的他人那里得到的。然而，事实上，我相信关切是与爱极为不同的一种情感，而是与信任这种情感更相似。我可以在不具有太多关切之情感的情况下信任一个人，并按照这一信任行事。在某些方面，关切也能与其较为类似。诚然，最近以来对爱的哲学讨论并不重视其中的当下性情感，而爱则包含着这样一些情感，即对他人的关切的回应性情感。尽管如此，相对爱这一情感来说，关切这一情感在频度和强度这两个方面都是有所不及的。

然而，相对爱和关切在情感方面的差别来说，它们之间更为核心的差别在于这两种态度的对象的确定性程度。

如我一直强调的,政治哲学中争论的乃是我们作为个体从来不会有所接触的那些关系。我认为,爱的对象不可能是一个完全不明确的人,也就是说,不可能仅仅以一个非常一般性的身份来看待他①。然而,对于那些仅仅有着一般性身份的人们,对他们的关切似乎是可能的,也就是说,人们可以去关心那些旧金山地震中,或日本海啸中的受害者,这种关切也是完全可以被描述的。

当关切这一态度的对象是其他个体及其幸福时,如果这一概念要想在政治哲学中发挥作用,那么,它就必须是我们本性中的这样一种可能性,即我们的动机中就有对其他知之甚少的个体进行关切(而不是爱)的有效态度。显然,我们能够在多大程度上具有这一动机就成为最重要的问题。在最后一讲的结尾处对马克思的观点的可行性进行讨论的时候,我将简要涉及这一问题。在这里,我仅仅想要坚持这种对于未知的他者的态度的可能性。

哲学家科拉·戴蒙德(Cora Diamond)所举的例子非常有助于我们的论题。戴蒙德想象了这样一则新闻报道:一架波音747坠毁了,机上人员全部遇难。戴蒙德随后想象了两则不同的新闻简讯,它们都对此前的报道有所修正。其中一则简讯说,的确有一架波音747坠毁了,但并

---

① Harry Frankfurt, *Necessity, Volition and Love* (Cambridge: Cambridge University Press, 1999), p.166.

不是所有乘客都遇难，相反，是有一些幸存者的。另一则简讯则说，坠毁的飞机是一架波音 727，这架飞机比波音 747 要小，在这第二种情况下，所有乘客都遇难了，但遇难者的人数要少①。在这两种被修正的情况下，有一个共同的结果，那就是遇难者的人数都比先前的报道要少。如果我们对这两种修正的结果具有不同的反应，也就是当听到第一则简讯时感到某种宽慰，而对第二则简讯则感到宽慰较少时，那么，其区别就不能被归结为出于对某些集合性观点的考虑。

重要的是，要看到这一点，这两则简讯都没有将目光放在那些幸存的人们身上。在被修正过的第一种情境中，很容易想到那些具有真实生命的真实的人，不过，这是我们的想象力的一种运用。我们能知道的所有事情就是一些人如戴蒙德所说的"躲过了这一劫"②。而在第二种修正过的情境中则无人幸免。在这里，对于那些幸免于难的人，我们什么也不能说。实际上，他们是剩余的人。甚至，在第一个修正过的情境中，尽管人们的关切面向的是不同个体，但对他们却是一无所知。我从戴蒙德所举的例子中得到这样的启发：关切能够被放在人类个体的幸福之上，而

---

① Cora Diamond, "How Many Legs?" in Raymond Gaita ed., *Value and Understanding: Essays for Peter Winch* (New York: Routledge, 1990), p. 162.

② Diamond, "How Many Legs?" p.162.

不是被放在数字之上,即便人们对这些人类个体一无所知。然而,就我们的本性而言,这样一种关切仍是可能的。

现在,我们来看另一种不同的态度,即赞赏的态度。我认为,这一态度包含三个要素。首先,是对行为主体所做之事的一种积极评价,比如,他做了一些本身就是善的事情。其次,这些被讨论的事情在价值上具有一种肯定性。比如,以某些方式来看,一幅绘画是一件好的艺术作品,我同样可以视其具有价值,因为我相信艺术是有价值的。最后,也是最关键的,那就是对行为主体有一种感激的态度,因为这一行为主体带着使我获利的目的做了这些事情(或者,可能仅仅是对某些人有利)。

英文表述"我对你所做之事表示赞赏"(I appreciate what you have done)能够包括所有这些要素。我会承认你做了某些有价值的事情,我同样会感谢你为我(或对他人)做了这些事情,我也会承认你在行为中的意图。在关切/赞赏这一理想中,行动主体相互赞赏他人为自己所做之事。

在这里,要记住,我们对青年马克思略有修正。我们对彼此的赞赏不需要被局限在我们所生产的物质产品上。我们为彼此所做之事确实包含这些,但它们同样还包含着许多其他活动。如我所提到的,在一个现代社会中,每个人都为那些我们一无所知的他人做许多事情。我们为他们提供产品和服务，我们服从法律，我们就当下的许多问题进行论辩，等等。这些行为，以及更多的此类行为乃是成为好公民的一部分。在对这些活动的参与中，我们通常是自利的。然而，在对我们共同的社会生活的维续中，也就是对彼此的善的条件的维续中，或者，用《共产党宣言》中的话来说，在对每个人的自由发展的条件的维续中，我们同样也会理解并肯定这些活动。如果对这些条件的维续会存在于公民们的目的之中，而这一点又得到广泛理解的话，我们为彼此所做之事就会得到广泛的相互赞赏。当然，其前提是公民在其行为中的意图并不是无关紧要的。

在我称之为平等的相互关切和赞赏的公民那里会有如下信念：

（1）其他公民是对他们的幸福有所关切的（他们与其他人是彼此相关的）。

（2）其他公民认识到，他们对其他人的幸福也是有所关切的（其他人与他们是彼此相关的），以及由于这种关切，其他公民会对他们加以赞赏。

（3）其他公民对他们的幸福已经有所贡献，并将继续对其幸福加以贡献。

（4）他们对其他公民的幸福已经有所贡献，并将继续对其幸福加以贡献，同时，其他公民会对他们的这些行为加以欣赏。

（5）其他公民从他们的满足中得到满足。

要记住，在一个具有平等尊重的社会中，人们被他人所尊重并赋予价值这一信念有助于其获得自尊。我假定，在一个具有平等的关切和赞赏的社会中，与此类似，如果人们视自己处于一个积极的关系网中，这种社会也会帮人们获得自尊。而在这一关系网中，人们相信，他们的幸福是与他人相关的，同时，人们由于自己对他人幸福的贡献而令他人所赞赏。

因此，我们有尊重和关切两种不同的政治态度。如我曾说过的，第一种态度，也就是尊重的态度起源于康德的思想。不论尊重这一态度以何种方式被界定和发展，几乎总是会被限定于下述理念，即人是一种要去做选择的行为主体，而人的这一特征必须被视为具有极大的价值。

在上述论述中，我将关切这一态度归于马克思。然而，从哲学传统来看，马克思并非唯一关注这一态度的思想家。顺着这些线索，我们可以在英国情感主义思想中找到与这些线索相类似的东西。比如，弗朗西斯·哈奇森、大卫·休谟和亚当·斯密，也包括密尔等后来的英国作家。例如，休谟强调，我们可以被"人类的快乐或痛苦的印象"所影响。同时，他也认为，我们确实关心行为和制度的有效性。当然，他认为，这意味着我们关心那些由于运用有效的行为和制度而获利的人们的幸福。休谟在《道德原则研究》中所称赞的人的特征为"慈善"，我将其视为关心（care）他人幸福的倾向，其动机则在于提升他人

第三讲 被限定的1844年的马克思：分配原则和政治态度

的幸福并为这种幸福的存在而感到愉悦①。然而，这正是马克思所认为的一个真正的共产主义社会中的人们所广泛具备的特性。当他谈到，在一个真正的共产主义社会中"别人的感觉和享受也成了我自己的占有"；以及，当他说"只要人是人的，因而他的感受等等也是人的，那么对象为他人所肯定，这同样是他自己的享受"；再有，当他说在共产主义社会中，"需求和享受"会"丧失其自利的本性"②时，这似乎才是他所考虑的。

此外，当我们去寻找与休谟的共鸣时，同样能够在休谟的老师——弗朗西斯·哈奇森的著作中找到资源，而这些内容与我们在马克思那里找到的资源是一致的。在哈奇森的著作《美与德性的起源之研究》（1725）中，他主张："当我们只想实现他人的善时，我们无意中就会提升自己的最大的善。"③ 对马克思那里的通过参与使他人获利为目的的活动而意识到自己的本性的共产主义者来说，情况也是如此。我认为，马克思同样会接受哈奇森的主张，即人

---

① David Hume, *An Enquiry Concerning the Principles of Morals* (Oxford: Oxford University Press, 1998).
② Marx, *Ökonomisch-philosophische Manuskripte*, MEW, Ergänzungsband I, pp. 540 and 563/*Economic and Philosophic Manuscripts of 1844*, MECW, vol. 3, pp. 300 and 322.
③ Francis Hutcheson, *An Inquiry into the Original of Our Ideas of Beauty and Virtue* (Indianapolis, Indiana: Liberty Fund, Inc., 2004), treatise II, section 1, sub-section viii.

们在参与使他人获利的行为中获得的快乐是与"作为我们的行动之源泉的对他人的无私的爱的意识"① 联系在一起的。我认为,青年马克思会赞同,对于那些哈奇森所说的"为我们的快乐而感到愉悦,并爱我们"② 的人们,我们会有着积极的回应。哈奇森的这些评论听起来非常符合马克思在《穆勒评注》中的观点,那就是在一个真正的共产主义社会中,我会"认识到我自己被你的思想和你的爱所证实"③。

此外,当我把马克思解读为强调这样一些方式,以这些方式,共产主义者会相互赞赏他们为彼此所做之事时,我在这里再一次将他放在一个漫长的传统中。其中最明显的理由或许是我所说的"赞赏"与别人所谓的"承认"有所关联,而承认这一传统则是广为人知的。我之所以使用"赞赏"这一术语,是因为它并不仅仅意味着对关于某个人的事实加以认同,也意味着它赋予此人所做之事以价值并对他的所做之事表示感激。

比如,黑格尔的《法哲学原理》就体现了参与使他人

---

① Hutcheson, *An Inquiry into the Original of Our Ideas of Beauty and Virtue*, treatise II, section 3, sub-section xv.
② Francis Hutcheson, *An Inquiry into the Original of Our Ideas of Beauty and Virtue*, treatise II, section 1, sub-section i.
③ Marx, "Auszüge," *MEW*, Ergänzungsband i, pp. 462–463/"Comments," *MECW*, vol. 3, pp. 227–228.

第三讲 被限定的1844年的马克思：分配原则和政治态度

获利并被他人承认的活动的重要性。在这部著作中，黑格尔认为，市民社会中那些行为主体想要被视为参与着那些超越其"自私的一面"的活动。他们想要被视为参与着那些具有客观社会价值的活动①。从情感主义传统来看，休谟同样强调这一主题。他谈到，我们都有看到我们的工作具有社会效力的欲望（desire）。"当称赞一种职业诸如商业或制造业时，难道有什么能比指出这种职业给社会带来的益处是更有说服力的吗？一个僧侣或宗教裁判所的法官，当我们将其阶层看作无用的甚或对人类有害的时候，难道不会勃然大怒吗？"②

黑格尔和休谟对所强调的上述欲望没什么可奇怪的。我认为，大多数人都希望去相信，他们的一生中所做的工作至少能有一定的积极的社会贡献。关切/赞赏这一观点假定，与个体自由一致，人们能够在他们的工作具有社会价值这一信念中孕育出满足感。

我对于政治态度的观点是这样的：尊重这一政治态度是罗尔斯的作为公平的正义的理论特征，而关切和赞赏这一政治态度则是青年马克思的学说之特征。这一点体现出罗尔斯和马克思之间的深刻区别。

---

① G.W.F. Hegel, *Elements of the Philosophy of Right*. Translated by H. B. Nisbet (Cambridge: Cambridge University Press, 1991), §253, p.272.
② Hume, *An Enquiry Concerning the Principles of Morals*, p.80.

第二个与之有着紧密联系的区别在于他们对人的观念的不同理解。罗尔斯的观念将重心放在对正义原则的遵从上，遵从的理由则在于它们是正义的原则。罗尔斯式好公民在于有着对正义的承诺。相反，马克思的人的观念，包括我所说的被限定的马克思所持有的人的观念都将重心放在我们能够关切彼此的幸福这一思想上。因此，马克思式好公民在于他们有着对其他人的幸福的关切。

罗尔斯和马克思都致力于构造某些条件，在这些条件之下，公民能够自由地发展和践行他们的能力。他们在基本的政治态度方面有所不同，这些态度则是他们所构想的良序社会的特征。以及，由于他们的人的观念，使得他们对服从恰当的分配规则之意愿的能力有着不同理解。

我已论证过，罗尔斯式和马克思式的人的观念都能与罗尔斯的两个正义原则很好地适应。或者，我们可以这样说，不论以何种方式，它们都与类似这两个正义原则的其他原则相适应。我认为，我所讨论过的任何一种政治态度都同样能够很好地与罗尔斯的两个正义原则，或与之类似的其他原则相适应。

这就意味着，在罗尔斯和我所设想的被限定的马克思之间进行选择的基础并不是我们更喜欢分配原则。如果我们必须在这两位作家之间做出选择的话，我们的选择基础将是：究竟是马克思的政治态度和人的观念还是罗尔斯的政治态度和人的观念对我们更具吸引力。

第四讲

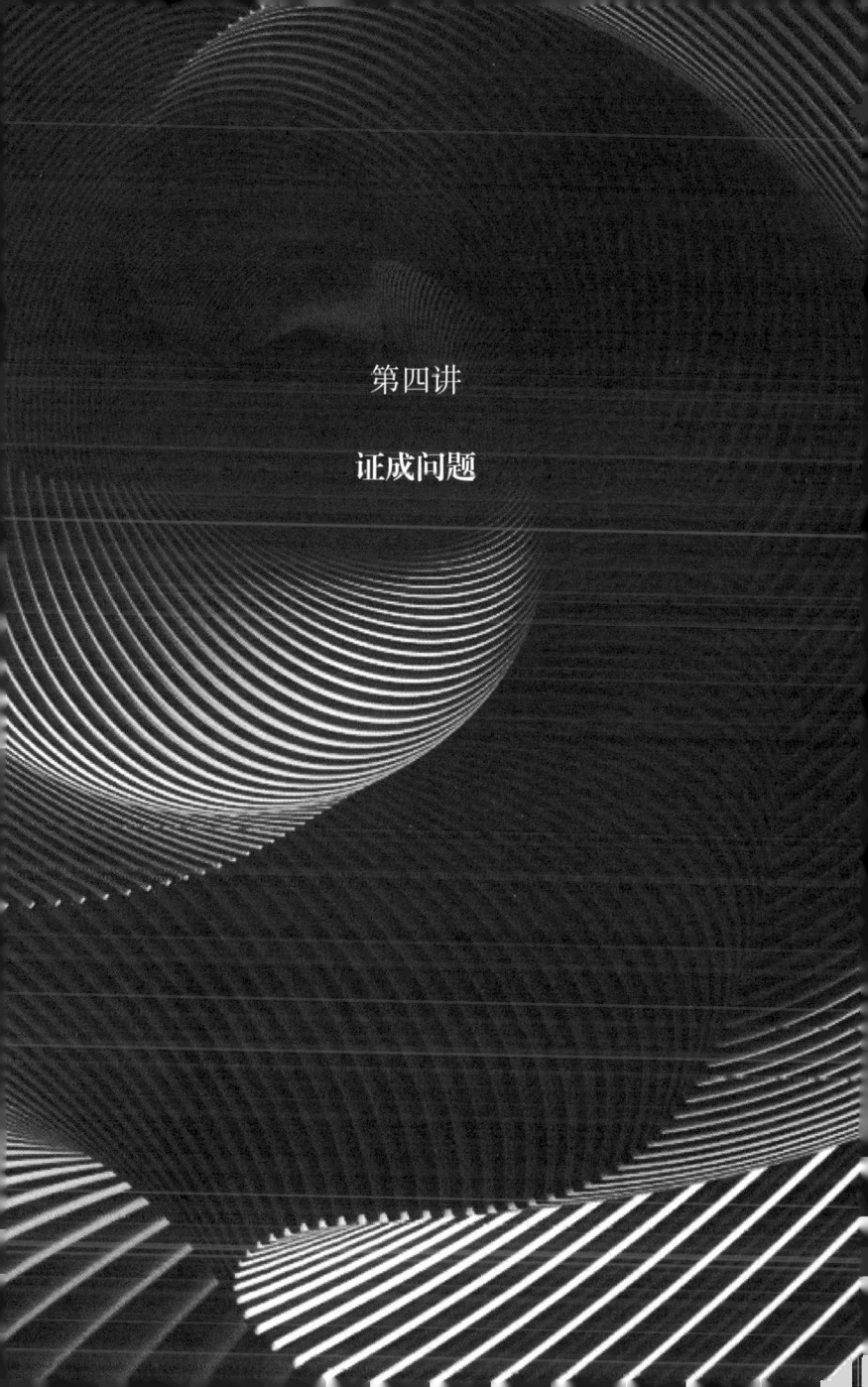

证成问题

一、简介

最后这一讲,我将检验人们如何对某种特定的人的观念的选择提供证成。这种对观念的选择承载着一种包括分配原则和一种特定的政治态度在内的政治哲学。我将先谈罗尔斯,然后再谈马克思。对于马克思,我将以更长的篇幅,更学术化的方式来讨论,原因在于,除非我们至少具备某些学术性的背景和理论细节,否则,我们将无法理解马克思的这些问题。

二、证成:罗尔斯

在这里,我再次援引罗尔斯的早期作品——《道德哲学中的康德式建构主义》中的相关论述:

> 我们的任务是阐明一个公共正义观,这个观念是所有将他们自己,以及他们与社会的关系以某种方式

来理解的人都可以接受的。尽管在此过程中将会涉及对某些理论性困难的处理，但这首要地是一个实践性的社会性任务。使得一个正义观念获得辩护的东西，并非是从某些先定的秩序来看，这种正义观念是正确的；而是它与我们对自我的深层次理解和抱负的契合，以及我们意识到给定体现在我们公共文化中的历史和传统，它就是于我们而言最合乎情理的原则。[①]

这段话引出一个明显的难题。我们对我们自身和我们的志向的深层理解被我们成长于其中的社会制度所深刻塑造。那么，这种自我理解如何能够与那些制度保持足够距离，以保持对这些制度进行批判的能力（至少是一种对其进行彻底批判的能力）呢？我们的自我理解难道不会必然使我们的现存制度看起来似乎是"自然"的，并因此具备道德上的可接受性吗？在这样一种自我理解中，我们如何才能具有足够的自信呢？

这个难题由来已久。我认为，就这个问题，柏拉图已经在《理想国》第七卷中的洞喻中首次有所表述。回想一下，这个比喻中有一些处于洞中的囚徒，他们只能看到墙壁上的影子，并错误地将这些影子当作实在之物。他们为这一虚假的意识所苦恼。然而，只要他们仍然处于洞中，

---

① Rawls, "*Kantian Constructivism in Moral Theory*," p.519.

就不会具有理性的基础，以使他们意识到自己所见的只是幻影，而在某些重要意义上这些幻影都是虚假的。如果他们想知道自己是否被假象所蒙蔽的话，就必须走出这个洞穴。然而，离开这个洞穴充满艰险，是很困难的。因此，当他们处于洞穴中时，似乎没有任何理由能够断定他们可以以一种彻底的方式来改变其处境。

这一难题，即很难去让生活在当下的人们相信，他们对于良善生活和人类之可能性的信念是被深刻误导的，而这就是马克思的意识形态理论和虚假意识理论的支柱。罗尔斯本人非常清楚这一难题。他在无知之幕中去除各方所有的善观念的一个核心理由就在于，这些观念是被社会制度所塑造的，因此有可能是不合理的[1]。罗尔斯想要把人仅仅塑造为自由而平等的理性存在者，以便排除所有那些由于成长于某一特定的社会世界而可能会具有的信念。然而，人在本质上是自由和平等的理性存在者这一信念不也仅仅是由于人们成长于一个特定的社会世界而带来的一种信念吗？为什么罗尔斯能够认为，这种人的观念不是像其他人的观念一样，也是一种被扭曲的结果？

我认为，对于这个问题，罗尔斯有两个回应。他的第一个回应不过是去承认，作为自由而平等的理性存在者的

---

[1] John Rawls, "Fairness to Goodness," *The Philosophical Review*, vol. 84, no. 4, p. 53.

人的观念仅仅是一种此时此地的"我们"所能够接受的观念,他也承认,对于其正确性,我们无法做出进一步评论。

我们先来对这一点加以详述。罗尔斯这部著作的目标不是去提供一种适用于任何社会和任何时代的正义原则,至少,他在1980年对其著作的理解不是如此。他最初关注的是他所说的"一种现代条件之下的民主社会"①。或许,罗尔斯希望生活在更广泛的社会中的人们会相信他的理念也能适用于他们。不过,他在1980年以后的著作就不再以此为目标了。因此,他准备去承认,他所解释的人的观念在某种程度上是局部适用的,也就是为特定时代和地域设计的。因此,将他的人的观念解释为局部适用的,不会给他带来任何困难。

能给他带来困难的是下面这种观点,即他所设定的人的观念在某种意义上是一种被扭曲的观念,或者说,即便作为一种局部性观念也是不恰当的。就此而言,他的人的观念在某种意义上就是一种虚假意识,这样一来,这个问题就会变得非常棘手。

如我所言,罗尔斯知道他所面临的问题。这就使我们进入他的第二个回应,也就是他的反思平衡的观念。罗尔斯最初在《正义论》中介绍了这一观念,尽管该观念随着

---

① Rawls, *"Kantian Constructivism in Moral Theory,"* p.537.

时间的推移在不断演变,但其核心理念仍是相同的[①]。

罗尔斯对反思平衡的最初论述是将其作为一种过程,通过这一过程,我们的一套极为特殊的判断能够和一套非常普遍的原则共同被放置在一个融贯的框架下。在这一理念下,我们首先要去寻找那些不会被自己的利益所扭曲或在不偏不倚的条件下做出的判断。这也就是我们在"冷静的时刻"所做出的判断,而不是匆忙之中或暴怒之下做出的判断。这种判断的一个例子就是:奴隶制是不道德的。这个判断不是一个容易被我改变的判断。它并不是当我处于暴怒之中,劳累之时,或在其他不恰当的状态中考虑到所有问题之后做出的判断。而是一种我们以极大的自信所确定的判断。

在一些确定而自信的判断被给定的情况下,接下来,我们就要寻找一些能将这些判断系统地结合在一起,并赋予这些判断以更深刻意义的抽象原则。最终,我们试图达到一种平衡状态,在这一状态中,我们拥有一套稳定而又融贯的原则,这套原则能够产生出我们所确定地持有的一系列判断。

找到这样一种平衡的过程可能会非常不易。原因在于,在我们的诸多特殊判断和普遍性原则之间,或者我们

[①] Rawls, *A Theory of Justice*, pp. 48 - 51 and 579 - 580, 42 - 45 and 507 - 508.

的普遍性原则之间，再或者某个特殊判断和某个普遍性原则之间都可能存在冲突。在这些判断和原则达到平衡的过程中，我们或许不得不放弃某些判断或原则。因此，在达到这一平衡之前，我们无法得知通过一个反思过程而得到的平衡的全部内容。

这一达到反思平衡的过程与虚假意识这一难题有关，因为，如我所言，特殊判断被认为是可靠的判断。到目前为止，我们所能知道的是，对这些判断的确定是不受我们自己的利益所影响的。当然，如果我们对自己的不一致之处视而不见，虚假意识就会成长起来。而通达反思平衡的过程就是去确保所有的不一致之处都能被消除。

然而，我们很快就可以清楚地看到，上述任何观念都走不了这么远。毕竟，我们的特殊判断可能会被那些我们所不知道的社会性力量和心理倾向所误导和扭曲。我们或许会认为，我们已经超越了所有能使这些判断变得扭曲的因素，但我们也或许是错的。

有一种对这一难题更为一般性的描述方式。持有一些不道德原则的人能够使这些不道德的原则相互融贯。因此，仅仅在一系列特殊判断和一般性原则之间达到某种一致性并不能保证其观点在整体上的道德性。

这些最初被哲学家诺曼·丹尼尔斯（Norman Daniels）提出，并被罗尔斯所认同的思考扩展了反思平衡的这种

"反思"视野[①]。比如，这一观点有时被认为——其最著名的体系是在马克思和恩格斯的《德意志意识形态》中——在任何社会中，统治性理念都是统治阶级的理念[②]。对这一观点的理解可以有很多方式，不过，我认为，下述方式对于这一观点的理解来说是最有说服力的。问题的关键在于谁控制着"精神生产的手段"，如马克思和恩格斯所言，是广义上的媒体控制着它们。不合时宜地说，它起码是指电子媒体和纸质媒体，学校系统也包含在内。比如，资本家控制的媒体对每个人的理念都有很深的影响。它们对公开发表的公共论辩的论题的内容，这些论题的形成，以及对某些特定理念的态度（比如，对成功的社会主义的消极态度）都有很大影响。这里的核心观点是说，任何试图对一个论题加以思考的个体都至少会某种程度上在媒体所产生的语境下来进行思考，因此，他们很大程度上是被媒体的态度所支配的。

这一点非常重要，然而，马克思的观点却仅仅意在表明一种趋势。事实上，马克思和恩格斯都曾说过，那些没有控制着"精神生产的手段"的人们的理念仅仅是"中

[①] Norman Daniels, 1979, "Wide Reflective Equilibrium and Theory Acceptance in Ethics," *Journal of Philosophy*, vol. 76, no. 5, 1979, pp. 256-282.

[②] Marx and Engels, Die deutsche Ideologie, MEW, vol. 3, p. 46/The German Ideology, MECW, vol. 5, p. 59.

度"受制于那些掌握着精神生产手段的人们的理念。马克思和恩格斯似乎相信,有些人曾经能够抵制,并将继续能够抵制媒体所传播的内容。

这一点看起来非常明显。我们似乎可以这样来问,人们之所以持有某种信念,是否仅仅是由于他们在一个特定的社会中成长,等等。人们可以认真对待这种可能性,即某人被导致对 B 的信念,原因是,他是在拿不准 B 是否为真的情况下将其视为自己的信念的。比如,人们可以试着去审视此人是如何产生信念 B 的,同样,人们可以对信念 B 仔细审视,并从根本上审视信念 B 之为真的理由。人们可以对自己的信念进行怀疑,而正因为人们对此有所怀疑,他们就能尽一切可能来努力确定他们的这一信念是否仅仅是被支配性的社会制度所导致的,或者,人们是否还有足够理由去坚持它。

毫无疑问,某些信念能够在这种审视中留存下来。其中,最明显的莫过于数学信念,这些信念很有可能在这种探究中得以留存。还有自然科学中的许多信念。我猜想,社会科学中的一些信念同样也将得以留存。然而,或许我对人的信念——我的道德人观念的内容——同样也能在这种审视下得以留存。那么,如果我的道德人的观念的内容能够在这一审视下得以留存的话,我们还有理由不去接受这种人的观念吗?

罗尔斯的确相信,我应当对我的信念可能会被社会制度所扭曲有所担忧，或者，我之所以持守我的信念，仅仅是因为我被社会所养育，或仅仅是因为它能对现存有害的社会制度的维续起到某种作用。罗尔斯认为，对马克思的传统拒斥了现存社会中存在的道德信念的担忧是合理的。然而，罗尔斯同样认为，这些担忧实际上能够加以缓和，也就是说，它们是可以被克服的。

关于最后一点，我们或许应该以一种略微不同的方式来阐述。在罗尔斯看来，任何一种对我所持守的信念的挑战都必须是明确而又具体的。正因为这种挑战必须明确而又具体，那么至少在原则上，这些挑战应当能够被人们所理解。一些理论家认为："所有产生于资本主义社会、种族主义社会或男权主义社会的信念必定会具有资本主义社会、种族主义社会和男权主义社会的特征。因为既然它们产生于资本主义社会、种族主义社会或男权主义社会，那么在某些基本方面，它们必定具有一定的虚假性。"罗尔斯相信，只有当此类观点的内容具体而又明确时，它们才会具有效力。人们必须证明，信念 B 应当由于这个或那个明确的理由而不被接受，或许，它是基于其他值得怀疑的信念之上的，比方说基于科学上不足为信的种族差别的观点。罗尔斯的观点是，如果我被给定了一个去怀疑某个信念的具体而又明确的理由，那么，我既可以拒斥这一怀疑的理由以维持这一信念，或者，我也可以接受这一怀疑的理由，这样一来，我们就可以修正或拒斥这一信念了。在罗尔斯看来，人们可以根据所有人都可以拥有的所有理由来修正各种信念。因此，就这些原则而言，人们可对其进行修正，以达到反思平衡，也就是这样一种条件，人们持续拥有的各种信念看上去似乎是稳定的。而在这些稳定的信念中，就有人们对一种特定的人的观念的信念。

在罗尔斯看来，对反思平衡来说，其最为可能的方式就是将所有相关理由纳入到考虑中。至少就当时来看，任何一种经历了所有相关质疑过程之后能够继续留存的信念都是一种无可怀疑的信念。至少，就当时来看，这一信念是能够被肯定的。

不过，仅有这些就足够了吗？也就是说，假定我们，也就是在这里和现在的我和你要去寻找有说服力的人的观念，并假定，经过反思平衡的检验，我们仍然觉得它具有说服力。那么，如此一来，我们就有足够理由去接受这种人的观念并接受基于这样一种人的观念的政治哲学吗？

我认为答案是肯定的，不过，在前面的内容中，我无法证明这一观点。在最后这一讲的结尾，我将为政治哲学的进一步工作提供某些选择，这些选择则间接地依赖反思平衡的方法。不过，我们最好在讨论完青年马克思和他的证成观念之后再行返回这一论题。

三、证成：费尔巴哈

现在，我们来讨论青年马克思。如我所言，我的阐述会占用一些时间，并会非常学术化。

我们会看到，在马克思那里，他的人的观念包含一些对构成人类繁荣的活动之内容的详细论述。不幸的是，在马克思本人看来，至少在一个资本主义社会中，很难接受这样一种活动是一种真实的人类的可能性，以及，这样一种活动确实构成人类的繁荣。实际上，根据马克思的说法，将很难有足够充分的理由去接受马克思自己的观点。

为看到马克思所面临的问题的实质，我将首先展开路德维希·费尔巴哈对基督教的分析；其次，对他对哲学的分析再作概览。给马克思带来麻烦的是他的费尔巴哈式证成观念，以及他对哲学的费尔巴哈式拒斥，还有他自己对良善生活和对资本主义社会中普通人的日常生活实践之局限性的观点。在对费尔巴哈的简短讨论之后，我会将马克思在证成这个问题上面临的困境呈现给大家。

费尔巴哈最重要的著作《基督教的本质》出版于1841年。这本书必须被视为德国始于18世纪的对福音书的学术审查这一背景的反叛。通过令人钦佩的历史和文学研究，许多德国作家对基督教福音故事的融贯性和说服力提出挑战。在这些作家中，有些人将福音故事归结为类似于古代传说或古代对弥赛亚的期盼，甚至归结为古代福音作者的文学创造[①]。

[①] David Friedrich Strauss, *Das Leben Jesu kritisch bearbeitet* (1835-1836), and Bruno Bauer, *Kritik der evangelischen Geschichte des Johannes* （转下页）

其他作家则将福音故事所描述的事件作了理性的解释，也就是说，对这些事件，他们作出的是彻底的自然主义，而非奇迹的解释①。

同样，费尔巴哈的著作对基督教怀有敌意，但其角度是非常不同的。费尔巴哈并不试图从历史角度去反驳福音故事，也并不质疑其固有的说服力。比如，他并不是像休谟所做的那样去论证福音书所描述的奇迹事件完全没有发生过。

费尔巴哈采取的是另一套思路。他试图破解他所认为的《圣经》故事的潜在意义。他把这些故事视为某些心理投射，其目的是使他的读者认识到，这些故事不过是上述投射而已。对费尔巴哈来说，他对基督教的兴趣就在于其编码方式。他认为，如果人们将福音故事，以及一般意义上的基督教教义视为某些被编码而成的信息的话，人们就会在这些故事和基督教教义中发现对人类特定能力的理想阐述和人类特定愿望的理想表达。

我们从这些愿望开始讲起。费尔巴哈一个基本例证是

（接上页）（1840），and *Kritik der evangelischen Geschichte der Synoptiker* (1841–1842).

① 一位早期的理性主义解读者是 Hermann Samuel Reimarus，他的 *Wolfenbütteler Fragmente* 被 Gotthold Lessing 于 1774—1778 年出版。青年费尔巴哈聆听过另一位理性主义解读者，海德堡神学家 Heinrich Eberhard Gottlob Paulus 的讲座，但对其不以为然。

人们对不朽的愿望。对于我们这些有限的人来说，这似乎是不可能的。而基督教教义则试图去解释如何能够实现不朽。耶稣的复活即被视为这种可能性的具体体现。耶稣被认为是给我们展现了作为人类之一员的不朽的真实可能性，而这被认为是满足了我们的深层欲望，如费尔巴哈所言："基督的复活就是为了满足人对自己死后的人格永生——也即作为不容置疑的感性事实的人格不死——之直接可靠性的愿望。"[①] 基督教的诉求就是其所声称的能够给予我们那些我们想要却又认为无法得到的东西的能力。

关于能力，如果"人"指的是过去、现在和将来的人类的话，那么，基督教教义就解释了某些特定的能力，也就是作为整体的类的特定能力。比如，上帝的全知就可以被看作人类的全知，即科学知识的无限性[②]。费尔巴哈的基本观点是，我们的上帝概念是神人同形同性的。我们对上帝概念的建构是通过将我们自己的理想，具体来说，就是将诸如知识和权力等越来越被作为整体的人类所掌控的那些能力以极端的形式投射给上帝。

---

① Feuerbach, Das Wesen des Christentums, p. 220/The Essence of Christianity, p. 135.
② Ludwig Feuerbach, Grundsätze der Philosopie der Zukunft (1843), in Ludwig Feuerbach, Gesammelte Werke, vol. 9, §12, pp. 279 – 280/Principles of the Philosophy of the Future, translated by Manfred Vogel (New York: Bobbs-Merrill, 1966), p. 17.

因此，对费尔巴哈来说，要对基督教进行质问的问题并非当我们以历史根据和科学理论对其加以衡量时，其具体论述是否是真实的，而是说，其论述揭示了怎样的欲望和理想。

实际上，费尔巴哈对基督教故事和学说的解码是对这些故事和学说的一种诠释。因此，人们需要某种理由来认为他的解读比那些与其相悖的诠释更具说服力，比如，与基督教的标准观点，即福音书叙述了包括上帝之子的教导和奇迹在内的历史这一观点相比，它是更有说服力的。在这里，人们可能会认为，历史和科学是相互关联的，也就是说，一种很好地符合历史和科学的诠释所告诉我们的要比那些不怎么符合历史和科学的诠释可信得多。人们可能会期望费尔巴哈做出如下主张，即从理性角度讲，他的纯粹世俗化诠释比那种肯定奇迹的诠释更加可信。不过，费尔巴哈并没有这样做。他并没有让他的读者去对支持或反对那些与之相悖的诠释的理由进行权衡。相反，费尔巴哈的想法是，当面对他的诠释时，读者要承认他们相信对基督教的标准诠释的心理冲动之根源，如果他们承认这种冲动，他们将不会认同上述标准诠释，而是会认同费尔巴哈。事实上，费尔巴哈已经揭示给读者他自己的潜在无神论观点。

我们来思考费尔巴哈对奇迹的看法：

> 我并不询问，与被造的或虚构的、超自然主义的基督不相同的现实的、自然的基督到底是什么或者能够是什么；我宁可假定这个宗教上的基督，只是，我指出，这个超乎人的存在者，不外就是超自然的属人的心灵之产物和客体。我并不问这个或那个奇迹是否可能，一般地，我并不问奇迹是否可能；我只是指出奇迹到底是什么，就是说，并不是采用演绎法，而是利用那在《圣经》中作为实有的事情加以叙述的奇迹之实例。①

因此，费尔巴哈不对历史根据进行评价（我并不询问现实的、自然的基督到底是什么或者能够是什么），同样，他也不对其进行理性的批评（我并不问这个或那个奇迹是否可能）。如果他的读者能够认识到，基督"不过"是人们精神的产物②，他将不会再为基督是否行了这些奇迹而感到困惑。如费尔巴哈所言，这个问题会被"排除在外"，不会产生。

因此，根据我的解读，费尔巴哈并不反对基督教。相反，他只是试图使其读者以一种不同的眼光来看世界。事

---

① Feuerbach, *Das Wesen des Christentums*, p. 26/*The Essence of Christianity*, pp. xli‑xlii.
② Feuerbach, *Das Wesen des Christentums*, p. 26/*The Essence of Christianity*, p. xli.

实上，他在试图去实现一种转换。我将他解读为与宗教信仰主义者相对立的无神论者。所谓的宗教信仰主义者，指的是那些认为上帝的在场或缺席对当下经验有着决定性意义的人。费尔巴哈强调，上帝存在的证据"无法提供令人满意的确定性"，而他似乎认为，上帝不存在的证据同样无法令人满意①。对于这些证据，人们总能找出其弱点，质疑其前提和推理，并对其结论——上帝的不存在是不确定的——持以充分确信。

因此，相对于他所认为的某个证据能够提供的深思熟虑的判断来说，费尔巴哈考虑的要更多。他所要求的是绝对的确证性，更具体地说，即一种消除所有日常实践中对上帝不存在的怀疑。在其日常生活中，真正的信仰者只是简单地确信上帝确实存在，真正的不信者则仅仅是简单地相信上帝确实不存在。

费尔巴哈认为，感官知觉包含具有此类实践效果的确信。不论人们在哲学课堂上如何思考，在日常生活中人们不会怀疑出现在自己眼前的事物。费尔巴哈指出，对真正的信仰者来说，上帝的存在不是被推导出来的，而是在世界中感知到的。美国神学家乔纳森·爱德华兹（Jonathan Edwards）描述了他获得一种宗教体验之后的世界的样子：

---

① Feuerbach, *Das Wesen des Christentums*, p. 317/*The Essence of Christianity*, p. 204.

"所有事物的显相都变了……它们似乎是对神圣荣耀的一种彰显,几乎在所有事物中……云朵、蓝天、草丛、花朵,还有树木。"[1] 而费尔巴哈想说的是,任何事物的显相都没有被神圣的荣耀所充满。相反,它们只不过是物质世界而已。他希望,上帝的不存在能够如此清晰和明显,就像在我们眼前一样。

费尔巴哈对知觉的确定性的坚持,也就是他对当下性和非推理性的坚持即是说,不信者并非仅仅是持守其特定的信念,而是期望去过一种特定的生活。大致在19世纪的同一时期,伟大的历史学家雅各布·布克哈特(Jacob Burckhardt)认为,古代晚期由异教信仰向基督教信仰的过渡包含着人与世界的联系方式的转变。布克哈特写道:

> 在这个时代,人类开始进入一种新的感觉的和超感觉的关系之中,以使世间之事取代古老的诸神和世界之观念。[2]

---

[1] Jonathan Edwards, "Personal Narrative," in Clarence Faust and Thomas Johnson eds., Jonathan Edwards, Representative Selections (New York, 1935), pp. 59 - 61, quoted in M. H. Abrams, Natural Supernaturalism (New York: W.W. Norton & Company, 1971), p.384.

[2] Jacob Burckhardt, The Age of Constantine the Great, translated by Moses Hadas (Berkeley and Los Angeles: University of California Press, 1949), p.124.

第四讲 证成问题

我认为，布克哈特的观点是，一个人对能够影响其生活的物质世界持有一种基本态度和立场，这种立场和态度则是一种他们与作为整体的物质世界中的对象相联系的方式。布克哈特的观点是，异教徒与那些感性事物产生联系的方式被基督教的胜利改变了。费尔巴哈的目的则是去产生另一种与之类似的转变。

费尔巴哈想要抛弃的与感性事物的关系包含这样一种信念，即物质世界仅仅是一个与我们的低级本性相符合的王国，该王国的存在仅仅是为我们纯粹的精神性存在做出检验和准备。费尔巴哈想要拒斥的观点是，在本质上将物质世界视为被异化之地，而这个地方并非我们真正的家园。费尔巴哈拒斥一切对来世的非物质王国的信念。相反，他的思想是，我们应该与这个世界建立物质上的联系。他似乎想要我们像肉体性的被造物一样去感受自然。

对下面这一点的强调非常重要，在费尔巴哈看来，真正的宗教信仰并非仅仅决定着人们相信什么，还决定着人们能够感知到什么。他认为，希腊人看到的是他们的诸神，而真正的基督教信仰者则在世界中看到上帝的显现。他说，对于奇迹，我们需要能够看见它们的"感觉和感官"[①]。在行为主体具有这些感觉和感官的时代，信仰就不

[①] Feuerbach, Grundsätze der Philosopie der Zukunft, in Gesammelte Werke, vol. 9, § 15, p. 286/Principles of the Philosophy of the Future, p. 23.

需要任何证据了。

与此相似,那些投身于人文主义的人们也应该不需要任何证据。基督教徒在物质世界中看到上帝的显现,而那些真正投身于人文主义的人们则将在物质世界中看到人性的显现。基督教徒在世界中看到比这个世界更多的东西。他感知到某些事物的显现具有极大的意义和价值。同样,费尔巴哈式人文主义者也会感知到某些极具意义和价值的东西,这就是人。出于这个理由,作为我们的生活之场所的物质世界将被视为具有其意义和价值。

就这样,费尔巴哈对基督教进行了诠释。然而,为什么他的读者要接受这一诠释呢?费尔巴哈的目的是实现一种改造。不过,为什么认为他的读者会被如此改造?

费尔巴哈的答案是,他的读者已经在事实上接受了他的这套诠释。他相信他们在事实上已经被改造了。他认为,他只不过是把那些他们已经相信,但又不敢承认的东西告诉他们而已。他们的生活,也就是1840年代的普通欧洲人的生活,实际上并不是真正的基督徒的生活。相反,他相信,他的读者所过的是唯物主义和无神论的生活。在他们与物质世界打交道的过程中,比如,他们在处理其保健事务和商务活动的过程中,他们并不依靠上帝,而是依靠人的力量、知识和协作。当他们生病时,他们并不仅仅是去祷告,他们也会去看医生。费尔巴哈写道:"基督教在事实上已经消失很久了,不仅从理性中,也从人们的生活中。"[1] 他认为，他的同时代人表面上信仰的不过是一种掩盖其真实的无神论信仰的方式[2]。他们已经丧失了真正的基督教的感觉和感官，却获得了与纯粹物质性存在者的生活方式相适应的感觉和感官。费尔巴哈的目的就是让他的读者承认这一事实。

因此，费尔巴哈并不担心自己的观点中可能存在根本性谬误——事实上，他似乎根本不在乎这个问题——也就是说，如果宗教信仰具有充分的理性基础（比如有力的论证或者宗教经验）的话，那么，信仰的心理冲动就与之毫不相干了。费尔巴哈并不试图去说服那些并不确信的人，他只是致力于去揭示行为主体的那些没有被完全压制的、反宗教的信念[3]。在原则上，人们可以在承认费尔巴哈所指出的心理冲动的同时也成为一个虔诚的基督徒。但费尔巴哈相信，这种情况在实践中是不可能发生的。

---

[1] Feuerbach, Das Wesen des Christentums, pp. 29 - 30/The Essence of Christianity, p. xliv.

[2] Ludwig Feuerbach, "Notwendigkeit einer Reform der Philosophie" (1842), in Ludwig Feuerbach, Sämmtliche Werke, edited by Wilhelm Bolin and Friedrich Jodl. (Stuttgart: Fr. Frommanns Verlag, 1904), vol. 2, p. 216/ "The Necessity of a Reform of Philosophy," in Ludwig Feuerbach, The Fiery Brook, translated by Zawar Hanfi (New York: Anchor Books, 1972), p. 146.

[3] Feuerbach, "Notwendigkeit einer Reform der Philosophie," p. 218/"The Necessity of a Reform of Philosophy," p. 148.

在费尔巴哈看来，在那个时代，基督教并非唯一的精神痼疾，同样，哲学，至少是体现为某些特定方式的哲学同样存在问题。因此，费尔巴哈在1843年又出版了《关于哲学改造的临时纲要》和《未来哲学的原则》。费尔巴哈希望这些著作能够提供一种与他对基督教的分析严格呼应的哲学分析。

重要的是，我们得清楚，这两部著作并不是严格意义的学术论著，它们读起来更像两则宣言。这些文本中只有很少论证，其核心观点也不过是以一种蛮横的方式来表达。比如，他对笛卡尔式怀疑连续运用了两次如下强硬断言："无可辩驳的、当下的确定性才是唯一的感觉、知觉和感受的客体。"① 同样，费尔巴哈还宣称："只有那些被感觉所经验的客体才是真正有意义的。"②

这些宣言可以被视为经验主义者反对理性主义者的声明。如果人们仅仅将这些章节视为理论哲学的一种形式的话，那么人们会将费尔巴哈视为参与了通常意义上的那种认同一种哲学立场而驳斥另一种哲学立场的学术争论，只不过他做得非常蹩脚而已。

至于不能如此解读的原因，我在这里给出三点理由：

---

① Feuerbach, Grundsätze der Philosopie der Zukunft, in Gesammelte Werke, vol. 9, §38, p. 320/Principles of the Philosophy of the Future, p. 55.

② Feuerbach, Grundsätze der Philosopie der Zukunft, in Gesammelte Werke, vol. 9, §33, p. 316/Principles of the Philosophy of the Future, p. 51.

首先，费尔巴哈认为，哲学分析的方法和对基督教的分析方法是相同的[①]。如果说，后者放弃了通常意义的论证方式，而停留在对读者加以改造这一理念上的话，那么前者也应当如此。

其次，关于费尔巴哈的分析的敏锐性，我没有作任何评论，不过，他在哲学上是非常博学的。在《论基督教的本质》出版之前，他还另外写过一本《从培根到斯宾诺莎的现代哲学史》，这本书对笛卡尔有着整整一章的论述。毫无疑问，费尔巴哈知道，从笛卡尔开始，对"作为感官的对象的东西"的依赖少了许多哲学上的尊重。

最后，费尔巴哈明确告诫其读者要去多做些别的事情，而不要仅仅去理解那些理智性命题。费尔巴哈说，他的新哲学包含"以下绝对命令：不要想去成为一名哲学家，以此与其他人不同……（要）只考虑去生活和成为真正的存在者"[②]。在他的一部小书——《说明我的哲学思想发展过程的片段》中，费尔巴哈宣称："真正的哲学不在

[①] Ludwig Feuerbach, "Vorläufige Thesen zur Reformation der Philosophie" (1843), in Ludwig Feuerbach Gesammelte Werke, vol. 9, p. 244/ "Provisional Theses for the Reformation of Philosophy," translated by Daniel Dahlstrom, in Lawrence Stepelevich ed., The Young Hegelians (Cambridge: Cambridge University Press, 1983), p.157.

[②] Feuerbach, Grundsätze der Philosopie der Zukunft, in Gesammelte Werke, vol.9, §52, p.334/Principles of the Philosophy of the Future, p.67.

于写书，而在于成人。"①

与上面最后一点一致，并考虑到费尔巴哈所论述的哲学的主旨，他说："哲学就是关于什么是存在的知识。事物和本质应当仅仅按照其所是来思考和理解，这是最高的法，也是哲学的最高任务。"② 这种说法看起来是一种非常传统的黑格尔学说的回响，即"哲学的任务就是去理解什么是存在"③。而在费尔巴哈看来，存在事实上只是物质世界中的物质性存在者。在费尔巴哈看来，存在能够直接被看见，并在表面上被感觉所证明。相反，黑格尔则用了大量晦涩难懂的篇幅来解释什么是存在。费尔巴哈很清楚这一对比，他对那些不了解哲学的人强调，他做哲学的路径是看似非常表面，然而，"把真实的东西说成它所是的那样，是真实地宣说了真实的东西，看起来却好像是庸浅的；把存在的东西说成它所不是的那样，是不真实的、歪曲地宣说了真实的东西，看起来却好像是深刻的"④。当

---

① Fragmente zur Charakteristik meines philosophischen curriculum vitae (1846), Gesammelte Werke, vol. 10, p. 180/"Characteristics Concerning My Philosophical Development," translated by Zawar Hanfi, in The Fiery Brook, p. 295.
② Feuerbach, "Vorläufige Thesen zur Reformation der Philosophie," p. 251/"Provisional Theses for the Reformation of Philosophy," p. 162.
③ G. W. F. Hegel, Philosophy of Right, p. 21.
④ Feuerbach, "Vorläufige Thesen zur Reformation der Philosophie," p. 251/"Provisional Theses for the Reformation of Philosophy," p. 162.

然，费尔巴哈的上述宣称意在表明，他的哲学才是真正深刻的哲学。关键之处在于，他认为，对什么是存在的恰当把握包含着超出理智能力的其他东西，即人们必须成为如下的特定之人，也就是"一种真正的、完整的存在者"①。

我并不否认费尔巴哈那里有一种"哲学"。他那些著作的标题，如《关于哲学改造的临时纲要》和《未来哲学的原则》都表明他那里是有哲学的。不过，他的哲学风格与通常意义的风格非常不同。费尔巴哈在这些著作中说："真实性、简要性和确定性是真正的哲学在形式上的标志。"②洛克和休谟或许会宣称，他们的哲学是真正的哲学，甚至是具有确定性的，可是，洛克的《人类理解论》和休谟的《人性论》的读者恐怕都不会在直接性和非抽象性意义上认为他们的哲学是"简要的"。而在哲学风格上，费尔巴哈的《纲要》和《原则》与洛克的《人类理解论》，休谟的《人性论》，以及黑格尔的《逻辑学》和《精神现象学》都有所不同。

因此，《纲要》和《原则》并不是某些捍卫某种哲学立场，反驳另一种哲学立场的糟糕尝试。相反，在这些文本中，费尔巴哈的哲学目的是对其读者进行某种改造，就

---

① Feuerbach, Grundsätze der Philosopie der Zukunft, in Gesammelte Werke, vol. 9, § 50, p. 333/Principles of the Philosophy of the Future, p. 66.
② Feuerbach, "Vorläufige Thesen zur Reformation der Philosophie," p. 251/ "Provisional Theses for the Reformation of Philosophy," p. 162.

像他对待基督教那样。就像对他的基督教读者那样，费尔巴哈认为他能够转变其哲学读者，因为他们已经在实践上接受了他的主张。他认为他们已经全部得到了改造。

再来看外部世界的实存这个问题。费尔巴哈认为，作为严格意义上的物质性存在者，如果我们在自己的日常生活中与世界有着事实上的关联，那么，我们就可以很容易承认自己是这样一种存在者。而如果我们如此承认的话，我们也会"承认，看同样是思考，同样，感官也是哲学的器官"[1]。通过感官也是哲学的器官这一主张，费尔巴哈意味着以下几点：最直接的是，他将感官视为自然科学的工具，通过这一工具，我们可以得到物质世界的真理。不过，费尔巴哈的这一主张并不止于此。特别是，他意味着依据感觉的判断是可靠的。如果事实真是如此的话，外部世界就是实存的。

这一步骤并不被看作是推论性的，主体将其感官的可靠性作为一个前提，以此指出他的感觉似乎表明了一个实存的物质世界，并在此基础上推出结论，这样一个物质世界是实存的。相反，如果行为主体承认他事实上所过的生活的本质，也就是说，如果他的感觉表明，在他的生活

---

[1] Ludwig Feuerbach, "Einige Bemerkungen über den Anfang der Philosophie von Dr. J. F. Reiff" (1841), in Feuerbach, *Gesammelte Werke*, vol. 9, p. 145/"*On The Beginning of Philosophy*," in Feuerbach, The Fiery Brook, p. 137.

中，他不断地与物质世界打交道，并越来越多地驾驭这一物质世界的话，那么，哲学上的怀疑论也就不会产生了。人们只需要承认他们是物质世界中的物质性存在者。就像对奇迹是否发生过的怀疑一样，对外部世界是否实存的怀疑不会在概念上带来更大的不融贯。

实际上，费尔巴哈并没有考虑外部世界的实存问题。或者，至少作为一个抽象的，从而需要以抽象的理论加以阐明的问题，费尔巴哈并没有将其考虑在内。费尔巴哈所反对的是，将那些游离于实践参与之外的抽象理论视为通达那些最重要的事物之真理的路径，比如说存在的本质。

费尔巴哈的确认为存在深刻的真理，人们也可以正确地将一些哲学观点，比如形而上学的唯物主义归之于他。但我认为，在理论上，与他的成为一个"唯物主义者"的观点相比，人们如何与世界相联系更具可接受性。在布克哈特的论述中，真正的问题在于人们"与感性事物的关系"。如果人们恰当地与感性有所关联的话，他们就会在实践上成为一个唯物主义者，并承认——也就是去接受——他们自己的实践的唯物主义将会去"解决"哲学问题。

在费尔巴哈看来，现代哲学家都认为，抽象的思想是通达真理的途径，就像现代的基督教徒所说的基督教教义是通达真理的途径一样。费尔巴哈则认为，实际上，不论是哲学家，还是基督教徒，都没有真正如其所公开宣称的那样与这个世界建立起联系。在实践层面,也就是日常的、实践的生活中,费尔巴哈认为,行为主体既没有将宗教教义也没有将抽象的哲学原理作为指导性原则。相反,他们所依赖的是感觉,而这种依赖性则体现出他们所坚持的实践的唯物主义(就像他们的实践的无神论所体现的那样)。这里所说的感官是哲学的器官,"看同样是思考",并不是由于行为主体将感官的判断作为一种理论命题的证据,而是由于,如果行为主体要去将他们在物质世界中的生活实践视为他们真正的、本质性的生活的话,那么,哲学问题,比如存在的本质问题,就会被感觉所带来的证据清晰、完整地回答,并以此舍弃进一步的反思。在实践中,这些问题会被预先排除在外。对这种哲学性抽象(philosophical abstraction)的战斗将会永久停息。

四、证成:马克思

《基督教的本质》出版于1841年,甫一出版便产生了广泛影响。按照恩格斯的说法,"(其出版)导致了普遍的热情,我们都马上转变为费尔巴哈主义者了"[①]。马克思就是这些热切的人们当中的一员。1844年8月,他甚至给费尔巴哈去信一封,他在信中说道:"我对您感到的,是极

[①] Friedrich Engels, Ludwig Feuerbach and the Outcome of Classical German Philosophy (New York: International Publishers, 1978), p.18.

大的爱和尊敬，如果可以用这些词的话。"马克思在这封信里还说，费尔巴哈"为社会主义提供了哲学基础"①。因此，从马克思在 1844 年的著作中找到费尔巴哈式命题，我一点也不感到奇怪。

我们来回顾一下马克思在 1844 年对人的观念和人类繁荣的观点。我将根据下面几个命题来讨论这些观点。

命题（1），人类的良善生活包含对物质世界的改造这一特定活动的参与。这一改造有两个目的：首先，这一改造体现出人的个体性；其次，在一个不断提升的物质水准上维续自己和其他人的生存。这就是马克思所说的"人类的活动"②。

命题（2），这种活动的恰当结构包括一种生产者和消费者之间的特殊关系。

对于命题（1）和命题（2）的证成，马克思用一个单独的命题来讨论：

命题（3），对命题（1）和命题（2）的恰当证成是通

---

① Karl Marx, "Brief an Ludwig Feuerbach in Bruckberg, Paris, 11. August 1844," in Marx/Engels Gesamtausgabe (MEGA), vol. III, pt. 1, Berlin 1975, p.63/"Letter to Ludwig Feuerbach, August 11, 1844," MECW, vol. 3, p.354.
② Marx, Ökonomisch-philosophische Manuskripte, MEW, Ergänzungsband I, p.542/Economic and Philosophic Manuscripts of 1844, MECW, vol.3, p. 302.

过行为主体在共产主义社会中的生活实践作出的。在共产主义社会的日常生活实践中，人们会很容易"看到"命题（1）和命题（2）的真实性。

我想要指出的是，马克思还有另外一个命题：

命题（4），在资本主义社会中，行为主体的生活实践为对命题（1）和命题（2）的确信提供的理由是不充分的[①]。

总体来看，这些命题并不是不一致的。这些命题都可以为真。然而，命题（4）提出这样一个问题，当生活在一个资本主义社会中时，对命题（1）和命题（2）的确信是否合乎理性。我将论证，在资本主义社会中，马克思所倾向的对命题（1）和命题（2）的论证模式是无效的。如果命题（4）为真，行为主体当下在资本主义社会中的生活实践就无法作为一种替代。此外，它还证明，马克思拒绝哲学论证这种明显可供选择的证成模式。因此，根据马克思自己设定的标准，至少在资本主义社会中，人们为什么应当相信他关于人的良善生活的基本主张，也就是命题（1）和命题（2），是不甚清楚的。

命题（1）认为存在一种构成人类良善生活之核心的

[①] 关于命题（4）的一些文本依据，见 *Ökonomisch-philosophische Manuskripte*, *MEW*, Ergänzungsband I, pp. 544 – 545/*Economic and Philosophic Manuscripts of 1844*, *MECW*, vol.3, p.304。

特殊活动，如我们所看到的，这种活动与通常为这一角色而挑选出来的活动不同。它不是哲学沉思的生活，也不是宗教奉献和政治活动。马克思在1844年的思想是，人在本质上是一种要去和物质世界打交道的造物。这个观点我在第二讲中已经讲过。1844年的马克思非常重视人的能力的合作性运用，通过这一运用，这些能力化为一种物质性形式，也就是说，通过这一运用，这些能力在物质世界中得以客观化。

命题（1）将1844年的马克思和费尔巴哈的唯物主义联系起来。费尔巴哈要求我们承认我们在物质世界中作为物质性存在者的本质，包括承认我们是对物质世界有着不断增长的控制力的存在者。1844年的马克思扩展了这一观点。他要求我们去承认我们作为这样一种存在者的如下本质，即通过对世界持续不断的改造以使其适应我们的需求，我们能够不断控制这一世界。马克思将强调的重点放在一种非常特殊的方式之上，以这种方式，我们成为物质世界中的物质性存在者。

现在，我们来看命题（2）。这一命题是说人类的良善生活不仅需要人们参与一种特殊形式的活动，而且，在对这种活动的参与过程中，人们与其他人类成员必须呈现出一种非常特殊的关系。根据1844年的马克思的观点，这种对于良善生活来说的核心活动即是以生产物质产品为目标的对物质世界的改造。人类的大多数成员都一直在从事这一活动，不过，马克思并不认为人类的大多数成员都总是在为人类提供良善的生活。

这一点很值得强调。有一种观点认为，在马克思看来，资本主义已经为共产主义社会的可能性做了大部分工作。它极大提高了人类的生产力，并将人类聚拢在一起，正因如此，我们才彼此深刻依赖着。只是，资本主义在对人类生产的产品进行分配这一方面是失败的。不过，马克思走得更远。他相信，在形成正确的关系这一方面，资本主义也是失败的。马克思在1844年对异化劳动的讨论集中于四种类型的失败关系：对物质世界的关系，对作为整体的类的关系，对劳动这种活动的关系，以及对我们在劳动中所涉及的与其他人的关系。

前两种关系，也就对物质世界的关系和对作为整体的类的关系直接继承自费尔巴哈。其他两个关系，即对劳动这种活动的关系和在劳动这种活动中涉及的与其他人的关系，则是马克思在其1844年的著作中提出的原创性观点。在上一场讲座中，我曾主张应该对1844年的马克思的观点做出一些修订。我认为，我们应该少去关注劳动过程中对物质世界的改造，而应该更多关注这一理念，即人类参与着许多不同种类的活动，在这些活动中，我们为彼此而劳动。我之所以主张要在关注马克思在1844年的某些观点的同时去掉另外一些观点，则是由于他的这一思想：在一个合宜的社会中，人类会至少部分地为彼此做这些事情。这就是说,他们将为其他人做这些事情,至少是部分出于相互获利这一目的,同时,他们会对彼此的意愿表示赞赏。这样一种关系会被视为良善生活的实质性组成部分。而问题就在于如何去对这一规范性观点加以严格证成。

马克思所思考的关系——这里既指真实的 1844 年的马克思,也指我所构想的被限定的马克思——具有主观和客观两个层面。我们先来看客观层面。

根据马克思的理解,恰当的人类关系的客观层面在于,行为主体共同提供产品和服务,在这一活动中,他们是为彼此而提供的。在最直接的意义上,也就是说,他们并不仅仅为自己的需求而提供这些产品和服务。行为主体 A 应当(与他人一起)提供某些主体 B 需要的东西,而 B 应当(同他人一起)提供某些 C 需要的东西,如此等等。要注意到,资本主义是满足这一要求的,即我们通过共同的活动来提供某些东西,而我们所提供的东西则是被别人所需要的。甚至在洛克所说的 17 世纪的商业社会和亚当·斯密所说的 18 世纪的工业社会中这一特征就已经存在了。

因此,资本主义确实能满足良善社会的一个核心要求,也就是这个客观要求。资本主义不能满足的要求则是我所说的一个良善社会的主观要求。我之所以称其为主观要求,是因为它们所关涉的是行为主体的信念和目的。在马克思看来，存在问题的是那些商品的提供者和消费者之间的恰当关系。这一恰当关系包括拥有一定信念的提供者和消费者，提供者在生产中具有某些特定目的，而消费者则对提供者的目的有着某些特定信念；同时，对于消费者的这些信念，提供者也相应有着某些特定信念，包括对消费者所拥有的对他们的商品提供者的目的的信念。

我想就某个细节来阐明这个问题。不过，我们须谨记，我们所讨论的活动在内容上是非常宽泛的。我们所关注的是人们参与这种活动的目的。对我们的目的来说，这些主观要求为：

（1）那些提供商品、服务，以及其他事物的人们将提供会为他人所用，以增进其（消费者）自身目的的东西视为自己的核心目标。商品提供者的行为意图就是为他人提供产品。那些提供商品、服务和其他事物的人都是为他人来进行这些活动的。

（2）消费者相信（1）是存在的。

（3）对于提供者拥有的使他们（消费者）获利的意图，消费者会加以赞赏。

（4）那些提供商品、服务和其他事物的人们相信（2）和（3）都是存在的。

我在这里所阐述的不过是我在前面的讲座中已经讨论过的一个充满关切和赞赏的社会。

我刚才阐述的这些要求实际上就是这样一种观点，这些行为主体去实现其本质的条件即是他（正确地）相信，其他人都认可并赞赏其实现他们的目的，也就是使他们获利的意图。因此，只有当 B、C 等行为主体拥有对行为主体 A 的特定信念，以及只有当行为主体 A 相信他们拥有这些信念时，行为主体 A 才能实现他的本质。

我之所以将这种对关切和赞赏的要求归诸马克思，是因为，如若不然，资本主义社会中的行为主体，包括工厂里的普通工人将有实现其本质的可能性，而马克思则是反对这一观点的。资本主义满足行为主体去实现其本质的客观要求，或许，这一行为主体也能使自己拥有某些意图，这些意图乃是他实现自己的本质的条件。然而，他无法做到的是控制其他行为主体的信念（包括他们对他的意图的信念）。如马克思所认为的那样，如果在资本主义社会中无法形成正确信念的话，这些行为主体就无法在资本主义社会中实现他们的本质。

这一点非常重要。对于其他人，也就是我所说的"消费者"来说，仅仅相信某个行为主体参与了提供服务，以使他们在事实上获利的行为是不够的。资本主义可以满足这一条件。在资本主义体系中，大多数人的确是使他人获利的，我们也可以假定，我们中的大多数人也都知道这一事实。但除此之外，马克思坚持认为，消费者必须相信，人们活动的一个核心意图就是去为他人生产能为他们所用的东西。马克思的观点在于，在一个资本主义社会中，相信其他人在事实上确实具有这一意图是不理性的。原因在于，在资本主义社会中，对于大多数人的劳动生活来说，他们并不具有这一至关重要的意图。在一个资本主义社会中，大多数人为他人提供商品和服务的意图只不过是获取工资或利润。

马克思认为，真正的共产主义社会与其完全不同。在这种社会中，行为主体实现其本质的客观要求和主观要求都能够被满足。此外，如马克思在1844年所认为的，在这一情形中，行为主体会通过提供商品和服务（连同特定的信念及意图），并通过对这些商品和服务的（带有特定信念的）消费来彼此"成全"和"肯定"。行为主体就是这样来帮助彼此来实现其本质的。

因此，在青年马克思看来，良善生活就在于在某种同他人的特定关系中［这是命题（2）］对某种特定活动的参与［这是命题（1）］。显然，这种观点必须加以证成。那么，马克思对此会提供何种证成呢？

马克思本人认为，恰当的证成会在生活于一个共产主义社会中的人们的生活实践中产生。这一点，马克思深受费尔巴哈的影响。费尔巴哈认为，我们的感觉会随着时代的不同而对世界产生不同的理解[①]。马克思赞同这一点。他

[①] Feuerbach, *Das Wesen des Christentums*, pp. 317 - 320/*The Essence of Christianity*, pp. 204 - 206. See also Feuerbach, *Grundsätze der*（转下页）

写道:"拜物教徒的感性意识不同于希腊人的感性意识,因为他的感性存在还是不同于希腊人的感性存在。"① 费尔巴哈还说,感官能够成为哲学的器官②。马克思对此也是赞同的。他写道,在一个共产主义社会中,"感觉通过自己的实践直接变成了理论家"③。在这样一个社会中,"人的本质通过可被感知的实践变得明显"。④ 如同费尔巴哈,马克思认为,对人的本质,以及人类的良善生活的内容的恰当证成是在实践中产生的,也就是通过一种特定的生活来对此加以证成的。马克思写道:"理论难题的解决是实践的任务并以实践为中介。"⑤ 在共产主义社会中,人们在

(接上页)*Philosopie der Zukunft*, in *Gesammelte Werke*, vol. 9, § 15, p. 286/*Principles of the Philosophy of the Future*, p. 23.

① Marx, *Ökonomisch-philosophische Manuskripte*, MEW, Ergänzungsband I, pp. 552/*Economic and Philosophic Manuscripts of 1844*, MECW, vol. 3, p. 312.

② Ludwig Feuerbach, "Einige Bemerkungen über den *Anfang der Philosophie von Dr. J. F. Reiff*," p. 145/"On *the Beginning of Philosophy*," p. 137.

③ Marx, *Ökonomisch-philosophische Manuskripte*, MEW, Ergänzungsband I, p. 540/*Economic and Philosophic Manuscripts of 1844*, MECW, vol. 3, p. 300.

④ Marx, *Ökonomisch-philosophische Manuskripte*, MEW, Ergänzungsband I, p. 546/*Economic and Philosophic Manuscripts of 1844*, MECW, vol. 3, p. 305.

⑤ Marx, *Ökonomisch-philosophische Manuskripte*, MEW, Ergänzungsband I, p. 552/*Economic and Philosophic Manuscripts of 1844*, MECW, vol. 3, p. 312.

事实上被改造了，而在这样一种不同的生活中，命题（1）和命题（2）的真理性的理由即为"能被感官所察觉"，这种自证性，正如费尔巴哈所认为的上帝的不存在是自证性的一样。马克思将此视为对命题（1）和命题（2）的恰当证成。此外，我们还要记住，这一方法论命题即为命题（3）。

马克思所希望的对命题（1）和命题（2）的证成源自其共产主义立场。不过，如果马克思能够在一个现代资本主义社会中证成其观点，这当然也会是好事。马克思所希望的证成是通过行为主体的生活实践而得以完成的，因此，一种明智的证成之举，即便在资本主义社会中，似乎也会诉诸我们此时此地的生活实践，诉诸资本主义社会中的行为主体的生活实践。

不幸的是，在马克思看来，如果在资本主义社会中对此加以证成的话，那么，其证据会与他的观点产生矛盾。对资本主义社会中的大多数人的生活实践来说，为他人提供商品、服务等事物的工作对于良善生活来说并不是至关重要的。马克思本人强调，在资本主义社会中，劳动者将工作视为一种令人厌烦的事务，一种他们要去躲避，或像他所说的"像躲避灾祸一样"[①] 的东西。对大多数人来说，

---

① Marx, *Ökonomisch-philosophische Manuskripte*, MEW, Ergänzungsband I, p. 514/*Economic and Philosophic Manuscripts of 1844*, MECW, vol. 3, p. 274.

在他们工作的日子结束之后,良善生活才刚刚开始。

费尔巴哈认为,人类有一个非常显见的事实,即我们是物质世界中的具体存在者。这不仅仅是一个清楚的事实,也揭示了我们本性中的实质性要素。马克思同样认为,我们为彼此提供所有有价值的东西这一显见的事实揭示了我们的本性中的实质性要素。费尔巴哈认为,我们可以很容易过渡到第二点,也就是规范性观点。我们此时此地都可以向它转变,能够在当下就"在眼前看到拨开乌云的真理之光"[①]。马克思也会有此类诉求吗?他能否去诉求资本主义社会中的一些能够充分接近于共产主义的经验,并将其视为对他的良善生活观念的充分证成?或者,至少能够作为其良善生活的有效证据?在我看来,答案恐怕是否定的。而对这一否定的原因加以探究非常重要。

马克思主义者普遍认为:在这个问题上,马克思的看法是,没有任何一种意识的转变会先行于社会的转变。因此,资本主义社会中的生活这一当下的条件会给这种费尔巴哈式转变造成阻碍。只有在不同条件下,也就是在共产主义社会的生活中,人们才能理解良善生活的确是如同马克思所主张的那样。这一标准性观点能通过某种方式成为正确的观点,然而,使其成为正确观点的并不是"存在决

[①] Feuerbach, *Das Wesen des Christentums*, p.415/*The Essence of Christianity*, p.275.

定意识"。如果说，它所表达的是一种形而上学的观点，即共产主义社会中将会有效的概念在资本主义社会中就不再有效的话，那么，这种观点就是错误的。没有哪一种马克思式观点不能为资本主义社会中的行为主体所持有。即便在资本主义社会中，良善生活的一个重要方面在于使他人获利的互惠性过程这样一种观点也能得到很好的理解。马克思认为，这一观点并非不能被人们所理解。而是说，在资本主义社会中，人们很难看到这种观点的真实性。因为在资本主义那里，这一观点看起来似乎是虚假的。

我们必须谨记，是什么使得马克思的观点与众不同。使他的观点与众不同的是共产主义社会中的提供者/消费者这一关系中的结构性友谊之理念。这一理念使得马克思的观点不同于一种诚实的劳工所举办的庆典。然而，对于生活在资本主义社会中的任何人来说，他们的任何经验都不能作为上述结构性友谊的可能性和可欲性证据。因为在资本主义那里，不存在任何与这一结构性友谊相类似的关系。

因此，在资本主义社会中，对所有人来说，相信通过作为商品、服务和其他事物的提供者，他就能与其他行为主体（对他所提供的事物的潜在消费者）处于一种不可或缺的结构性友谊关系之中是不理性的。此外，对于所有提供者来说，相信他们自己的生活实践经验即是支持马克思的观点的证据，即相信那些提供商品和服务等事物的人和使用它们的人之间的关系是良善生活中的至关重要的关系同样是不理性的。要记住,这一点就是命题(2)的内容。在资本主义社会中,没有任何提供者的生活实践经验能够成为支持这一观点的证据,因为没有人能够理性地将自己视为一种处于结构性友谊关系中的存在者。

从消费者的目的来看,也存在类似问题。在1844年的马克思看来,人的本质的实现部分在于通过提供为他人所用的事物而被他人所"成全",这一点,他在《穆勒评注》[1]中有所阐发。我这样来看待这一思想,消费者需要这些他人为了其(消费者)个人目的而提供的这些事物,以追求其自己的个人计划的实现。假定消费者相信那些提供这些事物的人们想要将这些事物提供给他,而他们的目标也就是使消费者能够实现自己的目的乃是提供这些事物的部分意愿。那么(马克思的思想似乎就是如此),消费者就会认为这些事物的提供者是在审慎地去帮助他们实现其个人目的,如同审慎地帮助他们去完成其个人计划,以及在某种意义上帮助其成就自身一样。

从消费者的角度来看,在这里,必不可少的条件是,人们在使用这些事物时必须带着如下信念,即这些事物的实存既不是偶然产生的,也不是自私在市场中的连锁反应

---

[1] Marx, "Auszüge," *MEW*, Ergänzungsband I, pp. 462, 460 and 451/ "Comments on James Mill," *MECW*, vol. 3, pp. 228, 226 and 217.

所导致的结果，而是其他行为主体的活动结果。这些主体具有这样一种意图，即人们（任何人，不论是谁）可以使用这些事物来实现自己的（某人的）目的。不过，在资本主义社会中，作为消费者相信这些物品的提供者具有这一意图是不理性的，因为在资本主义社会中，人们之所以提供这些物品，不过是为赚取工资或获得利润。因此，在资本主义社会中，人们无法（理性地）相信消费者希望拥有赞赏这种结构性友谊，也就是我所说的消费者的关切/赞赏这一关系。因此，在马克思看来，在资本主义社会中行为主体的生活实践无法对他关于良善生活的观点提供证成。

这里的证成困境源自马克思对费尔巴哈的观点的坚持，即行为主体的生活实践是通达真理之路，尽管在这一方面，他们当下的生活实践也有各种不足之处。

然而，我们现在可以来问：马克思为何如此重视生活实践？难道没有可以证成他关于良善生活之命题的其他路径了吗？毕竟，就传统来看，最明显的证成路径就是哲学论证。哲学家们通常会忽略他们自己所在社会中的生活实践的内容，相反，他们通常以一种与他们自己所在社会中的普遍信念极为不同的方式来对良善生活做出论证。比如，哲学家们通常这样论证：良善生活就在于从事哲学。那么，马克思为什么不能以一种类似的途径来为命题（1）和命题（2）进行辩护呢？

或者，我们来看命题（3）。即便人们并不生活在一个共产主义社会中，难道就不能接受一种通过生活在这样一个非共产主义社会中的行为主体的生活实践而进行的恰当证成吗？以及，关于这些观点的内容，难道人们不能做出某种像马克思自己所假定的那种能够被证成的有说服力的假定吗？这样一来，有了对良善生活之观点的证成标准，以及这些标准将会对什么加以证成的假定，人们就会接受命题（1）和命题（2）。当然，人们需要接受这一标准的理由，不过，在这里，哲学难道不能同样对此有所助益吗？毕竟，哲学家们经常会诉求一些与众不同的立场，以此作为对道德或良善生活之观点的证成标准。当罗德里克·福斯（Roderick Firth）诉求于理想的观察者这一立场时，他所做的就是这一工作。同样，罗尔斯要求我们全都处于无知之幕背后，也是在做这一工作。

马克思拒斥所有哲学的奥援，原因何在？

在马克思对哲学的批驳中，黑格尔是他的明确目标。马克思对黑格尔的不满是非常直接的。他认为黑格尔把人的本质理解错了。在他看来，黑格尔错就错在没有把人在本质上视为物质性存在者，因此之故，黑格尔认为，行为主体在物质世界中的日常活动存在本质性问题，而这一问题不仅仅在于人们处于资本主义生活方式之中。马克思认为，对黑格尔来说，劳动不可避免地就是一种异化①。因此，马克思认为，黑格尔没能为良善生活做出正确的理解。

尽管不同哲学家有着不同的解释，但马克思对哲学理论的厌恶是全方位的。为什么会这样呢？

其理由在于马克思相信在回答特定问题时，任何一种对抽象理论的诉求都必定不过是一种资本主义社会中的生活症状。他认为，这些问题之所以会被作为抽象问题来追问，不过是由于它们的答案在我们的生活中没有那么清晰和明确。这一点，真正的共产主义社会与之形成对照，在共产主义社会中，这些问题的答案会具有直截了当的明晰性。

比如，我们可以来思考我们的身体的、感觉的本质与我们的精神本质之间的关系问题，也就是来思考传统的精神/肉体之间的关系问题。马克思称此问题为："只要人对自然界的感觉，自然界对人的感觉，因而也是人的自然感觉还没有被人本身的劳动创造出来，那么，感觉和精神之间的抽象对立就是必然的。"② 只要行为主体在其物质世界的主要活动和这种活动的生产方面都是被异化的，也就是

---

① Marx, *Ökonomisch-philosophische Manuskripte*, MEW, Ergänzungsband I, p.572/*Economic and Philosophic Manuscripts of 1844*, MECW, vol.3, p.331.

② Marx, *Ökonomisch-philosophische Manuskripte*, MEW, Ergänzungsband I, p.552/*Economic and Philosophic Manuscripts of 1844*, MECW, vol.3, p.312.

说，只要我们不是生活在真正的共产主义社会中，那么，我们就不会对这一感觉/精神问题具有足够的"感觉"。这样一来，对于这一关系，提出一种高度抽象的问题就很自然了。与此相反，在共产主义社会中，行为主体会承认，在对物质世界的改造过程中，我们的生活就包含着一种感觉和精神的相互交错，而对我们的共产主义意识来说，这一关于我们的生活的显见事实会具有一种确定的力量。看起来，这似乎是对感觉/精神之关系问题，也就是对心灵和肉体之关系问题的一个充分的解答。它会直接切中并解决哲学之痒（philosophical itch）。因此，"感觉和精神的对立"似乎将会不复存在，行为主体也不再需要去思考感觉/精神之关系这一抽象问题。心灵/肉体的关系问题也会随之消失。

因此，马克思认为，哲学问题是作为抽象问题而被追问的，其原因仅仅是因为我们当下的生活是有问题的。费尔巴哈诉诸"知道自己是真正（而非虚构的）摆脱了一切矛盾和对立的绝对同一的人"[1]。与此类似，马克思肯定共产主义乃是"人和自然之间，人和人之间的矛盾的真正解决"[2]，马克思也主张在共产主义社会中，"主观性和客观

---

[1] Feuerbach, "Vorläufige Thesen zur Reformation der Philosophie," pp. 259–260/"Provisional Theses for the Reformation of Philosophy," p. 168.

[2] Marx, *Ökonomisch-philosophische Manuskripte*, MEW, Ergänzungsband I, p. 536/*Economic and Philosophic Manuscripts of 1844*, MECW, vol. 3, p. 296.

性、精神和物质、主动性和被动性都会失去其对立的特征，以及它们这种作为对立性的实存"①。因此，通过抽象的理论来解决这些对立就没有必要了。

费尔巴哈区分了"人的需要"和"哲学的需要"②。前者所指向的是那些必须真正做出回答的问题。这些问题具有真正的人的意义上的重要性。而那些仅仅表达出一种哲学的需要的问题则只有在学术论辩的框架内才会产生。费尔巴哈认为，对于那些标准的哲学问题，只有很少，或许根本就没有这样的问题能够真正体现出人的需要。马克思则认为，哲学问题似乎体现了人类的某种需要，不过，这仅仅是由于我们生活中的那些被扭曲的条件。如果我们改变这些条件的话，这些问题也就再也不会被问起了。因此，与费尔巴哈类似，马克思反对向这些问题靠拢，也就是退到哲学研究的领域，而不先行反思这一本身就成问题的哲学立场。

在真正的共产主义社会中，一般的哲学问题都不会是无法理解的。我并不认为马克思相信（他不需要，也不应该相信），人们不能对类似心灵/肉体之关系问题进行思

---

① Marx, *Ökonomisch-philosophische Manuskripte*, *MEW*, Ergänzungsband I, p. 542/*Economic and Philosophic Manuscripts of 1844*, *MECW*, vol. 3, p. 302.

② Feuerbach, "Notwendigkeit einer Reform der Philosophie," p. 215/"The Necessity of a Reform of Philosophy," p. 145.

考。相反，人们只是不去做此类思考。在真正的共产主义社会中，人们在为他人提供不同物品的日常活动过程中，人们对感觉和精神（肉体活动和精神活动）的相互交错性的感知似乎就足以作为一种解决路径了。

当然，我们现在所讨论的是 1844 的马克思那里的真正的共产主义社会。而在此时此地，马克思所倾向的证成方式是无效的。

五、结论

我已经论证过，我们不但可以从罗尔斯的无知之幕这一设置中，也可以从马克思的公民对彼此幸福相互关切的社会理念中得出某种类似罗尔斯的两个正义原则的东西。在这两种情况下，我们都必须依赖某种特定的人的观念。同样，在这两种情况下，我们都必须关注一种特定的政治态度。一方面，我们拥有罗尔斯的人的观念和尊重这一政治态度；而在另一方面，我们则拥有马克思的人的观念和关切，从广义上说，关切和赞赏这两种相互关联的态度。

我们同样看到，对罗尔斯和马克思来说，虽然他们都有对他们所依赖的人的观念的证成问题，不过，至少在资本主义社会中，马克思的问题要麻烦得多。作为证成的最终基础，罗尔斯可以诉诸反思平衡这一方法。而在资本主义社会中，1844 年的马克思似乎没有任何可以去诉诸的东西。尽管马克思在资本主义社会中缺乏可以诉诸的证成基础是一个事实,但这并不意味着他的观点是错的,这一点非常值得强调。这只是意味着,在马克思自己的术语系统里,人们是否能够在此时此地,也就是在真正的共产主义社会来临之前具有足够的理由来接受他的观点,是不甚清楚的。不过,这也可能仅仅意味着,人们必须超越1844年的马克思所钟情的方法论,从而为他的观点做出实质性辩护,这一点,同样值得强调。

我的论证引导我们去思考关于对人的观念的依赖性的两个进一步的问题,而我将提出某些对将来的研究来说较为重要的问题来结束我的讲座。不过,在提出这些问题之前,我想先就可行性问题来简单地做一讨论。我的讲座是以下述劝诫性思想开始的,即作为哲学家,我们必须建构一些政治理念,而我们必须作为现实主义者来建构这些理念。我们一定不能失去人的局限性这一思考视野。那么,罗尔斯或马克思看到了一种真实的人的可能性吗?他们的人的观念对于人(即你和我,以及我们的子孙后代)的真实所是,或至少对于人能真实所成的方式来说是充分的吗?

关于这一点,能够讨论很多。首先,从被限定的马克思的观点来看,在符合真正的人的可能性这个意义上,公民在一个良序社会中能够去充分关切其他人的幸福这种观点有说服力吗?通过我在第三讲中所举的坠毁的飞机和我们对一些人的生还这一事实的回应这个例子可以看到,对他人的关切在我们的本性中是可能的。的确,我认为人有时能够出于对其他人类成员的幸福的关切而行事,这是很清楚的。我们不但能够在某些时候这么做,而且,在更多时候我们也会这么做。美国总统亚伯拉罕·林肯号召我们以"我们善良的天性"[1] 行事。真正的问题是,出于关切而行事在多大程度上(也就是何种范围、何种频率上)是我们本性中的真实可能性。

罗尔斯的观点存在同样的问题。他的观点同样是非常理想的。就他的观点来说,我们可以问的是,我们能否经常性地、确切地出于一种正义感而行动?作为公平的正义的良序社会是一种真实的可能性吗?

在这里,我想暂时回到马克思的担忧,这一担忧即为,生活在资本主义社会中的人们无法感知到人的可能性。马克思会这样认为,在一个资本主义社会中,在最基本的意义上人们不会,也不能以一种充分宽泛和确切的方式来关心他人的幸福。市场所施加的压力和刺激使得人们关注的是自己的需求,而不是其他人的需求。结果,人们开始认为,人在深层次上是自私的,而这种自私是理所当然的。因此,人们对他人广泛关切的可能性开始变得可疑。

---

[1] Abraham Lincoln, *"First Inaugural Address,"* March 4, 1861.

罗尔斯可能得出类似观点。既然市场的压力和刺激使人们的行为变得自私,并使关注点变得狭隘和以自我为中心,这些压力也破坏了人们理解作为公平的正义的要求,以及依照其原则而行事的能力。因此,在这里,人们可能同样会认为,人类深层次的自私是理所当然的,因此,人们会对对他人的广泛尊重能够成为一种基本动机的可能性产生怀疑。

因此,可行性的其中一个问题具有下述结构。资本主义社会中的公民对人能够充分地被尊重和关切这些动机所驱动是有所怀疑的。不过,这一怀疑本身不能被完全相信,因为它可能不过是资本主义制度下生活的自然结果。当然,我们虽不应完全相信上述怀疑,但这并不意味着我们应当完全相信人能够在一种宽泛而普遍的意义上具有尊重和关切的动机,而只是意味着这个问题仍然是个开放的问题。这一点,应当加以强调。

幸运的是,在罗尔斯和马克思的理想中,尊重和关切的可行性问题具有一些能够加以讨论的积极方面。这两种政治态度和人的观念都是纯粹就量的角度而言的。也就是说,它们都可以一步步地去靠近。因此,下述观点并不是没有说服力的,即,如果我们的政治制度体现为以下结构,这些制度使我们较之当下的情况对作为人的他者更加尊重,并对他人的幸福更加关切的话,那么,这对我们的政治制度来说就是有利的。在这个意义上,马克思和罗尔斯所描绘的图景能够具有一种非常弱的可行性。

我们来进一步深入这个问题。在对可行性问题的思考中，可以思考以下两种方式，以这两种方式作为一种社会现象，尊重或关切这两种政治态度可能都会显现其自身（在这两种方式中，我们可以发现自己是依赖于一个或多个道德人的观念的）。将我们自身限定在对政治态度的讨论中，这两种政治态度会显现其自身：

（1）作为对分配原则的选择基础（即对权利、自由、机会、物质产品等分配原则的选择）。

也可能这样显现自身：

（2）作为我们服从那些具体体现着被选择的分配原则的（不论这些原则是何种原则）制度规则的基础。

看起来，似乎不论对平等关切的强调还是对平等尊重的强调都能为对分配原则的选择提供基础。人们可能会问：对于那些有着对所有公民的幸福的平等关切或对所有作为自由而平等的理性存在者的平等尊重之动机的行为主体来说，哪些分配原则将会被选择？我已经论证过，这两种行为主体都会选择类似的分配原则。因此，这里的可行性问题不过是说，将一种政治态度或道德人的观念视为分配原则的选择基础是没有任何问题的。

对（2）来说，当人们说关切或尊重乃是遵从一套制度规则的基础时，并不意味着他们在任何时候都对拥有关切（或尊重）有所意识。看起来，可能的情况是，一种发展对他人的关切（或尊重）的道德教育将会产生遵从相关分配原则及其制度性体现的习惯。如果人们被问起，他们或许会诉求关切（或尊重）来解释人们对分配原则的遵从，就像这些原则体现在某些具体规则中一样。然而，一般来说，遵从是人们生活中的一个特征。在当下的社会中，当人们服从法律时，他们很少会想到违反法律就要遭受惩罚的可能性，但规避惩罚仍会是人们的动机之一。同样，关切和尊重这两种态度也是一样，在一种恰当的道德教育中，上述任何一种态度都能成为我们的习惯性动机结构。

至此，我仅仅对制度有所讨论。实际上，我认为，政治态度，不论是关切还是尊重，都会在很大程度上被对确保平等的自由，所有公民的足够收入和机会，以及肯定、修正并追求其善观念的制度的创造和维续来体现。我们在许多制度结构中进行着我们的日常生活。当我们维续其制度，并遵从其法则时，这些结构就体现着我们的基本态度，而这些态度也是我们生活的一部分。这些共同制度的内容和我们在这些制度中的生活方式构成我们作为公民同伴的共同生活的重要部分。

另外，对他人的关切和尊重这些态度同样能在外在于制度的语境下展现其自身①。而在这一语境下，对可行性可

---

① G. A. Cohen 在一些著作中曾论证道，对平等原则的承诺不应超出对制度规则的服从。见 G. A. Cohen, "Where the Action is: On the Site（转下页）

能会有更多的怀疑。或许，对他人的关切这一政治态度尤其可能会招致更多怀疑。在这一点上，修昔底德这样的作家或许就会告诉我们他对人性更多是抱有怀疑，而不是希望。尽管我诉诸马克思的思想，也就是说，这种怀疑论或许本身就是资本主义社会具有的症状。然而，我们还是必须牢牢记住修昔底德的告诫，毕竟，他并不是在一个资本主义社会中进行写作的。尽管如此，还是让我来指出一些更具希望的东西吧。

首先，如我所言，对他人的关切不需要经常性的情感。我来再次阐述它与信任这一情感的相似性（见第三讲，第五节）。如果一个人相信另一个人，那么他在生活中与这个人的关系就和没有这种信任时完全不同了，但信任这个人并不需要当下的情感（current feelings）。信任这一态度是真实而重要的，不过，并没有任何特殊的情感与之相关联。在对其公民同伴的一般性信任中，或对基本政治制度的信任中，情况也是如此。以一种相似的方式，对他人的关切和他人对自己亦有所关切的信念能使人们的生活变得不同，即便缺乏经常性、当下性情感，照样可以产生很强的动机。

（接上页）of Distributive Justice", *Philosophy and Public Affairs*, vol. 26, no. 1, pp. 3 - 30. See also G. A. Cohen, *Rescuing Justice and Equality* (Cambridge, MA: Harvard University Press, 2008)。

其次，如我在讲座三中（见第五节）提到的，哲学传统明确支持这一理念。因此，有了对这种情感的恰当教育，我们至少能将他人的幸福部分视为我们自己的善的组成部分。因此，我们就有了提升他人幸福的动机，也就是说，要在他人那里找到我们自己的满足。在这一点上，马克思的观点实际上是非常传统的。它完全回到了亚里士多德在《政治学》中对公民友谊的评论[①]。当然，亚里士多德所讨论的是古希腊城邦这种小型社会，而不是大型民族国家。如我刚才谈到的，在现代社会中，多数关切都产生于我们对那些其自身内容就表达着关切的制度的支持和服从。与亚里士多德所追求的日常生活中公民之间的直接关心不同，在这里，这种情况可能并不那么显见，但这并不意味着关切必须完全从我们的日常生活中退场。我认为，通过公民间的直接互动，对于那些其核心联系不过是作为公民同伴，并共同维续一种集体生活的人们来说，关切及与之相伴随的态度——赞赏究竟能够在多大程度上成为一种重要的善，仍然是不甚明了的。

因此，我们假定，每一种人的观念都具有充分可行性，这样一来，对可行性的思考将不会引导我们去选择任何一种观念。那么，我们接下来就可以问，哪种观念似乎更具有可欲性？不幸的是，我猜测，不同的人将以不同的

[①] Aristotle, *Politics*, book 2.

方式来回答这个问题，其根据则是人们是否最能被尊重或关切的态度，以及所有这些态度所维护的社会关联方式所吸引。不严格地来看，每一种观念似乎都具有吸引力，如果根据可欲性（假定每一种观念都具有充分可行性）对它们进行的任何排序都会带来普遍可接受性的话，这似乎又是不可能的。因此，如何就罗尔斯和马克思的观念之间进行选择，尚且不清楚。

这种情况将我们引向两个问题，我把这两个问题提出来作为本讲的结束。对今后的研究来说，这两个问题都是至关重要的，不过，我同样无法给出明确的答案。第一个问题是说，对罗尔斯和马克思的人的观念进行选择，在事实上是必需的吗？难道我们不能认为，我们可以同时处于罗尔斯和马克思所描述的人的观念之中？

一种观点会认为，在两种人的观念都具有吸引力的前提下，我们应该试着将两者都加以保留。对于任何一种观念，我们都给出类似的分配原则，这样一来，在尊重和关切这两种态度之间，将没有明显的不协调之处。

相反的观点则认为，分配原则乃是需要在实践中被加以诠释的极其抽象的规则。在诠释过程中，我们或许会发现，在那些持有不同人的观念的人们中间，也就是在赋予对主体的尊重以极大优先性和赋予对他人幸福的关切以极大优先性的人们之间会有所分歧。在诠释过程中，我们会发现，我们不得不在这两种人的观念之间做出选择。

实际上，在这里有一些使这一问题变得难以解决的其他因素。对于人是什么这个问题，我们在多大程度上能够同时坚持不同的观念？我们当中的每个人都是在不同语境下生存和活动。比如，如果我是康德在其《道德形而上学的奠基》中所描述的店主，我可以出于对顾客的幸福的同情，并同时出于对道德法则的承认，以及出于诚实可以作为最好的策略而诚实地对待他们[1]。我的动机可能是多样性的。现在，假定我将我自己同时视为自由而平等的理性存在者和致力于我的公民同伴的幸福的自由而平等的公民，我能同时以两种方式做出同样的行为（比如遵从一套分配原则）从而在某种意义上同时去实现两种不同的人的观念吗？

真实情况是，我生存在不同语境下（我是人类的一个成员，一个父亲，一个丈夫，一个教师）。然而，我的实际行为通常是随具体语境而定的。当我的女儿在足球场上扭伤了膝盖并因疼痛而摔倒时，一个陌生人可能会仅仅出于人性的动机而跑过来照顾她，而作为父亲，我的动机则是出于父亲的爱和责任。如果说，我也是出于人性而照顾她，那这种说法就会显得极其怪异。所有的事情（我的情

---

[1] Immanuel Kant, *Groundwork of the Metaphysics of Morals* (Cambridge: Cambridge University Press, 1997).

感反应，这种理解对我的女儿意味着什么）在"作为父亲而照顾她"和"作为人类之成员而照顾她"这两种语境中都是极为不同的。

假定我们发现自己被这两种人的观念所吸引。那么，我们的一个接一个的行为会根据我们所具体体现的不同观念而改变吗？这会是萨特所谓的"邪恶的信念"吗？还是说，这只是人类的复杂道德品质的体现？

我们是否（怎样）能够具体体现出多种人的观念这一问题非常有趣，也非常重要。不过，其答案尚不清楚。在把人的观念作为所有政治哲学之基础的前提下，这个问题需要进一步的探究。

第二个问题同样需要深究：所有这些道德人的观念都应该为现代社会的基本分配规则奠定道德基础，这一自信的根据何在？任何作家最终都必须诉诸这一思想，即尽管有对虚假意识之残余的担忧，然而，其读者都必须找到一种可以对其提出恰当要求的足够有吸引力的给定的人的观念，我们的制度也必须奠定在这一观念之上。我在第一讲中援引了霍布斯的观点，如他所说，他认为，他的任务是去"对人进行解读"。霍布斯接着说：

> 但是当我明晰地系统论述了我自己的了解办法后，留下的另一个困难，只须考虑他自己内心是否还是那

么一回事。因为这类理论是不容许有别的验证的。[①]

如果我们把关注重心放在人的观念上的话，那么，下述哲学证成似乎就不可避免了，即通过对我们自身的研究，作为人，我们究竟何以判断我们究竟是怎样的状况？人们何以能够判断我们在道德上的可能性？

我认为，我们仍然可以做进一步讨论。这里所需要的是一种对条件的解释，在这些条件下，我们可以按照我们在自身中发现的人的观念这一基础而行动。

让我们来思考政治哲学家的五种选择。

(1) 人们总是接受在其自身中发现的人的观念。这意味着要接受在给定的时间、地点和文化中人们恰好拥有的任何一种观念。马克思并不是唯一一个认为这种观点过于宽泛的人。确实，从某些方面可以认为，我们的人的观念被社会背景深刻影响着，在这种情况下，这些观念会在某些时候，以某些方式被人们怀疑。它们可能会被虚假观念所浸染。的确，我们无法简单接受一种尚且存在问题的观念。

(2) 人们绝不接受任何一种在其自身中找到的人的观念。这种选择解决的是这样一种担忧，也就是人们的观念可能会被虚假观念所浸染。不过，这一选择似乎也毁掉了

[①] Hobbes, *Leviathan*, introduction, p.11.

对政治哲学进行建构的可能性,因为这意味着我们无法接受任何符合我们在此时此地视我们自身之所是的这样一种存在者的人的观念。同样,对我们来说,这似乎意味着我们无法接受那些给予我们自身一种现实解释的人的观念。然而,建构主义政治哲学需要明确或潜在地包含一种人的观念,确切地说,我们想要使这种观念对于此时此地的我们来说具有现实性。

(3) 如果人们在某些恰当条件下(比如,从某种特殊的立场,比如亚当·斯密的不偏不倚的旁观者立场,卢卡奇的工人阶级立场等)[1] 在自身中发现这种人的观念的话,人们就会接受这种在自身中发现的人的观念。这样一来,哲学的工作就是去确定这些恰当条件(立场)的内容,以及它们之所以恰当的原因。

(4) 如果这种在其自身中发现的人的观念是一种整体的建构性观点的一部分,也就是说,在这一整体中,所有要素都能被考虑到的话,那么,人们接受这一观念就比接受与之相反的其他观念要合理得多。在《道德哲学中的康德式建构主义》一文中,罗尔斯的观点可以作为例证:它

---

[1] Adam Smith, *Theory of Moral Sentiments* (New York: Cambridge University Press, 2002), and see György Lukács, "Reification and the Consciousness of the Proletariat," in Lukács, *History and Class Consciousness*, Rodney Livingstone transl. (Cambridge, MA: MIT Press, 1971), pp. 83 - 222.

包含一种人被（原初状态）这一立场所塑造的人的观念，而通过这一立场，该观念与分配正义原则联系在一起了。人们能够接受这一将所有因素考虑在内的观点，并将其视为最有效的整体性观点。因此，人们能够因为这一人的观念乃是上述观点的一部分而接受它①。

（5）将时间、地点和文化特性添加到我们所接受的这一观点中，这是（4）的一个变体。人们为（4）增添如下因素，即如果①这一观念在其社会世界中被广泛共享，②人们会将这一观念视为自己的社会世界的制度安排的基础，③由于人们当下的这样一种制度安排，似乎没有什么理由来担忧其人的观念会被虚假意识所浸染的话，那么，人们就要接受这样一种在自身中找到的观念。类似内容在《道德理论中的康德式建构主义》中有所初步讨论，其细节性讨论则在罗尔斯后来的《政治自由主义》中被进一步阐发②。

---

① 这里有一些模糊之处，因为人们可以将罗尔斯的观点当作一个整体来接受，而不赋予其中的任何要素以优先性，或者，人们至少可以将其部分观点视为一个整体，因为人们会发现其中的一个或一些要素极其具备可以被独立对待的令人信服的理由。如果这些独立的、令人信服的要素中的一个要素就是人的观念的话，那么，人们就会回到下述需求，即，要解释为什么仅仅因为这一观念（在给定的时间、地点和文化）中似乎是令人信服的。如此，我们就可以对接受这一观念做出证成。
② Rawls, *Political Liberalism*. 罗尔斯在《道德哲学中的康德式建构主义》中开始将问题放在特定的时间和地点进行讨论，比如，他在第 332 页中说："我们的目的是要确定一个最适合良序社会——在此社会里，公民们以某种特定的方式设想他们自己——的正义观念。"

对（1）和（2）的选择都是不可接受的，而对（3）、（4）和（5）的选择则似乎可以被人们认可。我应当表明，这三个选择都依赖于反思平衡。因此，它们都要接受反思平衡最终是一种可接受的证成方式这一观点。因此，人们最终会不得不为这一观点做出论证。一般来说，这些选择中的任何一种都会遇到赞成者和反对者。因此，对于一种能够在罗尔斯和1844年的马克思之间做出裁定的政治哲学来说，上述哪种选择可以作为最佳策略，乃是将来研究的一个基本任务。

谢谢！

附 录

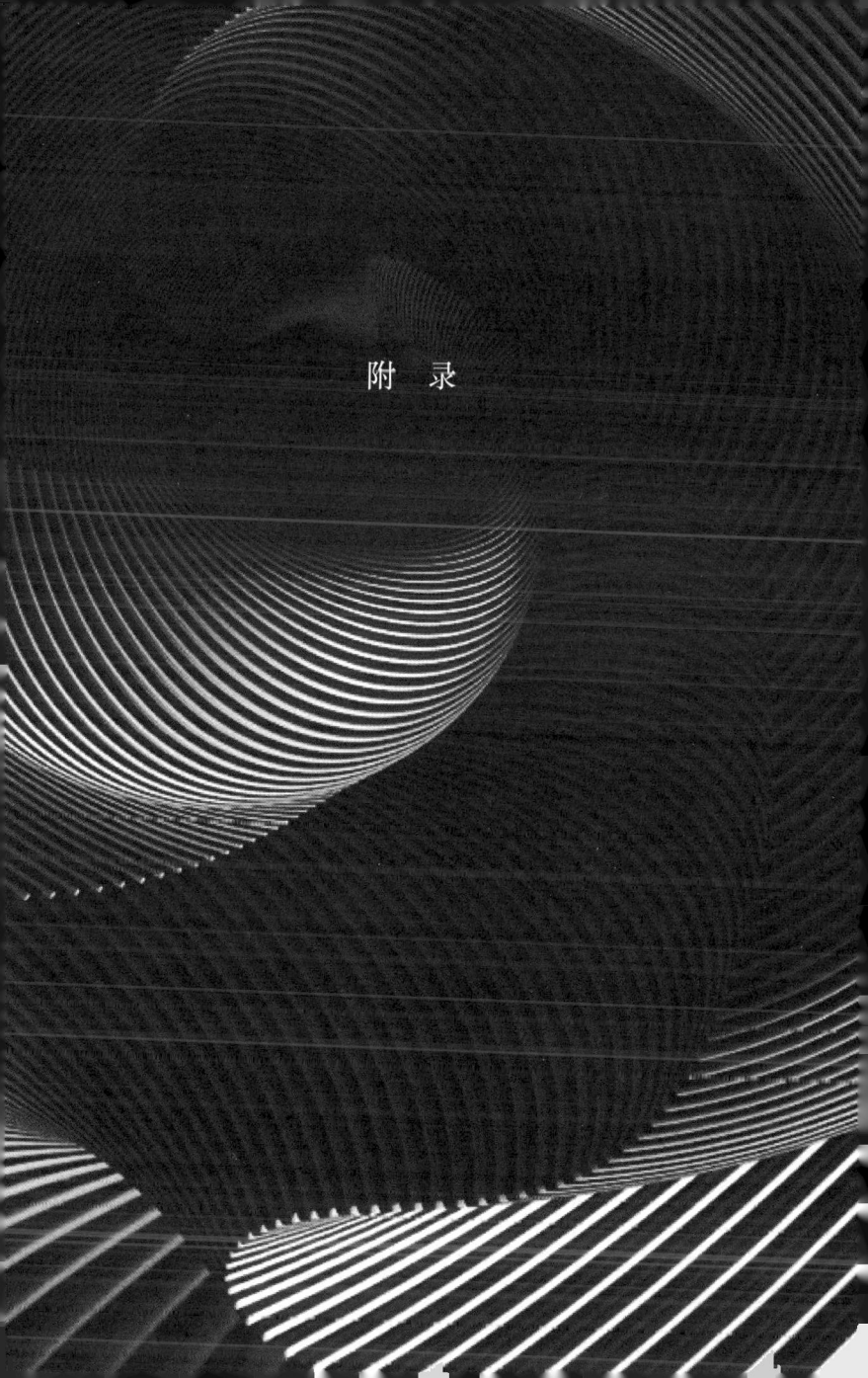

附录一　公民友谊的两种类型

现代政治哲学的任务之一是在彼此了解很少甚至彼此陌生，却又深刻相互依赖的现代公民个体之间发展出一种有益的关系概念。对此，或许有人会将其理解为发展一种有益的公民友谊的观念。在这里，我将对两个候选概念加以概述。第一个概念源自康德传统，第二个则源于1844年的马克思。我将介绍这对观念，并描绘二者的异同。我的研究方法是分类性（taxonomic）和纲要性（programmatic）的。其中，分类性目标是去提供一幅观念领域的初始草图，纲要性目标则是提供一些理由以相信源自马克思的观念更具吸引力和可行性。

> 人们说，对朋友就应当希望对于他是善的事物……一个人有时对他未曾谋面的他认为好或有用的人抱有善意，这些人中间可能也有某个人对他抱有同样的善意。这两个人当然相互都有善意，但如果他们每一个都不知道对方的善意，我们怎么能说他们是朋

友呢?

——亚里士多德,《尼各马可伦理学》[1]

一

让我们从亚当·斯密的《国富论》谈起。

> 考察一下文明而繁荣的国家的最普通技工或日工的日用物品吧,你会看到,用他的劳动的一部分(虽然只是一小部分)来生产这种日用品的人的数目,是难以计数的……没有成千上万的人的帮助和合作,一个文明国家里的卑不足道的人,即便按照(这是我们很错误地想象的)他一般适应的舒服简单的方式也不能够取得其日用品的供给的。[2]

斯密的上述讨论向我们指出这么一类人,我们每个人对这类人都有所依赖,但这些人不论在时间上还是空间上

---

[1] Aristotle 2000, p.145.1155b–1156a.

[2] Smith A. an inquiry into the nature and causes of the wealth of nations. University of Chicago Press, Chicago, 1976, pp.15–16. 洛克的"事物目录"则涉及"每一块面包"的生产,参见 Locke J, Second treatise of government. In: *Locke J Two treatises of government*. Cambridge University Press, Cambridge, 1988, p.298。

都和我们是有距离的。现代的依赖性最显著的特点在于,不可能知道谁是自我独立的,谁又是通过依赖于某些人而变得独立。我们的相互依赖非常普遍,但无法详细说明。

现代政治哲学的任务之一是在现代公民之间发展出一种有益的关系观念,这些个体对于彼此了解很少甚至彼此之间一无所知,但又在密尔所谓的"我们存在的基础",还有可以促进人类美好生活的东西上相互依赖[1]。有人或许会将其视为描绘一个受青睐的公民友谊的观念;用更古老的术语来说,即是博爱(fraternity)。

问题在于政治态度的范畴。我认为,在现代民主社会,我们的政治态度有两个相互联系的对象。首先是我们的公民同胞。当一个人参与到公共活动中时,这些人就是我们的态度的直接对象。但更重要的是,通过人们的这样一种认识,即他们的生活深刻地被我们共享的政治制度,也就是我们一般意义的共同生活所影响,这种态度的对象又是间接的。

其次,政治态度也以我们的基本政治制度为对象。政治哲学家们经常关注的是,在何种条件下,公民或许会合理地认同或者至少会对社会基本制度安排加以服从。我们的生活很大程度上由制度塑成。我们根据制度所指定的特

---

[1] Mill JS, *Utilitarianism*. In: Mill JS *Collected works*, vol 10. University of Toronto Press, Toronto, 1969, p.251.

定角色来进行自我理解,并在这些角色中(包括公民的角色)彼此遭遇。此外,我们与公民同胞之关系的理解受到我们如何理解我们所共享的制度的规范性地位之影响。比如,如果我认为我们所共享的制度例示(instantiate)为一种可在规范性意义得到辩护的内容,我将作为公民同胞与你产生联系,而当我认为我的制度无法得到辩护时,情况则恰恰相反。

在这篇文章中,我所关注的是作为彼此的政治态度之对象的公民,即便他们彼此陌生也相距甚远。但这并非要去贬低作为这种态度之对象的制度。实际上,我的主张在于,我们对于公民同胞之态度的核心表述能通过两点得到理解:①我们共享的制度内容之观念;②对这些制度,我们遵从(或不遵从)。

我要讨论的两种态度是尊重(respect)和关切(concern)。这些不仅仅是现代民主社会的政治态度。艾伦(Danielle Allen)的主题是信任(trust),霍耐特(Axel Honneth)和其他人讨论的则是诸如敬重(esteem)等认知态度[1]。这些态度将会出现在我的讨论里,但它们不能被还原为尊重或者关切,尽管它们值得分别去研究。

---

[1] Allen D. *Talking to strangers: anxieties of citizenship since Brown v. Board of Education*. University of Chicago Press, Chicago, 2004. Honneth A, *The struggle for recognition: the moral grammar of social conflicts*. Translated by Joel Anderson. Polity Press, Cambridge, 1995.

我检视了两种积极的公民间关系的图景,也就是两种公民友谊的观念。第一种源自康德传统,第二种则源自1844年的马克思。我的研究方法是分类性和纲要性的。我介绍了这两种态度并描述其某些异同点。我的分类目标是去初步提供一幅观念领域的草图。我自己更倾向于马克思的观念,因此,我对此更为关注。但本文没有足够篇幅去为其价值或可行性(这是更重要的)提供恰当论证。对于后者(见第十和第十一部分),我有所简要提及,但肯定是不够的。

描述积极的公民间关系这一事业似乎至少预设了一种例示这种关系的适度乐观态度。毫无疑问,我们不应该过于自我放纵(indulge ourselves)。我们应该留心修昔底德这样的作家提出的腐朽的现实主义。尽管如此,明确它如何有利于公民间的关系,以及当下在多大程度上未能达到这一标准,似乎是值得去做的。

二

我认为,现代政治态度的特点在于,其主要对象是彼此不了解且相距甚远的陌生人。在现代社会中,我们可以有各种公民间的直接互动,这些可能很重要。但就我对公民同胞的态度而言,多数情况下,他们之间都是彼此陌生的。此外,我的政治态度对这些对象几乎不会产生直接影响。我的态度可能会转化为投票，但这种影响是微乎其微的。然而，政治态度非常重要。我持有的政治态度将渗透到我观察和对待同胞的方式，以及我对我们共享的社会生活的定位中。我关于我的公民同胞的政治态度的信念将会决定我如何看待被那些公民和我们的社会政治制度所对待的自己。政治态度是现代社会的基础性要素，是公民间关系的基本特征。

三

现在转向对依赖性问题的讨论，政治哲学家经常发现依赖性是可疑的，尤其是对他人之意愿的依赖性。这一担忧部分在于脆弱性（vulnerability）。如果我依赖 X 来得到某些重要物品，那么在没有这种物品的情况下，我能否实现我的目标或是否必定能够成功就不再取决于我自己，而是取决于 X。不过，这还不能完全切中要害。在缺乏某种意愿的情况下对某种事物有所依赖同样会使我脆弱。我或许会依赖天气或者自由市场，因此受它们的变迁之影响。但在这些领域，我并不是作为个体而有所依赖，因为我并不是附属性的（subordinate）。当然，非个体性依赖也会导向个体性依赖，一场大雨冲毁我的庄稼后，我可能就要依赖银行的贷款人员了。尽管如此，非个体性依赖通常被认为是没有问题的（人们可以挑战这个前提：马克思主义者并不热衷于依赖自由市场)。

关键之处在于,我们依赖他人之意志的脆弱性能否是中性的,还是甚至可以更有益。一种通常与康德主义哲学相关的策略是把人们所欲的炼金术的权力归于法律,至少是归于良性运转的民主社会的法律。这一理念是把这里对法律的依赖性理解为要么是一种缺乏意志的情况下的对某物的依赖,要么,理想地看,如果将民主社会的法律视为集体意志的产物,也就是视为某人所认同的对某种意志的依赖,那么他的依赖就不是基于一种不相容的(alien)的意志。正如诺伊豪瑟(Frederick Neuhouser)将其视为卢梭观点的一个变体,我们得到的不是对依赖的"消除"(eradication),而是对它的"重构"。[①] 这包含着对脆弱性的(部分)中和并将其(部分)转化为我们的优势。如我们将看到的,其中所产生的关系可被视作一种公民友谊的形式。

下述观点常被认为是对良序运转的民主法律的依赖性的特征:

(1) 非个体性。官员仅仅是法律的代表,他们也受法律的约束,并对公民负责。原则上讲,任何人服从的都不是他们。

(2) 所有公民都平等地依赖于法律。用洛克的话说,

[①] Neuhouser F. *Freedom, dependence, and the general will*. In: The philosophical review, vol.102, no.3.1993, p.388, 391.

法律平等适用于"富人和穷人……宫廷中的幸运儿和犁地的乡下人"[1]。

(3) 我们共同且平等地通过民主政治程序来制定法律。我们的个体意志将平等地体现在集体意志中。

(4) 我们对法律的平等服从意味着我们拥有冠以尊严之名的财富。这意味着：

① 我们是拥有参与政治决策之必要（可贵）能力的存在者，同样拥有认识（以民主的方式制定的）法律对我们的要求并遵守该法律的（可贵）能力，以及我们对它的遵守至少部分因为它是（以民主的方式制定的）法律。

② 更一般地说，法律面前的平等确实与对社会的这样一种理解相符，即每个公民都有充分的政治参与和获得平等对待的权利，因为每个人都通过其公民身份，或更一般地说，通过人这一身份而具备基本价值。

对"社会理解"（social understanding）的诉求指出了制度性安排的表达性功能。法律通常被认为是具有表达性的。比如，芬伯格（Joel Feinberg）强调刑法表达了共同体对犯罪，也就是我们的集体耻辱的道德谴责[2]。以更积

---

[1] Locke J, Second treatise of government. In: *Locke J Two treatises of government*. Cambridge University Press, Cambridge, 1988, p.363.

[2] Feinberg J, *The expressive function of punishment*. In: Feinberg J *Doing and deserving: essays in the theory of responsibility*. Princeton University Press, Princeton, 1970.

极的态度,所有公民在法律面前的一律平等这一公共理解被认为是表达了一种对公民的平等(也是基本)价值的肯定。在我们想象的社会中(我们可称之为相互尊重的平等社会),公民将法律面前的平等视为表达着某些普遍信念。总之,我们可以得到以下结果:

(1) 公民相信他们自己和其他公民的基本价值;此外,他们尊重作为有着基本价值的存在者的其他公民。

(2) 公民相信,其他公民也相信这一点并将他们作为有着基本价值的存在者而尊重。

(3) 公民 A 相信其他公民可以对他们提出特定要求。比如,对某些作为背景的经济状况提出要求,或对某些特定自由权的实践提出要求。此外,公民 B 拥有(充分)动机去满足这些要求。

(4) 公民相信其他公民相信他们,并且那些公民有(充分)动机去满足他们的要求。

从(1)~(4)的组合很可能支持公民的自我价值感。每个人都相信其他人相信他也拥有基本价值。对我们大多数人来说,这是对我们的自我价值感的一个重要支撑①。此外,每个公民都具有满足他人的某些基本要求的动机,且每个人都相信,其他人也有同样的动机。在此,

---

① Rawls J, *A theory of justice*. Harvard University Press, Cambridge, 1971/1999a, p. 179, 156.

公民对他人的依赖不仅仅是在易受他人之侵害这一意义上，而是同时在于对他人的依靠（rely on）。这种公民间的关系可被视为公民友谊的特殊形式。

四

在这幅图景中，通过保护个人权利免遭（特定个人、集体或是机构的）权力侵害的法律，以及通过对每个公民之价值的公开肯定（这在一定程度上抵消了心理性侵害），侵害性被（部分）抵消了。然而，良好制度下的炼金术（alchemy）被期望有更好的发展。它被期待着去使某些有价值的人类特定能力的行使成为可能，比如公正行事的能力。对这种能力的行使只有在反抗侵害性之背景下才得以自身为善且具备可能性。

事实上，我们对幸运的堕落（felix culpa）这一理念有一个新的理解，即只有离开伊甸园，人类的某些关键能力才能得到发展[①]。就这个观点而言，我们应当被施加某些限制。相互依赖，至少是正确的依赖，能锻炼我们的能力并发展出其本身即为良善的关系。如果天赐吗哪，而我们彼此一无所求，情况会更糟。

比如，在对罗尔斯的"作为公平的正义"的康德式诠

---

① Lovejoy AO, *Milton and the paradox of the fortunate fall*. In: *English literary history*, vol. 4, no. 3, 1937.

释中，公民们在《正义论》的良序社会中是通过出于"两个正义原则"行事，而不仅仅是符合"两个正义原则"的要求，进而意识到他们的本质，而不论是主观上还是客观上，这些原则只有当我们处于正义环境下才能构成我们的需求[①]。在康德式诠释下，作为一位公正之人很大程度上构成其个人之善的一部分[②]。在这幅图景中，相互依赖是人的自我实现的一个条件，而不是一种侵害。

五

关于相互尊重的社会，还需要补充几点。比如，如果其依赖于对 X 有所尊重的价值，就会存在依赖于 X 的内容（合理性抑或人性）的诸变体。某些特殊的变体必须捍卫特定的 X 的重要价值。但限于篇幅，我将用一种不同的方式来思考相互依赖性，进而走向一种对公民友谊的不同思考方式。这种方式可以在 1844 年的马克思的《穆勒评注》《政治经济学评论》和《1844 年经济学哲学手稿》中找到。

[①] 关于正义环境的讨论，参见 Rawls 1971/1999a, pp. 126 - 128, 109 - 110。
[②] 关于"一致性"，即公正的人与人们自身之善之间的关系，参见 Rawls 1971/1999a, pp. 398 - 399, 567 - 577, 349 - 350, 496 - 505；另见 § 10。在康德式诠释中，在罗尔斯的良序社会中，作为一个公正之人何以构成对其本质的实现，参见 Brudney D, *Community and completion*. In: Reath A, Herman BM, Korsgaard CM (eds) *Reclaiming the history of ethics: essays for John Rawls*. Cambridge University Press, Cambridge, 1997。

对马克思而言，在真正的共产主义社会中，公民的相互依赖被看作是相互"成全"[①]。对此，马克思的意思是：

(1) 行为主体会彼此提供每个人所需要的物品以实现他的个人目的。

(2) 在生产过程中，这种对他人的供给对于每个行为主体的目标而言是重要组成部分。

(3) 和(2)带来的结果将是：

(4) 消费者对产品的使用会有助于生产者达到他的目的。同时，由于消费者也是生产者，也会制作一些生产者（现在作为消费者）所需要的东西，这种互补性（complementarity）是相互的。

因此，在共产主义社会中，我的根据能力的生产和你的根据需求的使用之间存在某种联系。我是为了你的需求而生产，而你的需求的满足则是我的生产过程的最后阶段。满足你（不论是对谁，以何种方式）的需求将是我的目的的一部分，也就是我的善的组成部分。

在马克思看来，人通过改造物质世界来表达自己的个体性，同时在某种逐步增长的高度发达的物质层面去维持

[①] Marx K, *Comments on James Mill, Élémens d'économie politique*. In: Karl Marx and Friedrich Engels, *Marx-Engels collected works*. Translated by Cohen, J, Dutt, C, Milligan, M, Ruhemann, B, Struik, DJ, Upward, C. International Publishers, New York; and Marx-Engels werke. Dietz Verlag, Berlin. 1975a/1981a, pp.217, 226, 228, 451, 460, 462.

他自己还有其他人的生存来实现自身之本质[①]。因此，只有存在我可以为之提供物品的他人时，我才能实现我的本质。如此，我们的相互依赖性才能成为我们自身之善的条件。

请注意下面这些关系：

（1）他们是非个体性的（impersonal）。我不为特定个体而生产。

（2）与相互尊重的社会一样，社会安排有着重要的表达性功能。公民们必须将他们自己视为为了他人而生产，反过来，他人也将自己视为为了他们而生产。在物质对象中，公民们必定能看到一种特定意图的具体化。

（3）这样的关系预设着人类本质之特定观念中的广泛信念，即何者应被视为其自身之善。

对我们来说，（3）提出一个问题，即任何政治哲学都有赖于某种程度的善观念，而 1844 年的马克思的善观念显然过于狭隘。有意义的工作是善的重要组成部分，但绝非仅有的组成部分，它显然不是主导性的组成部分，也不需要涉及对自然的改造。另一方面，马克思主义者那里的相互性依赖之图景很有吸引力，值得进一步发展。

[①] Marx K (1975b/1981b) *Economic and philosophic manuscripts of 1844*. In: Karl Marx and Friedrich Engels, *Marx-Engels collected works*. Translated by Cohen, J, Dutt, C, Milligan, M, Ruhemann, B, Struik, DJ, Upward, C. International Publishers, New York; and Marx-Engels werke. Dietz Verlag, Berlin. 1975b/1981b, pp. 302，542.

我将放弃1844年的马克思关于人性（human nature）之观念的特定内容的承诺，并同时探索他所描述的关系问题。在他的真正的共产主义社会中，行为主体彼此之间抱有一对特定态度：一是对于彼此的幸福存在某种关切，不同行为主体对于彼此都很重要；二是每个人都对他人为他所做之事表示赞赏。在我所说的平等的相互关切/赞赏的社会中，可以推出以下几点：

（1）行为主体会对他人的幸福表示关切。不同行为主体对于彼此来说很重要。

（2）行为主体在各种活动（广义的活动）中的目的是要为他人提供其所需。

（3）行为主体将会从他人的满足中得到满足。

（4）行为主体对其他主体的目的也会（部分）如此，也就是对提供他们之所需表示赞赏。

（5）行为主体会相信从(1)到(4)是相互性的。因此他们会有以下信念：

① 其他主体对该主体的幸福有所关切（该主体对其他主体很重要）。

② 其他人认识到他们对别人的幸福是有所关切的（即其他人对他们来说很重要），并由于被关切而对他们表示赞赏。

③ 其他人已经有所贡献，并将持续对他们的幸福做出贡献。

④ 他们已经有所贡献,并将持续对他人的幸福做出贡献,其他人则对他们的如此行为加以赞赏。

⑤ 其他人会从他们的满足中得到满足。

在经济和政治的相互依赖框架下,这些信念与公民的目的、信念和态度密切相关。

六

现在,是时候对关切和赞赏这对范畴一探究竟了[①]。先来看关切,人们可能会认为关切只是爱的一种较弱形式。但如此一来,对陌生人的关切似乎就会被认为是不可能的,因为爱涉及的是频繁而又强烈的感受,而这些并不能从未知的、遥远的他人那里获得。类似质疑也被指向 19 世纪的人性宗教[②]。实际上,我将关切视为一种有别于爱

[①] 人们可以在 Ronald Dworkin, Michael Slote, Martha Nussbaum 和 Joan Tronto 等人的作品中发现关切这一主题。参见 Dworkin R, *Justice for hedgehogs*. Harvard University Press, Cambridge, 2011; Slote M, *Morals from motives*. Oxford University Press, Oxford, 2001; Nussbaum M, *Women and human development*. Cambridge University Press, Cambridge, 2001; Nussbaum M, *Frontiers of justice*. Harvard University Press, Cambridge, 2006; Tronto J, *Moral boundaries: a political argument for an ethic of care*. Routledge, New York, 1993。

[②] 对这种批评的讨论,参见 Brudney D, *Nineteenth century ideals: self-culture and the religion of humanity*. In: Wood AW, Hahn SS (eds) *The Cambridge history of philosophy in the 19th century*. Cambridge University Press, Cambridge, 2012。

的独特态度。比如，在我看来，关切不需要太多对对象的当下感受。或许主要是这一点表明了它与19世纪那些作家之观点的差异。近期对爱的讨论淡化了当下感受，而关切则确实关乎这样一些感受，比如与人们的关切对象相关的一些反应性情感。尽管与爱相比，这些感受似乎仍然没那么频繁和强烈。

不过，爱与关切之核心差异与感觉没有太大关系，而更多在于这些不同态度之对象的明确程度[①]。政治哲学面对的问题是我们同那些闻所未闻之人的无处不在的关系。而我并不认为爱的对象可以是一种非常一般性认同意义上的不具体之人。然而，对这样一种人的关切似乎确实是可能的，比如新西兰地震的受害者。这个例子可以用作充分的描述。

如果关切概念（其对象是其他个体及其幸福）服务于政治哲学，我们必定在动机上能够对我们不甚了解的个体具有一种有效的态度，那就是关切，而不是爱。我们可能在多大程度上拥有这种态度是至关重要的，但无法在这里讨论。在这里，我只想强调对于陌生人的这种态度的可能性。戴蒙德（Cora Diamond）举的例子很有帮助。戴蒙德想象了这样一则新闻报道，该报道宣称一架波音747坠毁，机上的所有乘客都已遇难。然后，他想象有两条不同

---

① 感谢一位匿名审稿人使我澄清了这一问题。

的新闻简讯来纠正早先发布的报道。一条简讯是说有一架波音747坠毁,但并非所有人都遇难——而是有两名幸存者。另一则简讯则说坠毁的飞机是一架更小的波音727,所有人都遇难了,但比之前的死难者人数要少[1]。在这两则纠正性报道中,所谓的更少的死亡人数是一样的。如果我们对这两次纠正性报道的反应不同——对第一次感到解脱,但第二次的解脱感要少——这种不同不能归结为某种集合性考虑(aggregative consideration)。

在这两个纠正性报道中,我们都没有看到生还者的样子。在第一种情况下,人们更容易去想象真实的人的真实生活,但这只是想象中的行为。如戴蒙德所说,人们能知道的只是有些人是"生还"的[2]。而在第二种情况下则无人生还。在这里,对于生还之人,我们什么都没法说。即便在第一种情况下,尽管人们的关切指向的是不同个体,人们对他们也是一无所知的。关键是,当人们对那些人类个体一无所知时,关切能聚焦于这些人类个体的幸福,而非聚焦于数量。

关切这一观点的可行性问题至今没能得到解决,而这个问题十分关键。戴蒙德举的例子表明,人们可以希望陌

---

[1] Diamond C, *How many legs?* In: Gaita R (ed) *Value and understanding: essays for Peter Winch*. Routledge, New York, 1990, p.162.
[2] Diamond C, *How many legs?* In: Gaita R (ed) *Value and understanding: essays for Peter Winch*. Routledge, New York, 1990, p.162.

生的个体一切顺遂。但没有表明人们可以对陌生个体有所关心（care about）[①]。除了已知个体之外，人们似乎可能还会关心某些其他东西，比如上帝或者国家。或许也可以关心某种共同的善。但对1844年的马克思来说，人们的意图是造福个体，而不是共同的善。我的观点是，一种对他人之幸福的关切，也就是一种对个体的关切可以很大程度上通过建立并维续有着恰当内容（比如，那些体现着恰当分配原则的制度，不论这些制度是什么）的基本社会制度来表达。这种对制度之角色的诉求是1844年的马克思必定会拒绝的。但实际上，在对任何一种遥远并可行的相互性关切的解释中，制度必须扮演一种核心角色。我将在第十和十一部分讨论这个关切/赞赏的可行性观点的其他方面。

七

现在，我们转向赞赏这一概念。我认为它涉及三个要素。首先是对行为主体所做之事的积极评价，比如，他做的是好事；其次是对所谈之事物的价值的肯定。比如，我

[①] 对关切概念更为完整的讨论会与这样一种理念相关，即人们可以对自己对他人的关切表示认同，或者按照 Harry Frankfurt 的说法，"愿意承认"对他人的关切。参见 Frankfurt H, *The reasons of love*. Princeton University Press, Princeton, 2004, p.16.

看到一幅画作成为好的艺术作品的方式，同时我也将它视为一个有价值的东西，因为我重视艺术。最后，同样重要的是，存在一种感谢或感激的态度，感谢或感激某个行为主体所做之事的目的是使我获益（或者，或许仅仅是为了让某个人获益）①。

"我赞赏你所做的"这句话可能会涉及所有这些要素。我会承认你做了一些有价值的事情，我同时可以对你为我（或其他人）所做之事表示感谢，并且我会承认你的行为中的意图。在关切/赞赏的理想中，行为主体相互之间对他人为他们所做之事表示赞赏。

在1844年的马克思那里，我所赞赏的是为了我的使用而生产的物质对象。但在现代社会中，每个人都为陌生的他人做很多事，比如提供产品和服务，遵从法律，辩论当天的问题，投票等。这些活动，还有其他更多的活动都是良好的公民身份的一部分。在对这些活动的参与中，我们通常是利己的（self-interested），但我们同时或许也能理解并且肯定这些活动在维持我们共同的社会生活中所扮演的角色，那就是维持彼此的善所需要的条件。如果人们普遍认为维持这些条件往往是公民的目标之一——如果这是公民行为之意愿的重要组成部分——那么我们为他人所

---

① 也可能存在一种非个体性的感激之情，比如感谢一位艺术家为这个世界带来一些有价值的东西。

做之事中就会存在广泛的相互赞赏。

在关切/赞赏的社会里,我们会获得如下观点:

(1)我相信其他人(部分)会为我做(有价值)之事。他们对我的幸福有所关切,我的幸福对他们来说很重要。

(2)我将自己理解为会为他人(部分地)做(有价值)之事的人。

(3)我相信,从上述意义来讲,他人会对我为他们(部分地)所做(有价值)之事的意图感到赞赏。

(1)和(3)是他人对我的态度,(2)是关于我的自我评价。所有这些都是积极的。我认为,在这个积极的关系网中关照自己有利于实现我的自我价值。

顺便说一句,赞赏超越了"敬重"(esteem)①。后者不需要包含感激的要素。我可以对芬伯格的品行有极高评价,同时无需对他有一丝感谢。只有当我将芬伯格的行为解读为(部分)由对我的关切以及使我(或其他人)获利的意图所驱动时,在我看来,感激才能成为一种赞赏的要素②。

---

① 提到尊重,也就是提到 Axel Honneth 的工作。我自己的解释是,这是发展一种对罗尔斯的"作为公平的正义"的替代性观点的尝试。但这会对 Honneth 长期深耕的领域有所冒犯。对关切/赞赏之观点的充分发展必须将它与 Honneth 的工作的重叠之处和对比方式进行细致梳理。
② 关于感激的要素,参见 Ikaheimo H, Laitinen A (2010) *Esteem for contributions to the common good: the role of personifying attitudes and instrumental value*. In: Seymour M (ed) *The plural states of recognition*. Palgrave Macmillan, New York, 2010。

八

在本文的描述中，对他人尊重和关切的态度总是针对他人的。比如，尊重乃是将他人作为理性存在者（rational being）而尊重。对他人的关切则总是对这种或那种作为存在者的他人加以关切。因此，关切总是有明确的内容，与对象的性质密切相关。对他人生活的关切很好地假定了一种何为相关良善生活的描述①。

对公民同胞的关切和对亚马逊雨林的关切的区别在于关切之对象的性质。对公民同胞的关切是一种政治关切，它取决于所讨论的存在者的种类。现在，我避开马克思的人类学及其何以使人的生活变得顺遂的观念。取而代之的是，我们需要对人进行特定描述，但这种描述又要足够一般以能够适应一种广泛的可能有价值的生活。关切必须针对这样一种存在者，人类就是这种存在者，而且是为了实现人类能拥有的幸福（在一种适当的一般而又包容的层面上）。我提出以下内容：政治关切面向这样的每个公民：①作为有能力去肯定、追求和修正（如果他这样选择）某种善观念（这种善部分包含着对其他人的幸福的关切）的存在者，而且②对这种存在者来说，其幸福要求有锻炼这

---

① 这里的讨论，感谢与 Heikki Ikäheimo 的通信。

些能力的足够机会。这个表述主要来自罗尔斯[①]。我认为，这足以覆盖可能有价值的生活这一必要范围。

请注意，当人们接受相互关切的社会这一理念时，可能会拒绝接受我为关切设定的内容。人们可能会简单地设定一种不同的内容，比如对他人灵魂之拯救的关切。与我的分类学期望一致，我所勾勒的这幅特殊图景可被视为仅仅是某个种下面的一个属。

九

以某种方式，一个平等的相互尊重的社会和一个平等的相互关切/赞赏的社会（如我所描述的那样）是相似的。

（1）二者都与被广泛认可的个体自由相一致，也似乎都需要这些自由。

（2）二者都不涉及超越那种维持特定的公民间关系的制度性安排的共有目标，也并不必须依赖共同的历史、宗教、种族等纽带。关切和尊重都可以根植于某些公民间的关系，以及相互关联的关于彼此的价值和公民彼此服务（do things for one another）的态度的信念中。历史经验之纽带可以涵盖这些关系，但这些关系可以被独立表述。

（3）尊重和关切/赞赏可被视为一种被给定的良序社

[①] 罗尔斯会为正义感加入这一能力。见 John Rawls, *Political liberalism*. Columbia University Press, New York, 1996, P.19。

会的社会风气（ethos）之内核[①]。它们都可以反映公民对于彼此还有其社会的基本立场。

（4）我已说过，一种相互尊重的社会能将依赖性视为某种善的事物。一种相互关切的社会同样如此。对1844年的马克思来说，人通过改造物质世界彼此提供这种改造的产品来认识其本质，在他看来，一个良善社会需要人找到某种方式来克服物质匮乏，不过，一个良善社会并没有超越人类生活之条件。其成员必须不断克服物质匮乏，否则，其相互依赖性将走向终结。他们将不再需要向彼此提供产品。如同《正义论》中的图景，对1844年马克思来说，有限性（finitude）和相互依赖性都是人类自我实现的条件。

现在，我们来思考一个充满平等的关切/赞赏的社会，这种社会将像充满尊重的社会一样通过平等对待所有公民的法律来保护其公民免遭身体上的伤害。精神上的脆弱性则通过这样一种信念得到缓解，即每个人都构成主体的行为之网的一部分，而这些主体彼此重视并对彼此的福利加以关切。

在这里，基本的承诺在于行为主体将他们自己视为有能力去关切他人并出于这种关切而行事的存在者，而且他

[①] 关于社会风气的概念，见 Cohen G. A, *If you're an egalitarian, how come you're so rich?* Harvard University Press, Cambridge, 2000, p. 128。

们能将践行这种能力视为自身之善的一部分,这就能使行为主体将他们的相互依赖性视为实现部分自身之善的条件。

值得注意的是,尊重还有关切/赞赏似乎是彼此兼容的。似乎没有什么理由认为公民之间不能对彼此采取这种态度。

应该提及这样一个差异。原则上看,单纯的尊重和漠不关心(indifference)相对应。简(Jane)尊重乔(Joe)并不意味着他对她很重要。这意味着她承认她对于乔的责任,包括积极的责任,但并不意味着他的生活条件对简有影响,也就是她受到他的幸福或不幸的影响。人们可能会广泛认为,公民不仅需要遵守对彼此的幸福有所贡献的规则(比如起到再分配功能的税收),而且人们彼此的重要性也会比单纯的相互尊重更能增强其自我价值。此外,如果其被公共理解为公民对彼此的幸福有所关切的话,其似乎是社会生活(更加类似于一种公民形式的友谊)的更能令人满意的方式。

十

当然,进一步比较和对比也是可能的。但我想以两个部分来结束关于一个关切/赞赏的社会之可行性的讨论。似乎通常可以假定,公民容易被尊重这一态度所驱动。事实上，一个有着充分的遵从和尊重的社会，比如罗尔斯的良序社会是一幅高度理想化的图景。不过，我们还是将它放到一旁。容易引起人们质疑的是一种现代的关切/赞赏的社会的可能性[1]。

可行性问题由多个部分组成，本文仅探讨其中的某些部分。下面这个问题是我不想去探讨的，即某种特定理念是否会为其自身的实现提供有效规导？有些理念或许会如此，有些则或许不会[2]。任何这样的规导都依赖于对我们的道德心理学何以能在不同制度背景下有所发展的推测，而这并不是从并非如此可靠的（plausible）推测中寻找可靠之处。此外，尽管我相信当前所讨论的关切这一态度乃是人类之善的一个要素，而且似乎没有理由认为其与个体自由相抵牾，但其可行性条件既不能对自由造成削弱，也不能阻止对其他善的要素的追求。换言之，心理学的可行性必须与相关政治安排的道德可接受性相适应。

另一个可行性问题则关乎我们的社会理想的恰当标准。就像我们的身体机能的有限性（没人可以一分钟跑上一公里）一样，我们的动机之能力同样有限。尽管如此，

---

[1] 有趣的是，罗尔斯本人断言，随着时间的推移，他所谓的不同团体之间的"相互关怀"可能会实现。参见 Rawls J, *The Law of peoples*. Harvard University Press, Cambridge, 1999, pp.112–211.

[2] Simmons AJ, *Ideal and nonideal theory*. In: Philosophy and public affairs, vol.38, no.1, 2010.

我们都能偶尔表现良好，而我们能使这些偶尔表现良好之事更为频繁地发生。我们能够比现在更频繁，或许是远远更频繁地去体现我们本质中更好的一面。那些完全按照自身之动机行事的可能性的条件，我们可以称其为能够实现的最佳条件。有些作家认为恰当的标准即是人们能达到的最好标准，其他作家则认为恰当的标准没这么高[1]。在人类生活的正常压力，需求和弱点之下，对人的要求应当合乎情理（reasonable）。上述标准都是可行的——它们都不要求我们要真正像天使一样行事——但是第二个标准，在更有可能实现这个意义上要更加"现实"[2]。

基于关切/赞赏的视角，我猜想，第一个标准才是恰当标准。我们也可能去具体指明人类政体的最好形式。另外，我假定，对关切之标准的充分实现是合理的，同样，我假定，如上述，我们在此考虑的仅仅是道德上具备可接受性的安排（比如那些保护个体自由的安排）。因为标量的方法不太可能转向恶的政治实践（比如为了整体利益而压迫某些人）。在这种情况下，要求我们朝着更高要求的标准去努力似乎是明智的。尽管这个结论还需要更多论据。

---

[1] Cohen GA, *Rescuing justice and equality*. Harvard University Press Cambridge, 2008.

[2] 这或许就是罗尔斯所说的"现实的乌托邦"。参见 Rawls J, *The Law of peoples*. Harvard University Press, Cambridge, 1999. p.7。

考虑到可行性，我们应该区分作为一种社会现象，关切可能表现出来的多种方式：

（1）作为选择分配（权利、自由、机会、物质财富等）原则的基础。

（2）作为遵守制度规则的基础，这些制度规则体现了被选定的分配原则。

（3）作为满足的一个组成部分，行为主体感知到其公民同伴的幸福。

（4）作为满足的一个组成部分，行为主体相信他的工作对其公民同伴有价值。

（5）作为行为主体参与活动的动机的组成部分之一，她相信这些活动对她的公民同伴有价值。

我们来看看这个列表。首先，一种对平等关切的诉求可以为分配原则的选择提供基础。人们会问：对于为所有公民之幸福（如第八部分所表述的）的关切所驱动的行为主体来说，会选择怎样的原则？我猜想，其结果是类似罗尔斯的"两个正义原则"，但这里也仅仅是猜测。关键在于，一种对于公平关切的诉求可能是推导出分配原则的方式。

至于(2)，关切是遵从一套特定制度法则的基础，但这并不意味着人们可以在服从法则的任何时刻都意识到关切，相反，在以尊重为本位的法则（respect-based rules）下，人们在遵从的任何时刻都能意识到尊重。培养对于他人之关切（或尊重）的道德教育会培养出遵从相关原则及其制度性化身（embodiment）的习惯。如果对此有所质疑，人们可以运用关切（或尊重）来解释遵从，但一般来说，遵从仅仅是人们所做之事。当他服从法律时，他不过是想到实施暴力而受罚的可能性，而避免受罚仍然可能构成他的动机之一。对于关切（或尊重）来说，同样如此。

（1）和（2）均关乎制度。在现代社会，关切很大程度上体现为对制度的建立和维护，而这些制度则能确保每个公民都有足够机会去肯定、修正和追求其善观念①。当然，我们的关切可能，或许也应该将其在制度背景之外表现出来②。关键之处仅仅在于，在一个有着良好制度的社会中，对于关切的表达，制度背景是最为核心之处。在不超出我们的本性之要求这一意义上，（1）和（2）似乎都是可行的。（1）只要求偶然在关乎政治选择的时刻才关切他人，（2）则得到习惯和其他动机性支撑的扶助。

随着（3），我们离开制度层面。在这里，我们必须解决埃尔斯特的循环论证（Elster's circle）。假定我们每个人

---

① 也许这就是为什么罗纳德·德沃金经常拟人化地写道，政府应该对所有公民给予同等关注（和尊重）。
② G. A. Cohen 长期以来坚持关于差别原则的类似主张。参见 Cohen GA, *Rescuing justice and equality*. Harvard University Press, Cambridge, 2008。

都试图只在他人的幸福中寻找幸福,这就是弄巧成拙了。因为我在你的幸福中找到的幸福预设着你在某种不同于我的幸福中找到幸福。有些人必须追求他们自己的幸福(如果其他人会为之心动的话)①。为了避免埃尔斯特的循环论证,对他人的关切必须且只能是行为主体之系列目的的要素之一,而且对很多人来说,还不能是最重要的要素。它一定不能持续性地支配其他目的。一种明智的心理学会将关切视为这样一种要素,在关键时刻(比如在要求遵从基本社会制度的时刻),它会超过其他目标,但大多数时候则仅仅会居于幕后甚至从属于其他目标。

(3)也给我们带来关于人类心理之可能性的争论。在认为我们只能对他人的病痛做出反应的哲学家和认为我们也可以对他人的快乐做出反应的更乐观的作家之间存在一个分歧②。(3)预设的是后者。它也可以预设我们可以对遥远的陌生人的快乐做出反应。或者,至少可以对这些他人也可以做得很好。当然,人们不应高估这种能力,尽管这不是对我们的心理之可能性的一个疯狂要求。很难说休谟是最为过于乐观的思想家,但他相信我们渴望他人获

---

① Elster J, *Making sense of Marx*. Cambridge University Press, Cambridge, 1985. pp.87-88.
② 列举几个名字,悲观的一方是巴特勒和叔本华,乐观的一方是休谟、密尔和王尔德。

得幸福[①]。我猜想,我们至少可以在某些时候与陌生人的幸福产生共鸣,并可以更频繁地这样做。

(4)追踪的是在许多哲学家那里发现的一个主题。休谟评论了工作能给社会带来好处这种愿望。"对于一个行业,例如商业或者制造业,还有什么事情能比观察它给社会带来的好处更能够值得称赞吗?当我们视他的命令对人类无用或者有害,僧侣和审问者难道不会被激怒吗?"[②] 黑格尔则主张,市民社会的行为主体应被视为从事着不仅仅是"自我的方面"的活动,相反,这种活动具有客观的社会价值[③]。我猜想,几乎没有人想去承认他们一生的工作对社会只有很少或者压根没有任何贡献。从关切/赞赏的观点看,与个人自由相一致,人们可以被教导成为在他们的工作乃是具备社会价值的这一想法中获得满足。如果人们在其活动的有用性中获得满足,那可能是因为他对于那些从这些活动中获益之人有所关切。

[①] 当然,休谟对我们对他人幸福之渴望能在多大程度上激励我们采取个人行动感到悲观。这就是为什么关切能够通过根据(其内容体现着关切的)制度性安排而认可和行动来加以表达的关键原因。

[②] Hume D (1998) An enquiry concerning the principles of morals. Oxford University Press, Oxford, 1998. p.80.

[③] 参见 Hegel GWF, *Elements of the philosophy of right*. Translated by H. B. Nisbet. Cambridge University Press, Cambridge, 1991. P. 272;感谢 Hans-Christoph Schmidt am Busch 让我看到黑格尔在这个问题上扮演的角色。

当我们达到(5)，该观点看上去或许不甚合理。下述内容，我们应谨记于心：

① 如上述，对他人的关切即便在动机上是有效的，也不需要频繁发生的情感（见第六部分）。这里存在一种类似信任的东西。如果人们相信他们的公民同胞，或者他们的基本政治制度，他们的生活就与那种缺乏此种信任的生活全然不同。不过，这也并不需要当下发生的情感。与此类似，对他人的关切，以及相信他们对自身有所关切的信念能造就一种不同于他人的生活和动机效果，即便缺乏频繁发生的当下情感。

② 在哲学传统方面，对(5)的支持不仅来着1844年的马克思，还有密尔等人。在密尔看来，在恰当的情感教育之下，我们可以将他人的幸福视为我们自身之善的组成部分，因此，我们也有去生产这种善的动机[①]。

③ 对恰当而又公正的社会制度之法则的遵从可能事关牺牲自我的个人利益，但这种遵从不应被视为利他的。我把利他主义视为一种在正义分配的规范之外所要求的牺牲。通过这一假定，一个充满关切的社会是被一种正义分配的规范所规导的。因此，对这种规范的遵从并非利他主

---

① Mill JS, *Utilitarianism*. In: Mill JS *Collected works*, vol 10. University of Toronto Press, Toronto, 1969, ch.3; Mill JS, *Utility of religion*. In: Mill JS *Collected works*, vol 10. University of Toronto Press, Toronto, 1969.

义的实践。确实，如果我们将这种分配规范称为"分配正义"，遵从就仅仅是按照正义的要求行事。

④ 动机问题关乎罗尔斯所谓的"一致性"（congruence）①。如果在一个社会中获得一致性，那么为了正当（非工具）理由而遵从社会规则至少会部分构成其自身之善。遵从这些规则是一个人的善的一部分，因为它们依赖于那些符合人们想要使自己成为的那部分人的价值。在这种遵从中，人们会找到一种自我表达形式。在一个充满关切的社会中，人们的自我之观念的一部分将会是作为对他人有所关切之人。人们的善，部分将会是出于关切而行事，至少有时是如此。

1844 年的马克思主张，践行改造自然的能力对于个人之善来说是基础性的，罗尔斯在《正义论》中主张，践行个人的正义感是基础性的，这二者都与广泛的亚里士多德路线相应。一种关于关切/赞赏的社会的令人信服的论据必须表明，在这条路线的延长线中，践行关切遥远的陌生人并对他人之所作所为加以赞赏的能力构成一个人的部分之善。朋友和家人间对关切和赞赏的实践显然是件好事。或许，同宗信众和其他团体成员之间的关切和赞赏同样会给这些团体提供益处。此处的挑战在于使关

---

① Rawls J, *A theory of justice*. Harvard University Press, Cambridge, 1971/1999, pp.398-399, 567-577, 349-350, 496-505.

切/赞赏之观点让人信服：对那些其核心联系在于他们是公民同胞，并共同维系其集体生活的人来说，这种关切和赞赏对他们是有益的。比如，我们可以看1927年杜威的下述观点：

> 只要某种共同行为的结果被所有参与其中的个人认为是好的，这种好结果就会激发积极意愿并维持它的努力，因为这对大家都有好处。那么共同体就出现了……这个共同体因而代表了一种能量秩序，并转化成一种含义，由参与共同行动的人领会，并由大家向彼此说明……友爱是刻意意识到的一种事务，是从所有人共同分享的联合中产生的，这种联合还为每个人的行为指出了方向。[1]

十一

在关切/赞赏的观点中，最不可行的似乎就是强调赞赏。从某种角度来看，这一要素应当是不成问题的。我的公民同胞（更不要说国内外的非公民同胞）事实上做了很

---

[1] Dewey J, *The public and its problems*. In: Dewey J *The later works, 1925－1953*, vol. 2. Southern Illinois University Press, Carbondale and Edwardsville, 1984. pp.328,331,329.

多事情来为了我追求我的美好愿景提供条件。然而，在我们当前的世界中，他们的确不会在为了促进我的（某些人的）善的实现（即使是部分地）这一意义上做这些事。在赞赏的第三种也是最重要的意义上，赞赏他人为我所做之事没有太大意义，除非有理由相信，在某种程度上，他们已为我（或为某人）做了这些事。

那么，在什么条件下，我能合理地去赞赏他人所做之事？就像他们已经（部分）为我如此行事一样？一个条件是关切这一态度普遍盛行的社会风气。人们必须有足够理由相信，其他人是被关切所驱动的，并已经被其驱动。人们的赞赏必须与其所处世界的真实性同步，而一个相关的条件即是一种能够支持这种社会风气的制度结构。这是关切/赞赏之观点的关键之处。首先，收入和财富必须以相互关切和赞赏的方式去分配。一个同时存在非常富有之人和非常贫穷之人的社会不可能满足这个要求。因为这种社会该如何走向平等定然还有待商讨。经济上的巨大差异可能会妨碍相互赞赏。（为什么穷人要赞赏富人？）此外，关切/赞赏的风气可能与纯粹的市场社会构成张力，因为在这个社会中，商品和服务仅仅被视为支付的对象，工作则被视为仅仅与赚钱有关。在这种社会中，相关财富和收入是地位和自我价值感的基础。关切/赞赏的观点进一步发展的核心问题之一是市场和风气的契合能走多远，充满关切/赞赏的社会在多大程度上需要对市场机构进行重大监管和/或改变。

（本文译自 Daniel Boudney,"Two Types of Civil Friendship", Ethical Theory and Moral Practice, Springer, Vol. 16, No. 4, 2013, pp. 729 - 743）

附录二 两个马克思式论题

——异化劳动与关联性命题

在这篇文章中,我将提供对马克思的两个观点的解读。他在1844年认为,资本主义社会中工人与他们的劳动相异化,他(和恩格斯)在《共产党宣言》中则主张,在共产主义社会中"每个人的自由发展是一切人自由发展的条件"[1]。以某种特定方式进行重构,上述两个主张将呈现出一幅令人向往的被改造后的社会生活图景。我认为,这两个观点从不同角度呈现出相同的图景,但重要的是,这幅图景并不是马克思的。我希望这篇文章忠实于马克思文本的核心意图,但最终的解释则与他大相径庭。我的目

---

[1] Karl Marx and Friedrich Engels, *The Communist Manifesto*, MEW, vol.4, 482/MECW, vol.6, 506. 本文多数对马克思和恩格斯的引文是按照 MEW (Karl Marx and Friedrich Engels, Marx-Engels Werke, Berlin: Dietz Verlag, first volume published 1956) 和 MECW (*Marx-Engels Collected Works*, New York: International Publishers, first volume published 1975) 版本的先后顺序先给出英文版标题,然后是卷数和页码。但《政治经济学批判大纲》和《资本论》的引文除外。

标是，相对于面向 19 世纪 40 年代的观点，为 21 世纪找到一个更加可信的马克思式观点（即使这可能不是马克思本人的观点）。

遗憾的是，我的评论尚不够顾及细节。我仅仅希望对一些最终需要发展和辩护的观点加以明晰。

一、异化活动

（一）

科恩（G. A. Cohen）在其论文《马克思主义与当代政治哲学》中指出，《资本论》第一卷对剥削的解释似乎是基于洛克式自我所有权（Lockean self-ownership）的观点[1]。马克思似乎认为每个工人都拥有自己的身体，他把劳动（身体活动）和劳动的材料混为一谈，进而主张，他对劳动的产物拥有所有权。当资本家最终拥有对上述部分产物的合法所有权时，一种"掠夺"就发生了，这可能会引起（工人方面的）愤恨和（所有右翼观察家方面的）愤怒。科恩继续指出，这其中存在某些令人诧异之事，即把对资本主义的马克思式批判建立在洛克主义者甚至诺齐克

---

[1] 参见 Cohen, G. A. 'Marxism and Contemporary Political Philosophy, or: Why Nozick Exercises Some Marxists More Than He Does any Egalitarian Liberals', *Canadian Journal of Philosophy*, supplementary volumes 16, 363 - 387, 1990。

主义者可能赞同的基础上①。科恩主张,马克思主义者应该放弃对自我所有权的承诺,这也意味着放弃如下主张,即对劳动的剥削被视为对工人的盗窃。

基于青年马克思关于劳动异化论述的某些方面,也可以提出类似观点。马克思区分了这种异化的四个类型:与劳动产品的异化、与劳动活动的异化、与类存在的异化、与他人及其活动和产品的异化(与"另一个人,以及……另一个人的劳动和劳动对象")②。在马克思看来,如果 A 与 N 相异化,那么 A 与 N 的关系就存在问题或缺陷,也就是说,异化是一个规范性概念。对于工人和他的劳动产品的关系,资本主义制度下存在的问题大致就是工人对他的产品缺乏实际控制。然而,实际控制是工人与其产品之恰当关系的一部分这一观点需要进行辩护。这种辩护不能基于对产品的使用价值的观点,因为如果工人有足够的消耗品,其异化就无关紧要。在任何现代经济社会中,只有很少的工人会使用他们所生产的产品。相反,与劳动产品的异化似乎预设了这个工人对这个产品拥有所有权。这一

---

① Cohen, G. A. 'Marxism and Contemporary Political Philosophy, or: Why Nozick Exercises Some Marxists More Than He Does any Egalitarian Liberals', *Canadian Journal of Philosophy*, supplementary volumes 16, 1990. p.371.
② 参见 Karl Marx, Economic and Philosophic Manuscripts of 1844, MEW, Ergänzungsband, p.518/MECW, vol.3, p.277。

主张明显贯穿于自我所有权和混合劳动的洛克式前提之中。同样，这对于马克思式观点来说也是一个奇怪的基础。那么，人们如何能理解这一主张，即在资本主义制度下，工人与其劳动产品是相异化的？

在《1844年经济学哲学手稿》中，马克思的确没有为各种异化类型提供任何逻辑关系。换言之，异化的任何方面都不具有优先性。不过，我们还是称下述论述为论述1，即在接受自我所有权和混合劳动这个前提的情况下，从与劳动对象相异化开始，转而思考，如果一个人与其活动产出相异化，那么他也与活动本身相异化。如果我知道我的劳动产出将（不恰当地）不属于我，我将视我的劳动活动为一种异化活动，其目的不是生产我控制的产品，而仅仅是赚取工资。

下一步将论证与"他人的劳动和劳动对象"的异化，因为他人本身也与其对象（通过自我所有权和混合劳动）以及他自己的劳动活动相异化。这一理念是："如果工人B与其劳动产品和活动没有恰当的关系，工人A就不能与工人B的产品和活动产生恰当的关系。"最后，如果人们认为类的本质活动是去生产能被生产者实际控制的物品，那么依据洛克式前提，他就可能与类存在相异化。而在资本主义制度下，这种控制确实无法实现。

这一策略如何触碰到与"他人"相异化这一劳动异化的方面，目前还不明确。一个人被设想为与他人所生产的产品所异化，因为这个他人与其产品相异化，但在这两个劳动者之间，或许不会导致异化关系，而是同情和团结。此外，工人A是否必须与工人B的产品和活动相异化，实际上并不清楚。根据假设，工人B与他自己的劳动相异化（因为他确实不控制其产品），但工人A可以与B的劳动相异化（也与B的产品相异化），这似乎是在假定这样一种论述，即工人A与工人B的劳动存在恰当关系。但论述1似乎没有提供任何这样的表述。

现在看来，论述1似乎是从对马克思关于工人与其劳动产品的异化的严格解读开始的。这种论述乃是马克思的观点，即工人对其劳动的特定产品拥有权利，就像工匠对自己制作的椅子拥有权利一样。但没有任何一个工厂的工人能像工匠一样工作。任何工厂的工人都只生产成品的一部分。与那部分相异化的将会是什么？认为工人与整个产品，甚至与大规模集体生产的所有产品相异化，不是更有道理吗[①]？

我赞同上述集体活动的方案，并将很快就此展开论述。尽管如此，论述1确实符合文本事实，即青年马克思所写的异化既是与个体劳动产品的异化，也是与他人劳动

---

① 感谢Jan Kandiyali在这一点上对我的提示。Kandiyali, Jan (unpublished) 'The Importance of Others: Marx, Unalienated Production and Meaningful Work', manuscript.

产品的异化,就像二者之间存在显著区别一样。从他的写作内容来看,好像每个工人与他自己的劳动产品相异化,接着就同样与其他工人的劳动产品相异化了。不过,根据与集体产出相异化的角度来思考,将会以文本似乎要去避免的方式来瓦解这些现象。此外,从与劳动产品的异化开始,无论是半成品、成品,甚至是全部产品,似乎都基于预设的所有权概念,而这对于马克思式观点来说仍然是一个奇怪的基础。一种对与产品整体或产品的总体相异化的诉求似乎要援引的生产主体并不是个体,而是所有共同生产某一特定产品的工人或生产产品的全体工人,并暗含他们中的其中一人对所制造的产品拥有事前(ex ante)权利。也就是说,一个人要么有着①洛克式理念,即个体将自己的劳动融入某物当中,并因此对某种个体的产品拥有个体所有权,这里指的可能仅仅是某一产品的某一部分;或者②,扩大劳动的主体,使一群工人(比如在某一特定工厂或受雇于某一特定公司的工人)将其集体劳动融入某物当中,从而使一群工人对该工厂或公司的产出拥有集体所有权;或者③,把主体扩大到极限,因此全体工人(无论对工人如何理解)把他们的劳动融入某种东西当中,进而对全部产出(无论对全部产出作何理解)拥有集体所有权。事前的(ex ante)个人财产权显然对于马克思式主张来说是一个奇怪的基础,事前的集体财产权也是如此。假设一家公司的工会买下了这家公司,并将股票分发给公司的员工。根据集体产出的解释，这将终结这些工人与其产品的异化。然而，这并没有涉及与其他公司的工人或那些工人的产品的异化。如果对某一群体的劳动产品是否拥有集体所有权乃是是否与该产品相异化的基础，那么很难看出不同公司的工人如何被彼此异化或与他们不同的产品相异化。更重要的是，我们似乎仍处在一个洛克式世界中，更为广泛的局部所有权并不是马克思的目标。最后，如果我们走向对产品整体的集体所有权，我们就已经从所有权有其归属的语境中抽离出来了。所有权是针对他人的权利。可以说，在向社会主义的过渡期间，工人从资本家那里取得了生产资料的所有权，即工人而不是资本家拥有生产资料。但在共产主义社会中，当工人和资本家的区别被认为已经消失时，工人拥有对整体产出的所有权吗？他们针对谁拥有这样的权利？所有权作为一个范畴难道不应该消亡吗（与强制执行所有权的国家一样）？然而，如果劳动异化消失的一个条件就是劳动产品所有权范畴的消失，似乎就很难用这种或那种形式的所有权的存在与否来解释工人与其劳动产品的异化。

我提出论述 1 的目的是要表明，人们可以从洛克式前提出发推导出异化劳动的绝大部分，但基于这个前提的论述是不是一个有用的马克思式论述，仍然是*存疑*的。这就为我们提供了一个理由来概述一个不同的论述，即论述 2。这个论述避开了自我所有权和混合劳动的前提。相反，它优先考虑的是劳动活动。在论述 2 中,异化的主要形式是活动,而不是产品。

假定劳动活动有着恰当形式。假定对于从事劳动的人来说,这种恰当形式不止包括践行有价值的能力的机会,还包括在从事劳动时有特定的意图(造福他人的意图),以及能够对自己劳动的形式和内容施加某种程度的控制。在资本主义社会中,工人在工作中的确没有恰当的意图(他们想要赚钱,而不是使他人获益),他们很少或根本无法控制他们工作的形式(工厂的结构)或内容(产品的性质)。总的来说,劳动似乎是强加给他们的,而不是"生活的首要需求",与良善生活似乎格格不入①。由于他们在工作中想要赚钱而不是造福他人,他们对自己的活动观念的理解从根本上说是错误的。对他们来说,他们的活动以薪水结束。然而,如果理解得当,该活动将以另一个人使用该产品结束。这个活动不仅仅是制造一个对象的活动,而是为其他人提供使用对象的活动②。因此,劳动活动的

---

① Marx, "Critique of the Gotha Programme", MEW, vol. 19, p. 21/MECW, vol. 24, p. 87.
② 近期,有两篇文章对马克思的劳动和亚里士多德对行动与生产的区分之关系问题进行了精彩的探究。参见 Julius 和 Neuhouser 未发表的文章。Julius, A. J. (unpublished) 'Suppose We Had Produced as Humans', manuscript; Neuhouse, Frederick (unpublished) 'Marx: Alienated Social Forces', manuscript。

异化涉及某种对活动的恰当控制的缺失,也就是一种缺乏恰当控制的感觉,一种活动内容的无意义感(除了赚钱)。最后,是一种对所参与活动的根本的错误描述。

现在,我们来转向劳动产品,如果工人与其劳动活动相异化,那么他也与其劳动产品相异化。如果他的确不控制任何生产条件,他与其所生产的东西的关系就不是最优的。此外,正如他所理解的那样,他的活动的最终目的不是为了使用而生产物品,而是为了赚钱。他是否产生了使用价值与他无关。工人与其产品相异化,不仅是因为他无法控制产品,还因为产品的内容——它的使用价值,更重要的是,产品的使用——不属于他对自己活动的描述①。

---

① 此外,在心理层面,与劳动活动相异化可以采取多种形式。其中一种形式会涉及一种对异化的感觉,即关于劳动的某种不愉快的感觉和意识到活动是有问题的。工人①发现现存的劳动形式通过一种或多种方式令人极度不快,②认为,至少在早期,劳动活动并非必然如此(异化是一个规范性范畴)。如果异化是被感觉为异化,必然涉及这样一种意思,即事情可以并非如此。我将此理解为一种内在的渴望。另一方面,对于一些与劳动活动相异化的工人来说,可能无关于上述内在渴望。就像亚当的诅咒一样,可能是感到不愉快,但将其视为必然。这里,工人并没有感觉到被异化,即使他确实如此。这不是对主观异化和客观异化的普通区分。艾伦.伍德(Allen Wood)指出,对马克思而言,异化涉及①"意义感和自我价值感的缺乏"并且②"无法实现自身的状态……相比异化意识(意义意识和自我价值感的缺乏),更为根本的是现实的异化,无法(或无力)实现个体的人的本质力量。"(Wood, Allen W. *Karl Marx*, London: Routledge & Kegan Paul, 1981, p.23)。①是主观异化,涉及的是一种作为感受的心理状态;②则一种事态的异化,无关乎一个人感受如何,而是人　　(转下页)

论述 2 如何处理与其他工人及其活动产品的异化？ 对稀缺工作的竞争使工人们成为竞争对手，至少不是朋友。从这个意义上说，这使他们彼此异化。论述 2 强调，在劳动活动的恰当形式中，工人将在特定的集体性活动中扮演自觉的和合作的角色。但在资本主义社会中，出于两个理由，相关的集体活动并不存在，至少不以恰当的形式存在。首先，如上述，参与者不理解这项活动的导向是使消费者获利。其次，对于马克思来说，活动的恰当形式本质上是集体性的，本质上是一种涉及工人如此理解的共同意图的活动。然而，在资本主义制度下，每个工人的目标都是他的工资，实际上不存在朝向他们的集体活动的共同意图（也就是使他人获利的集体生产活动，或者换个角度看，使彼此获利）。不仅工人意图的内容是不恰当的（没有使他人获利的意图），形式也是不恰当的（没有共同的意图）。因此，工人与其他工人、其他工人的劳动活动及其产品相异化，因为这些东西被认为是集体活动的一部分，而这种集体活动并没有以恰当的形式存在。

　　最后，论述 2 可以解释人与类存在的异化。假定个体

（接上页）在其中无法践行特定的关键能力。这个注释所概述的两种异化形式都是主观的。它们不同于与劳动活动（这超出了伍德的"意义感和自我价值感的缺乏"的模糊论述）相异化的感觉，这可能会为社会批判提供一种支撑。因此，如果把劳动的不愉快仅仅视为亚当的诅咒，那么社会批判将会是有缺失的。

的类存在的实现在于以恰当形式参与改造自然的集体活动，以便生产产品供他人使用。如果一个人目前不能恰当参与该活动，即以恰当的集体形式参与，那么他与该活动的恰当形式的关系就存在缺陷。

如果一个人优先考虑与劳动活动的异化，那么工人便是生活在一种假象中。他未能看到自己的活动种类属于人类繁荣的恰当领域，相反，他将非劳动性活动（休闲，解决食欲，也许是政治或哲学）视为这种繁荣的真正领域。除此之外，他对自己的活动有一个根本上错误的信念。他确实在做 X（为他人生产），但他认为自己在做 Y（为工资而生产）。当然，在某种关键意义上他是对的（他并不是真的在为他人生产），这就是问题之所在。

我想强调的是，资本主义社会中的劳动是对劳动性活动之恰当形式的一种扭曲。就像是有人被送到我们的文化中，在被康德的臭名昭著的术语（如"两个不同性别的人为了终身占有对方的性官能而产生的结合体"）所构想的婚姻这一社会实践下结婚了[1]。这个人将会在不了解其恰当内容的情况下参与到特定的社会实践中。毫无疑问，马克思会说，在资本主义社会中，对劳动性实践的扭曲理解能准确追踪到扭曲的现实中（仿佛康德对婚姻的描述实际

---

[1] Kant, Immanuel. *The Metaphysics of Morals*, translated by Mary Gregor, Cambridge: Cambridge University Press. 1996, p.62.

上就是我们当前的实践)。马克思仍然认为存在对劳动性活动的恰当描述(对恰当意图、态度、信念的描述),即使这种描述在实践中尚未实现。

或者,我们可以思考柏拉图在《理想国》第一卷中对手工活动的讨论。苏格拉底坚称,工匠的活动,比如木匠的活动不同于可能重复的赚钱活动①。对于传统的手工业活动,手工业活动和赚钱活动可能或多或少在同一个地方开始和结束,比如,木匠可能在顾客家完成工作,并且几乎在同一时间得到工资。相反,在现代经济活动中,在共产主义和资本主义条件下,工人(或工人群体)何时完成实际生产(例如一辆汽车)与消费者何时使用汽车之间存在间隔。在资本主义经济中,当产品被生产出来时(或许更准确地说,当他的班次结束时),工人的活动就会被认为结束了。我将假定在共产主义经济活动中,工人会将其活动理解为直到消费者使用其产品时。与资本主义不同,如果产品从未被使用,工人会将他的活动视为不完整的或是失败的。换言之,在资本主义社会中,赚钱的规则破坏了木工技艺的规则(例如,只要无人知晓,就会使用廉价但劣质的材料)。因此,工人可能会将这两种活动混为一谈,从而意识不到这对劳动性活动造成的扭曲。(不仅仅

---

① 参见 Plato, *Republic*, Cambridge: Cambridge University Press, 2000. p. 346a - e。

是工人如此。通用汽车公司的一位董事长有句名言："通用汽车公司不是从事制造汽车的，它的业务是赚钱。"[1]）

如果我们认为马克思认同论述2，他的确就不需要洛克式前提。相反，与劳动性活动的异化是异化的首要形式。这种异化导致工人的实际活动与该活动的恰当形式之间存在多重有缺陷的关系。对于青年马克思来说，当这种活动转变为恰当的形式，它就是包含共同意图的改变自然的集体性活动，其目的则是为他人（即彼此）生产可供其使用以追求其人生计划的物品。

（二）

就论述1而言，对劳动异化的不同方面进行解释的支点在于这样一种理念：劳动对象本是自己拥有的，但在资本主义社会下，他人对该对象拥有合法所有权和有效控制。在论述2中，最重要的理念在于劳动被认为是一种特定类型的集体活动，但在资本主义社会中，它并没有以恰当的形式存在。

我们可以在《1844年经济学哲学手稿》中找到这两种解释。不过，我想撇开文本问题。这两种解读基于看待社会的不同方式和不同的社会观念。我们需要明确的是，我们想要将哪种解读归于马克思。它们都不是基于现在或过

---

[1] 这一论述引自 Thomas Aquinas Murphy. 参见 http://en.wikipedia.org/wiki/Th-omas_Murohy_(chairman)。

去的任何社会的经验性描述，在此意义上，它们都是规范性观念。从历史和当下来看，每种观念都有其倡导者，他们将其作为思考社会的最佳方式，以明确一个良善（或是一个正义的）的社会会是什么样子。

观念(1)：社会是一个企业，最好认为它独立于任何给定的个体而存在，且个体可以被认为在某个时刻"进入"了这个企业。我们可以将这种"进入"理解为通过诺齐克式自愿交易而实现。此外，我们可以询问他对社会的增值，比如，我们可以询问他是否已经收回他所创造的价值，即他是否在马克思的意义上被剥削，或者，引用米特·罗姆尼（Mitt Romney）的区分，他是制造者还是占有者（maker or taker）[①] 这种观念，我们称之为个人主义观念。显然，这一观念非常符合洛克式前提。

观念(2)：社会最好被视为一个不断发展的永恒集体性企业，如此就不会再有"进入"这个理念。对社会整体的个体性贡献也就无法被理解了，无论这个贡献是积极的

---

① 参见 *The Economist*, October 13, 2021："在五月的一次基金募集会上，共和党总统候选人米特·罗姆尼（Mitt Romney）将 47％未缴税的美国人（他们将自己视为'受害者'）视为有权接受政府的救济。保守党指出，40％的所得税来自 1％的纳税人。他们认为美国政府将'制造者'越来越少的税收再分配给了大量的懒人"。参见 www. economist. com/node/21564407. 下面是琼斯妈妈（Mother Jones）网站上米特·罗姆尼（Mitt Romney）在 2021 年 5 月 17 日募捐活动的视频。www. motherjones. com/politics/2012/09/watch-full-secret-video-private-romney-fundraiser/。

还是消极的。相反，我们都在通过各种方式，如物质生产、幼儿保育、立法和守法等方式为一个不断发展的集体企业做出贡献。所有这些都不能根据社会增值来解释（作为不同于个人对特定盈利公司的增值）。对此，我们称之为整体性观念。①

如我所言，上述观念并非去回溯任何真实的社会之产生或其所是，而是都是作为一种为了规范性评价的目的而对社会进行思考的良好方式而被提供。诺齐克明确肯定了观念(1)，罗尔斯则肯定了观念(2)②。

有些评论家认为马克思是根据整体性观念来思考生产的。③ 作为对马克思文本的整体性解读，我对其准确性有所怀疑（尽管科恩再次担心剥削将会持续存在）。不过，我在上述论述中概述了一种广泛的集体性活动，尽管青年

---

① 观念(1)与个体和集体事前所有权的理念相符合。正如文中所提到，从马克思式视角来看，完全集体所有权的观点是奇怪的。但还存在另一种看待事情的方式。产品总体的事前集体所有权的理念是上帝将地球赐予人类共有这一理念更新后的版本。如果这一理念，即地球及其产品以及我们的产品（劳动产品）都是我们的，被简单理解为对广泛的社会再生产的集体性活动的恰当形式的思考（我们理应如何利用我们的集体性遗产?），那么对这种集体所有权的讨论便和观念(2)相容。
② 参见 Rawls, John. *Political Liberalism*, New York: Columbia University Press, 1996. Lec. VII, p.276.
③ 参见 Graham, Keith. 'Self-Ownership, Communism and Equality', *Proceedings of the Aristotelian Society*, supplementary volumes, 1990. pp. 64, 45-61.

马克思的诸多变体的关注点仅仅集中于物质生产,因而聚焦于一种相对狭隘的集体性活动。马克思式异化是指与大规模改造自然的活动的恰当形式相异化,但它仍是一种狭隘的集体性活动,因为它排除了作为社会再生产的组成部分的许多其他人类活动。如上述,另一种选择是从更广泛的活动的角度来思考,即创造并维持一种恰当的社会形式,也就是超越物质生产范围的集体性活动的角度来思考。

我的目标是减少我所称之为生产主义(productivism)的这种青年马克思的承诺。在他的1844年的著作中,马克思认为自己是在对普通劳动(ordinary labour)加以确证。他广泛接受了一种亚里士多德式图景,即人类繁荣在于参与到运用最为关键的人类能力的活动中。然而,与亚里士多德相反,马克思坚持认为这些活动不是传统的统治或哲学思维活动,而恰恰是亚里士多德所蔑视的活动,即制作人们所使用东西的普通活动[1]。(这里,马克思并不是特别具有独创性,对工作的赞美是维多利亚时代常有的事。)

我并不想放弃青年马克思关于生产可供使用的东西是有价值的这一思想,但1840年代的物质条件并非我们今

---

[1] 人们使用的东西并不限于生活必需品。人们有着远超仅维持生存的计划,因此他们需要那些超出生存之所需的商品和服务。

天要面对的条件。在生产主义下面,我将列出几个条目:①洛克式观点:我拥有自己的身体,因此对我的身体所生产出的东西拥有所有权。如我之前提到的,这对马克思式观点来说是一个奇怪的基础。我还提出②,人类在本质上是物质生产者,也就是物质世界的改造者,这决定了人类之善的内容。不过,仍然存在某些理由去担忧②(有时马克思本人也反对它)[1]。首先,日前来看,"物质生产活动"

---

[1] 从文本上看,人们所青睐的劳动类型存在模糊性。对物质世界的改造是为了个体和类存在的生存,还是在生存得到确保后才参与到改造性活动中?马克思 1844 年的文本指向上述两种。一方面,他批评早期作家将"劳动,也就是工业"仅仅视为"一般需要"(*Economic and Philosophic Manuscripts of 1844*, MEW, Ergänzungsband, pp.542 - 543/MECW, vol.3, p.303),并宣称"工业的历史和工业的已经产生的对象性的存在,是一本打开了的关于人的本质力量的书"。以及"通常的、物质的工业"涉及"人类的本质力量"(*Economic and Philosophic Manuscripts of 1844*, MEW, Ergänzungsband, pp.542 - 543/MECW, vol.3, p.302)。这种评论似乎倾向于将必要劳动作为类存在的活动。另一方面,当马克思主张动物的生产"只是在直接的肉体需要的支配下生产,而人甚至不受肉体需要的支配也进行生产,并且只有不受这种需要的支配时才进行真正的生产"时,他似乎认同非必要劳动,因而可能不是一种物质生产形式的活动(Marx, *Economic and Philosophic Manuscripts of 1844*, MEW, Ergänzungsband, p.517/MECW, vol.3, p.276)。在《政治经济学批判大纲》中,马克思指出联合两种劳动类型的方法:劳动可以获得正确的类型。"①劳动具有社会性;②劳动具有科学性,同时又是一般性劳动。这种劳动不是用一定方式刻板训练出来的自然力的人的紧张活动,而是作为一个主体的人的紧张活动,这个主体不是以单纯自然的、自然形成的形式出现在生产过程中,而是作为支配一切自然力的那种活动出现在(转下页)

范畴,甚至"与物质生产有充分联系的活动"过于模糊以至毫无用处。在 19 世纪的工厂车间里,人们通过操纵机器对原材料进行加工,这种景象与 21 世纪的生产活动相距甚远。交通、物流安排、公路维护和许多其他事情都是物质生产的重要组成部分。此外,物质生产活动是一种对社会有用的活动形式,但也存在其他形式的对社会有用的活动。首先,想一下育儿、养老、各种类型的健康服务、食品服务、清洁服务、教育、娱乐等[①]。就人类繁荣的观念而言,为什么要赋予改造物质世界以最基本的优先性,这是不清楚的。其次,考虑到物质匮乏(更不用说在规范

(接上页)生产过程中。"(*Grundrisse der Kritik der politischen Ökonomie* (1857 - 58), Berlin: Dietz Verlag, 1974, p. 505/*Grundrisse*, translated by Martin Nicolaus, New York: Vintage Books, 1973, p.612)。最后,在《资本论》第三卷,马克思写道:"自由王国只是在由必需和外在目的规定要做的劳动终止的地方才开始;因而按照事物的本性来说,它存在于真正物质生产领域的彼岸"(*Das Kapital. Kritik der politischen Ökonomie*, vol. 3, Berlin: Dietz Verlag, 1981, p. 828/*Capital: A Critique of Political Economy*, New York: International Publishers, 1967, vol. 3, p. 820, translation amended)。最后一个评论表明对生产主义的[②]的拒斥。

① 2015 年,医疗卫生占美国 GDP 的 17.8%。参见"U. S. Sees Historical Jump in Health Care's Share of the Economy", U. S. News and World Report, December 2, 2016, www. usnews. com/news/articles/2016-12-02/us-sees-historic-jump-in-health-car-es-share-of-the-economy。然而,在多数情况下,医疗卫生所做的是健康保健(因此有了"健康维护组织"的标签),或可以被称为"健康修复"。没有"新"东西被生产出来。然而,对于传统生产力来说,更能作为其条件的是什么?

性信念上的分歧），我们需要制度安排来处理冲突和争端。事实上，我们需要国家，因此需要人们受雇于现代国家，并参与到现代国家所从事的各种有用的活动中。或许在某些意义上，物质生产是"优先的"，在某些返祖的意义上首先是要填饱肚子，但在一个发达的社会中，这并不能作为在一个对于社会再生产十分重要的活动大类中赋予某种活动以规范性的优先性的理由①。

我归于生产主义的最后一个特征是③，即人在本质上是能动性的存在者（active beings），这也决定了人的善观念的内容。我将在第二部分讨论这个特征。

在继续讨论之前，我来进一步说明两点：

首先，我想把一种整体性的社会观念归于 1844 年的马克思。尽管如此，他认为对社会的现存认知是，或者很可能是个人主义的。这是由于市场关系的影响。工人、雇主和投资者都认为市场是预先存在的，他们必须使自己的才能和资产与之匹配。这看上去确实不像一个集体企业，其目的也不是让消费者获利。消费领域也出现了能被觉察

---

① 在我将马克思所引向的方向与 Frederick Neuhouse 将马克思解读为将卢梭的自由公民关系扩大到工作场之间所存在某种重叠。我们共有的活动乃是非异化的活动这一理念，即活动的领域是人类繁荣的要素，它并不局限于政治或是传统 19 世纪的工厂，而是并且（至少）包括二者。参见 Neuhouse 未发表的文章：Neuhouse, Frederick (unpublished) 'Marx: Alienated Social Forces', manuscript。

出的问题。商店货架上的产品并没有表明它们是某个活动的产出,而活动的恰当终结点是使消费者获利。同样,消费者对产品的导向也仅仅是要尽可能便宜地购买有用的物品,至于产品如何上架,没人会关心。一种进一步理解与劳动性活动相异化的方式是,它不仅扭曲一个人的生产意图。关于他人在生产中的意图的信念,以及关于他人在消费活动中的信念之信念,同样会扭曲一个人(或他人)对所有人参与的活动的看法。这种集体活动似乎是个人主义的。资本主义社会下的生活使得恰当的集体活动似乎是个人主义的(因为在资本主义社会下很多方面即是如此)而不是整体性的,并使得这一特征似乎是自然的而非扭曲的。

其次,我对生产主义的拒斥使得人们可能与之相异化的活动变得复杂。我已经将市场和非市场部门的服务性工作全都包括在内,但这些工作并没有传统制造业的特征,即生产和使用之间的鸿沟。如果一个人是公立学校的教师,他的"产品"的生产和使用之间可能就会有明显的联系,同样,直接进行公共性服务的政府雇员也是如此。服务员、酒店工作人员所从事的营利性行业可能也是如此。这种工人能够正确地描述自己的活动,其他人则可以意识到这些活动是有价值的[1]。

---

[1] 当然,生产和使用之间的鸿沟在工厂车间外也会发生,比如,不论是为获利或是公共领域的办公室工作。在汽车生产或废水回收的新计划和它们的实施之间可能存在很长的时间差。

就营利性公司而言，为提供福利而工作和仅为获得工资而工作之间通常存在张力。工人的异化显然是可能的。然而，即便在公共部门，虽然个人工作的官方意义是使公众获利而非使私人获利，但一个人的工作可能缺乏足够的资金和意识形态的支持（与私营部门相比，薪酬可能低得离谱，这个人的公民同胞可能不会重视他为他们生产的利益，进而可能对公共部门的腐败普遍持怀疑态度），以至于 个人会认为自己所做的只是雇佣劳动，而对其意义漠不关心。

我们需要区分承认（recognition）和赞赏（appreciation）。我将把"承认"仅看作认知性的，比如，我承认我正在吃的橘子是人所生产和销售的，我承认老师教导我的孩子，我承认是车管局的工作人员更换我的驾照。我所谓的"赞赏"，确切地说，是在如下意义上重视相关事实：①为某人（许多人）为我提供了一个橘子等事实表示感激，并且/或者②a 对这个人（那些人）已如此行事而有所感激，甚至是②b 对这个人（那些人）所做之事的意图是让我获利而有所感激。通常情况下，（在上述一种或多种意义上）人们承认但不会赞赏他人为我所做之事。这可能是因为人们准确地看到工人缺乏真正的意图。另外，即便工人们克服困难和工作压力，并拥有恰当的意图，但（准确地看）通常将（在一种或多种意义上）感到不被赞赏。当我认为与有价值的活动相异化是可能的时候，在很大程度上，这个活动的确没有恰当的形式，恰当的形式包括这样的结构，即对来自活动受益者的赞赏和行为主体关于能得到赞赏的（准确）信念加以证实[①]。

当一个人将赞赏的维度加到某种特殊意图的要求上时，我们就会强烈意识到，异化可以从马克思所构想的活动类型和功能不同的活动中共同获得。

青年马克思也谈到了与"其他人的劳动或劳动对象"相异化。假定"另一个男人（或女人）"不一定是某人所在的工作场所、公司或办公室的同事，即假定他或她是在这个人所在国家的不同地方的一个陌生劳动者。那么，这个人将与那些不直接属于自己劳动活动的那部分成果相异化。也就是说，任何马克思式观点都假设与其他人的生产活动之间存在一种恰当关系，但在资本主义社会中，所有其他人都无法获得这一关系。将我们自己限定在一个被给定的民族国家中，我们所讨论的是与作为一个整体的社会

[①] 黑格尔传统非常重视承认这一主题。更完整的讨论将需要区分我所使用的承认和赞赏概念和黑格尔传统的各种文本中对这些概念的使用。关于以承认为主题的近期重要文献，参见 Honneth, Axel. *The Struggle for Recognition*, translated by Joel Anderson, Cambridge, MA: The MIT Press, 1996; Fraser, Nancy and Honneth, Axel. Redistribution or Recognition, translated by Joel Golb, James Ingram, and Christiane Wilke, New York: Verso, 2003; Schmidt am Busch, Hans-Christoph and Zurn Christopher F. eds., *The Philosophy of Recognition*, Lanham, Maryland: Rowman & Littlefield, 2010。

再生产，包括非市场活动的集体活动的恰当关系①。如果对于马克思式观点来说，自我实现是一项活动，可以将其描述为对广泛的社会再生产的集体性活动的参与。恰当地完成并且得到赞赏（这意味着"在恰当的社会安排下完成"）就可以视为实现了个人的类存在。在不恰当的社会安排下，人们可能不能将活动①视为集体性活动而存在，且/或者②将其视作一种相当有意义的活动（人们可能不会以正确的方式赞赏它）。因此，不仅与自己的活动相异化是可能的，同时也可能与集体性活动相异化。

如果马克思在 21 世纪能在哲学上提供某些助益，他就需要做出某些修正。在扩大其所青睐的活动的范围，使之超越以市场为导向的对物质世界的改造时，我始终坚持活动对于产品的优先性。非市场性活动通常不会生产其他人可以明显控制的明确产品②。聚焦于与产品的异化可能会更难以看到工人与其非市场性活动的异化如何可能。然而，一般来看，可以把某些马克思式观点可能称之为与某人的工作活动，以及社会再生产活动相"异化"的事情视为一种普遍的社会现象。日常生活中，大多数人，包括很

---

① 社会再生产的充分论述将必然考虑全球性依赖这一事实。如何更好地将这一事实纳入解释需要另辟新文来讨论。
② 这里也有例外，比如，我作为一名市政府雇员可能提议推进城市交通系统的现代化，但我的上级可能永不会让它实现。

多参与到非市场性活动中的人并不参与到意图使其公民同胞获益的核心日常活动中,即去创造和维持使他们的公民同胞拥有真正的机会去追求他们自己的人生规划的社会条件。此外,大多数人既不认为他们的公民同胞是参与到上述活动中的,也不赞赏别人实际上为他们做事的许多方式。如果将良善生活理解为其中涉及个人的导向是让公民同胞获利的活动,并因此被承认和被赞赏,那么大多数人都没有过上良善的生活。如果这主要是由于当前社会安排的结构,那么将有一个改变这些安排的强有力的理由。

(三)

我已将青年马克思引向下面这两种理念。

第一,如果劳动异化涉及对某种特定集体性活动的有缺陷的关系,那么就必定存在这种关系的恰当形式。马克思在《穆勒评注》的结尾处对这种恰当形式作了简要概括[①]。这一概括表明,个体的生产是为了给他人提供他们可以追求其人生计划所需要的物品(他们是为彼此而生产),这些人承认并赞赏这一事实。在这样的生产中,生产者意识到他们因此实现了他们的本质(他们的类存在)。我们在《穆勒评注》中看到的是一个集体性活动,它最终以对个体生活计划的广泛个体性消费而告终。

[①] 参见马克思,"Comments on James Mill, *Elemens d'économie politique*", MEW, Ergänzungsband, pp.462–463/MECW, vol.3, pp.227–228。

《穆勒评注》的概述基于两个相关的前提：共产主义的生产活动将会使我们超越物质匮乏，并且在一个共产主义社会中，每个人都将从事自我满足的生产活动。这两个前提是相关的：如果生产力让我们超越物质匮乏，那么将不再需要有效利用资源尤其是劳动力。社会也可以接受未经协调的劳动偏向而导致的浪费。

青年马克思似乎接受这两个前提（《哥达纲领批判》中的马克思也是如此），但它们是不合理的。某种程度的匮乏很可能会永远伴随着我们，在可预见的未来定然如此。这是由于资源的局限性，保护环境的需要和合法需求的必然扩大所导致的。此外，自发协调的傅里叶式命题是不充分的①。考虑到合理的可行性约束，一个被修订后的

---

① 关于傅里叶在马克思文本中的作用，参见 Schmidt am Busch, Hans-Christoph and Zurn Christopher F. eds., *The Philosophy of Recognition*, Lanham, Maryland: Rowman & Littlefield, 2010。关于我所谓的傅里叶式命题，存在学术争议。如果人们将马克思视为接受这一命题，我们将得到这一观点，即共产主义将在自我发展活动（针对自我发展的生产性活动）中发挥很大的作用，我们参与到活动中而无需考虑为他人自我发展创造条件（人们可能是打猎者或是渔夫"就像他们有这样的想法"，正如马克思和恩格斯在《德意志意识形态》中所讲；MEW, vol.3, p.33/MECW, vol, 5, p.47）。这是解决劳动协调问题的不合理的方式。相反，人们可以通过假定共产主义者整体生产或是至少首要是向他人提供所需，即他们根据社会需要来调整他们生产活动的内容来解决协调问题。这将解决问题（假定恰当的信号装置可以让个体知道在特定的时间生产什么），然而代价是限制了共产主义者生活中自我发展的作用。这也意味着人们必须找（转下页）

马克思式观点需要明确一种恰当的生产者和消费者之关系问题的内容。

我将马克思引向的第二个理念是罗尔斯的社会基本结构的观点。我已经极大扩展了马克思式活动所青睐的范围。尽管如此,并不是每一项活动都能归于受青睐活动的范围。社会再生产并不包括特定时间、特定社会中的每一项活动。我们需要基本社会制度和实践这一概念。实际上,我们需要基本结构这一概念。

对马克思而言,基本结构的范围是什么?在罗尔斯看来,使社会制度成为基本结构的一部分是由于 a 制度对于参与的深刻影响是不可避免的,以及 b 制度对行为主体生活前景有着深刻影响[1]。我认为,马克思的评判标准会增加一点困难。如果①制度对于参与有着深刻影响是不可避

(接上页)到一种方法来摆脱我在别处提到的埃尔斯特的循环论证。如果我们每个人为他人生产追求其个人人生计划所使用的东西,那将会是自我挫败的。一些人必须参与到这些活动中,而不是由于为他人生产而参与到为他人生产的活动中等。一些人必须追求他们的幸福,如果其他人为之心动。关于这个问题的论述,参见 Elster, Jon. *Making Sense of Marx*, Cambridge: Cambridge University Press, 1985. pp. 87 - 88. 关于马克思如何解决合作问题之观点的重要解读,参见 Kandiyali, Jan (unpublished) 'The Importance of Others: Marx, Unalienated Production and Meaningful Work', manuscript。

[1] 参见 Rawls, John. *A Theory of Justice*, Cambridge, MA: Harvard University Press, 1971/1999, §2. 另见 Rawls, John. *Political Liberalism*, New York: Columbia University Press, 1996. Lecture VII.

免的，以及②实践或者制度会深刻影响②a行为主体追求各自的自我实现活动和/或者②b行为主体对广泛的社会再生产的集体活动的恰当（即非异化）参与，那么一种制度就有可能成为青年马克思的基本结构的一部分。这里的区别在于②b的加入。一种有所扩展的马克思式观点的前提在于，活动中恰当的，也就是非异化的参与乃是良善生活的重要组成部分。增加②b的目的是要提出一种可接受的社会安排的要求，这种要求通过调节基本结构的可接受的原则来解决，以克服与社会再生产的广泛活动的异化。

这就引出了本文第一部分的最后一点。引入基本结构即是引入用原则来对其加以调节的必要性。一个被修订后的青年马克思将需要某些分配原则来规范马克思式基本结构。这里的目的不是要提出马克思式分配原则。这些原则在多大程度上类似于罗尔斯的原则，以及这些原则的应用将在多大程度上限制甚至消除自由的市场活动（因为市场动机与马克思的偏好不一致），将取决于很多因素，但关键之处在于，需要减少或消除对社会再生产这一广泛活动的异化。

二、关联性命题

《共产党宣言》坚信，在共产主义社会中，"每个人的自由发展是一切人自由发展的条件"[1]。这里有两个组成部分：在共产主义社会中，所有人都将获得自由发展，同时，在共产主义社会中，每个主体的自由发展和所有主体的自由发展之间存在关联性（link）。我将其称为关联性命题。

多数自由主义作家都断言，不同主体的自由之间存在联系（connection）。一位美国民权运动领导者坚称，"没有人是真正自由的，除非所有人都获得了自由"[2]。甚至弗里德里希·哈耶克（Friedrich Hayek）和米尔顿·弗里德曼（Milton Friedman）也强调类似的关联性命题[3]。因此，有必要明确对于马克思和恩格斯（以下简称"马克思"）来说，这种关联性命题是何种命题。

（一）

这个关联性命题表明，不论谁拥有参与自由发展的真正机会，其他人也必须如此。就自由发展的机会而言，我认为马克思想表达的是个人必须有机会自由选择参与到广泛的活动中，通过这些活动，他将能够以自己认为恰当的

---

[1] Marx and Engels, *The Communist Manifesto*, MEW, vol. 4, 482/MECW, vol. 6, 506.
[2] 参见 Fanny Lou Harney, "Nobody's Free Until Everybody's Free", speech to the National Women's Political Caucus in Washington, July 10, 1971。
[3] 参见 Friedman, Milton. *Capitalism and Freedom*, Chicago: The University of Chicago Press, 1962。

方式去发展自己①。以此，关联性命题将每个人的机会与所有人的机会关联起来。这是一种怎样的主张呢？

(1) 这可能是某种经验性主张。列举如下：

① 这种主张可能认为，从未存在过这样一种事态，只有部分人而不是所有人可以自由发展。遗憾的是，这种主张似乎是错的。有钱有势的人往往能自由发展，没钱没势的人却没有这种机会。的确，如果我要自由发展，我将需要他人为我生产我在自由发展中所使用的商品和服务。然而，在生产这些商品和服务时，这些他人本身不需要自由发展。通常，他们也没有实现自由发展。

② 可能是另一种经验性主张，即概率性主张。一般来说，或许可能仅仅在现代社会，自由发展的机会必须非常广泛，否则将出现严重的社会不稳定。公民期望拥有一定范围的机会，如果没有得到，他们就会反抗。

这里的重点在于机会的细节。这些机会包括占据有权

---

① 马克思的个体性理想背后有着洪堡式影响："任何人的职责、使命、任务就是全面地发展自己的一切能力"（Marx and Engels, *The German Ideology*, MEW, vol. 3, p. 273/MECW, vol. 5, p. 292）。这源自《德意志意识形态》。在其1844年的著作中也有相似的评论："富有的人同时就是需要有人的生命表现的完整性的人"（Marx, *Economic and Philosophic Manuscripts of 1844*, MEW, Ergänzungsband, p. 544/MECW, vol. 3, p. 304）。或许值得为此理想提出挑战。个体发展的广度可能会以其发展的深度为代价。假定一种真正的理想是将这两种维度达到真正的平衡，那就要假定这种平衡因人而异。

力和有声望的职位吗?包括让自己的孩子进入统治阶级吗?这取决于人们如何明确相关机会的内容,以及这种机会必须达到何种程度的平等。像美国这样的现代国家可能就是一个明显的反例。在美国,一部分人享受着特定类型的自由发展的机会(比如发展在商业和政治统治中的判断能力,或者可能是对各种学术思想的实践能力),但多数人,甚至是绝大多数人都没有这样的机会,但公民却不会反抗。

③ 可能是另一种概率性主张。米尔顿·弗里德曼(Milton Friedman)会主张,一切自由(他所谓的消极自由)在下述意义上都是相互关联的,即如果我们允许国家压制其中的部分自由,如参与市场活动的自由,那么国家最终将压制更多的自由,并终将导致极权社会。再说一遍,细节是至关重要的,但其潜在主张是,广泛的市场活动的自由对于个人基本自由来说是一个经验性条件①。这里同样存在一个反例,即欧洲国家,限制市场和保护自由的政治安排在这些国家中共同存在。

从较弱的意义来看,作为一种经验性命题,关联性命题似乎并不是非常正确。它是否可能是:

(2) 一个对"自由发展"或"自由"进行探究的概念

---

① Friedman, Milton. *Capitalism and Freedom*, Chicago: The University of Chicago Press. Friedman, 1962, see especially Chapter 1.

性命题？同样，这个方案也存在几个选项：

① 从自由发展开始，人们可以这样定义 a 真正的自由发展需要承认他人是作为"一个自由发展的人"，这种承认涉及支持促进个人自由发展能力的安排的承诺；b 一般来看，除非乔（Jeo）愿意承认吉尔（Jill）是自由发展的个体，否则，她将不会承认他是自由发展的个体。因为自由发展被理解为一种受制度影响的相互承认的形式。遗憾的是，满足 a 和 b 并不能意味着每个人都能得到承认。这里可能存在一个相互承认者的圈子（乔、简、约翰），而其他人，甚至很多人（凯特、金、肯）都被排除在外。一个人的自由发展并不一定得出"所有人的自由发展"。

② 现在转向自由概念，人们可以主张，基于对这个概念的最佳解释，只有个体在平等地参与到所有人共同控制的社会安排中时，他才可能是自由的。这一主张将会是，除非人们控制"我们存在的基础"（密尔的表述），否则人们不会被视为自由的。只有通过普遍的自由、平等和集体活动，这种控制才是可能的①。这里，确实可以推导出，如果所有人是自由的，必须每个人是自由的。

存在这样一种哲学传统，它从广义的②来解释自由，即黑格尔传统，马克思继承了这一传统。不过，这里仍存

---

① Mill, J.S. *Utilitarianism*, in Jeffrey Rogers ed., *The Collected Works of John Stuart Mill*, vol.10, Toronto: Toronto University Press. 1985. p.251.

在两个问题。第一,对个体生存之基础的共同控制并不意味着每个人都有个人自由发展的机会。在足够的意识形态的凝聚力之下,法西斯社会的成员可能会被认为控制了他们生存的基础。即使我们坚持平等的政治地位,对基础的共同控制似乎也是与多数人的暴政相容的。因此,作为对个人之生存基础的控制的自由可能会偏离个人自由发展的真正机会。第二,概念性主张并不是很明确的。这个理念似乎是说,自由涉及与社会安排之控制的正确关系。现在看来,对此重要之事,我只有与他人一起才能控制。然而,我在何种意义上是自由的?可能是通过对控制我的生存基础的集体性实体的某种认同,比如灵魂或者人的类存在。在②的解读中,关联性命题取决于一个特定的形而上学自由观念。许多权威作家都持这种观念。然而,它显然没有为"自由"是什么提供最有力的解释。在这里,我来说得更清楚一点。这实际上是一个需要严肃对待的策略。其某些版本可能会成功。尽管如此,这一策略的任何版本都存在严肃争议。对其他版本加以探究也是有意义的。

③ 人们可以引用罗尔斯的充分自律(full autonomy)概念[①]。一种对人的生活的控制是通过规范其社会分配原

[①] 参见 Rawls, John. *Political Liberalism*, New York: Columbia University Press. Rawls, 1996, Lecture II, §6。

则的正义性来实现的。在罗尔斯的"作为公平的正义"的良序社会中，人们将生活在自己选择的原则下，这些原则则将其塑造成合理且合乎情理的（rational and reasonable）存在者。在某种意义上，这种法则是自我强加的。在一种康德式意义上，人是自律的。然而，为使其成为一种对关联性命题的解读，a 所有公民必须将其自身理解为罗尔斯意义上的合理且合乎情理的存在者，① b 他们必须将其自身看作是被罗尔斯的选择状态（原初状态）充分塑造的合理且合乎情理的存在者；以及 c 作为公平的正义的良序社会的稳定性必定要求 a 和 b 存在（对稳定性的要求将所有拥有充分自律的公民联系在一起）。这或许是可行的（在下一段，我将转向罗尔斯）。但是，作为一种对马克思自由问题的解读，③是不充分的。强调以上述康德式术语来理解自我，这便偏离了马克思。

关于经验性和概念性解读，还可以谈很多。但我希望先前的评论至少能表明分析关联性命题的各种方法（和它们的问题）②。相比追求任何一种经验性或概念性解读的版

---

① 关于这种区别，参见 Rawls, John *Political Liberalism*, New York: Columbia University Press. Rawls, 1996, Lecture II, §1。
② 科恩就关联性命题提供了一种有趣的解读。描述马克思所构想的共产主义生活的方式之一，可以想象这样的一支爵士乐队，其中每个演奏者都只追求其自身作为音乐家的满足。尽管其动机是要确保自身的满足，而非整个乐队的满足，抑或乐队其他成员的满足，并且这对他们每个人都（转下页）

本，我将对该命题提出一种不同的规范性（或者可以说是意动式）解读。我并不将其归于马克思（或恩格斯）。相反，准确地说，我是在一种重构主义精神下将其提出的。规范性解读认为，在共产主义社会中，除非他认为所有其他公民都拥有类似的机会，否则，没有任何公民将愿意利用其自由发展的机会。他将坚持认为，如果制度安排没有为所有人的自由发展提供机会，这种安排必须改变。因此，关联性命题被解读为一种事情应当如何（how things ought to be）的命题。

（接上页）是适用的……我并没有说没人在意他人对音乐的满足……但是不去关注他人确实必要的。Cohen, G. A. 'Marxism and Contemporary Political Philosophy, or: Why Nozick Exercises Some Marxists More Than He Does any Egalitarian Liberals', *Canadian Journal of Philosophy*, 1990. supplementary volumes 16, 381, emphasis in original. 另见 Cohen, G. A. 'Self-Ownership, Communism and Equality, *Proceedings of the Aristotelian Society*, 1990. supplementary volumes, p.32. 埃尔斯特使用过一个相似的类比；参见 Elster, Jon. 'Self-Realization in Work and Politics: The Marxist Conception of the Good Life', in Paul Miller and Paul Ahrens eds., *Marxism and Liberalism*, Oxford: Basil Blackwell. 1986. 关于这一解读，需要注意两件事情：第一，这一图景似乎结合了主张①和选项①。从经验上的主张①和观念上的主张②来看，我的音乐满足可能需要其他人在音乐上的满足。然而，将爵士乐队的情况概括为一个大的社会的情况是不合理的。就后者而言，似乎既没有经验性的也没有观念上的理由去认为，我的自由发展不仅仅是其他人自由发展而且也是所有人自由发展的条件。第二，《共产党宣言》中对他人关切的缺失与《穆勒评注》中明确对他人关切的图景是有所区别的。我对关联性命题的规范性/意动性解读试图将这一因素重新引入到《共产党宣言》的相关段落中。

规范性解读将《共产党宣言》中的段落与《穆勒评注》中描绘的共产主义图景连接起来①。如上述，生产者生产的目的是为消费者提供他们的自由发展所需要的物品。在《穆勒评注》中，关联性命题将在如下意义上被证实，即生产者的意图是为消费者生产，消费者承认和赞赏生产者的意图，以及我们每个人都是生产者和消费者这一事实。这里，我们可以将《共产党宣言》中的段落视为讨论在何种条件下，行为主体可以具体表达他们对于彼此幸福的关切，这种关切的内容是他们关切的对象，也就是他们的公民同胞能够追求其个人计划（即参与到自由发展中）并能对他人追求其个人计划的条件做出贡献。人们认同的社会乃是一种促进这种互惠关系的社会②。

规范性解读也将马克思置于当前的政治哲学史当中。我所引用的这种态度可以在密尔的《功利主义》第三章的结尾处看出，密尔在此评论道：

> 人类心灵的状态在不断改进时，那些会促使每个人产生一种与其他所有的人和谐一致的感情的力量，便在不断地增长，这种感情若达到极致，会使得个人

---

① 参见 Marx, "Comments on James Mill", MEW, Ergänzungsband, pp. 462-463/MECW, vol. 3, pp. 227-228。
② 参见 Marx, "Comments on James Mill", MEW, Ergänzungsband, p. 463/MECW, vol. 3, p. 228。

在面对与其他人无关的利益时，也绝不会想到或欲求任何有益于自己的东西。[1]

同样，在《正义论》中，罗尔斯通过引用家庭内部的态度来阐述差别原则：

> 一个家庭的成员通常只希望在能促进家庭其他人的利益时获利。那么按照差别原则行动正好也产生这一结果。那些处境较好者愿意只在一种促进较不利者的利益的结构中占有他们的较大利益。[2]

密尔讨论的是个人将会"欲求"什么，罗尔斯讨论的则是家庭成员会"希望"什么。这些态度在公民自由发展的机会之间形成关联。

上述关联的内容需要更明确的论述。"自由发展"看上去似乎是一个量化概念。马克思的设想很有可能类似于"每个人自由发展的平等机会是所有人自由发展的平等机会的条件"。接下来，我们必须判定马克思应当在多大程

---

[1] Mill, J.S. *Utilitarianism*, in Jeffrey Rogers ed., *The Collected Works of John Stuart Mill*, vol. 10, Toronto: Toronto University Press. 1985. p. 232.

[2] Rawls, John. *A Theory of Justice*, Cambridge, MA: Harvard University Press.1971/1999, p.105,90.

度上承诺平等本身（我认为这种程度不会太大）[①]。就像在第一部分，假定我们接受物质匮乏这一事实，那就需要一个分配原则（或一套原则）来具体说明关联性命题的内容。它会是平等主义、优先主义还是足量平等主义（sufficientarian）的？它会区分权利、机会的分配和物质财富的分配吗？如同第一部分，我不会提出一个原则（或一套原则），而只是指出马克思式观点需要一个原则（或一套原则）。规范性解读的关键在于使关联性命题基于一种特定的共同欲求（即公民同胞拥有自由发展的足够机会），也依赖于事情应当如何的一般性图景。当然，使这幅图景更加精确则是另外的工作。

（二）

规范性解读还需要沿着另一条轴线进行解释。这将我们引向生产主义的第三个特征，而这是我希望马克思能够避免的。关联性命题主张，共产主义社会中的公民关系涉及某种相互性形式。然而，这里存在许多形式，我将集中

[①] 马克思对平等本身不太重视的证据部分来自 1844 年他对平均共产主义作家的批评，像 Étienne Cabet，他的乌托邦涉及广泛的条件一致性。马克思认为他"到处否定人的个性"（参见 Marx, *Economic and Philosophic Manuscripts of 1844*, MEW, Ergänzungsband, p.534/MECW, vol.3, p.295, translation amended.）更重要的是，在 1875 年《哥达纲领批判》中，共产主义社会的图景将生产（从每个人）和消费（到每个人）分割开来，这表明贡献或消费的平等是无关紧要的。参见 Karl Marx, "Critique of the Gotha Programme", MEW, vol.19, p.21/MECW, vol.24, p.87。

论述其中的两种：首先，潜在的社会理解是至少随着时间的推移，吉尔（Jill）对乔（Jeo）自由发展的贡献基本上等于乔对吉尔自由发展的贡献。或者更准确地说，吉尔对乔自由发展的贡献基本上等于乔对简（Jane）自由发展的贡献，这也基本等于简对约翰（John）自由发展的贡献，等等。我将其称为相互性（Reciprocity），并将其作为关联性世界的特征。

这种相互性涉及一种对相互性的不同理解。它否认贡献可以或应该被相互衡量。这里的理念与本文第一部分是一样的。它假定社会再生产涉及的是一种广泛、多样的活动，试图衡量个人的贡献是愚蠢的。更重要的是，它也否认衡量个人贡献的可欲性。在关联性世界中，公民不想用这种比较性的术语来思考。关联性世界中的公民也拒绝将贡献性平等作为一种有待实现的理想。

这一拒绝有两个因素：第一个因素关系到至少是作为公民，对其他所有人的幸福有着平等的关切，而不论他们贡献如何。这似乎是很熟悉的。第二个因素就没那么熟悉了。这是一种接受他人对其幸福之关切的能力，同时，这种接受没有任何羞愧和不自信。人们拒绝亚里士多德意义的伟大心灵图景，即一种使人渴望付出而非接受的优越感。相反，人们接受鲍勃.迪伦（Bob Dylan）的观点：

"愿你永远帮助别人,也能接受他人的恩惠。"[1] 人们不再希望成为、被视为、认为自己比他人更像一个贡献者。

根据可衡量的贡献,罗尔斯的差别原则符合相互性的要求(其他原则也是如此)。在《正义论》中,罗尔斯确实没有谈及贡献,但他却坚信,在作为公平的正义的良序社会中,社会地位的基础不是可比较的收入或财富,而是公民关系,在此领域中,所有人都是平等的[2]。弗雷德里克·诺伊豪瑟(Frederick Neuhouser)在对卢梭的令人信服的解读中,关于一个真正的卢梭式社会中的平等公民身份的角色,也提出过类似主张[3]。他们共同的理念是:不论是作为、被视为、还是认为自己是一个平等的公民都足以维持其自我价值感。比较性贡献是不在讨论范围内的。

我认为一个社会应当这样被构建,以使每个公民都能接受各种脆弱性和依赖性,而不是由于这种接受而感到羞耻。

---

[1] 参见鲍勃. 迪伦(Bob Dylan), "May You Stay Forever Young"。
[2] 参见 Rawls, John. *A Theory of Justice*, Cambridge, MA: Harvard University Press. Rawls, 1971/1999. p.544, 477: "在正义的社会中,自尊的基础不是一个人的收入份额,而是社会所认可的基本权利和自由的分配。由于这种分配是平等的,所以,当人们一起处理整个社会的公共事务时,每个人都有相同而稳固的地位。没有人愿意超越宪法对平等的肯定,寻求进一步的政治途径来确保自己的地位。"
[3] 参见 Neuhouser, Frederick. 'Freedom, Dependence, and the General Will', *The Philosophical Review*, 102/3, 1993. pp.363-395。

举个例子或许会有助于理解。在库切（J. M. Coetzee）的小说《慢人》中，主人公是一名在一次事故中失去一条腿的中年男子。由于严重受伤，他不能再独立生活。

这次截肢却以非凡的清晰把他的过去和未来截然分开来，它赋予"新"这个词以崭新的意义。这次截肢标志着一种新生活的开始。如果在这以前你曾经是一个人，有着人的生活，那么可能从此以后你就是一条狗，只有狗的生活①。

依赖性表现为一个人生命的缺失。这个角色把自己描述为"松懈的"（unstrung），参考的是荷马在描述一名战士在特洛伊城战死时使用的术语。显然，对这个角色来说，要么是战士，要么是狗。

当然，现代的依赖性是复杂的。库切小说里的人物有足够的钱去雇佣人来帮助他，因此这个人在经济上依赖于他。依赖性发生在横向上。我的观点不仅仅是我们应该承认这样一个（正确的）论断：我们每个人充其量只是"暂时身体健全"并终将需要帮助，甚至也不应该承认，在许多方面，我们每个人都可能依赖别人，或者被别人依赖。关键是我们应该拒绝毫无依赖这一欲求。

要做到这一点并不容易。从概念上看，西方哲学传统长期认同一种作为理想的对他人的绝少依赖，或者对他人

---

① Coetzee, J.M. *Slow Man*, New York: Viking. 2005. p.26.

全无依赖的自由图景。从经验上看,在许多社会(如美国)中,依赖使人们受到支配(这是菲利普.佩蒂特的担忧)①。可以看到,许多社会(如美国)①将雇佣世界(和其他社会要素)视为人们寻求进入的领域,人们恭敬地来寻求许可,以及②将维持生计的"应得"视为一个人"挣得"的东西。可见,动摇这幅制造者/占有者的图景并不容易。

想想看,一位自由派政治家可能会指出,一个成功的企业家需要某些途径来得到这些东西,比如将原材料运到工厂、将成品带到市场、受过良好教育的劳动力、互联网等。这个例子意在表明,我们都是被联结在一起的,因此应当共同分担我们共同活动的负担②。然而,指出这种或那种途径细节会给企业家一个可能的反驳。他可能会说他很乐意去支付他所共享的那份特定途径的费用,并且,实际上任何特定的公共的善,如教育、互联网等都是他的企业获得成功的前提条件,这些是他应当支付的全部费用。要使政治家的观点产生影响,就必须排除任何人与社会的特定联系的细节,因为对这些联系的援引表明,我们有足

---

① 见 Pettit, Phillip. *Republicanism*, New York: Oxford University Press Pettit. 1997.
② Barack Obama 和 Elizabeth Warren 谈到了这一点,参见 Hiltzik, Michael, 'President Obama Schools Silicon Valley CEOs on Why Government is Not Like Business', *Los Angeles Times* www.latimes.com/business/hiltzik/la-fi-hiltzik-obama-silicon-valley-20161017-snap-story.html。

够的计算能力，我们可以向我们的企业家支付他所分享的那份公共的善。这仍有待于用个人主义的社会观念来把握。约翰·洛克对烤面包所需要的无数东西进行了著名的分类①。这是一份令人眼花缭乱的清单，似乎可以无穷无尽，但我们不应该把这份清单仅仅视为衡量个人贡献的经验性困难。我们应该从它（与洛克本人相反）和政治家们的例子中吸取的教训是，从个人贡献的角度来思考对彼此的承诺是错误的。这是以错误的方式来思考我们的共同事业的共同性。

（三）

马克思犯了这个错误吗？在《穆勒评注》中，他描述了共产主义社会中劳动者和消费者的关系，"这种关系更多是相互性的，发生在我这边的也会发生在你们那边"②。这在相互性（Reciprocity）和相互性（Reciprocity）之间是模糊的，我们不清楚马克思是否明确超越了制造者和占

---

① 出自洛克《政府论（下篇）》："如果我们能够追溯到其根源，则辛勤劳动在每块面包供我们食用之前所提供和采用的东西，足以构成一张奇怪的物品清单——铁、树木、皮革、树皮、木材、石、砖、煤、石灰、布、染料、沥青、焦油、桅杆、绳索，以及船上使用的一切材料（船运来了任何工人在任何部分工作中使用的物品），将所有这些一一列举出来，几乎是不可能的，至少是太过冗长了。"Locke, John. *Second Treatise of Government*, Cambridge: Cambridge University Press. 1991. § 43, p. 298。
② Marx, "Comments on James Mill", MEW, Ergänzungsband, p. 463/ MECW, vol. 3, p. 228.

有者的图景。《穆勒评注》关注的是物质生产活动。后期的《哥达纲领批判》则将生产（"从每一个"）和分配（"给每个"）分隔开来，因而拒斥相互性。但这篇文章讨论的是作为生活首要需求的劳动，也就是对物质生产活动的参与，因此似乎保留了生产主义的核心内容①。

《穆勒评注》中似乎存在三种规范性的迫切需求物（desiderata）：对彼此幸福的关切、一种涉及物质财富生产的生活和相互性。我认为，一个被修订后的马克思式观点应保留第一点，重点修改第二点并将第三点解释为相互性。

我们来留意拒斥生产主义和青睐相互性这两种方式如何会影响到丧失能力的公民进入这幅图景。首先，非生产主义图景将更多活动视为"贡献性的"。因此，不能参与19世纪劳动形式的公民能被视为贡献性的公民。其次，从概念上看，任何形式的贡献都与对充分的公民身份和充分参与的公共性理解无关。这幅非生产主义图景坚持认为，一种对社会再生产（至少就标准的衡量方式而言）几乎没有贡献且（或）通常接受商品、服务、关注（关怀）的人可以过上良善而有价值的生活。重点是，不要把社会生活置于对制造者和占有者的区分之下。如

---

① Marx, 'Critique of the Gotha Programme', MEW, vol.19, p.21/MECW, vol.24, p.87.

我所言，这很难做到。市场意识形态的广泛性则使其更加困难①。

这里出现了一个进一步的问题。在第一部分，我论证道，应当扩展《穆勒评注》和《1844年经济学哲学手稿》对所青睐的活动的狭隘论述，但我通过强调一个可接受社会的迫切需要之物来继续异化这个主题，这个迫切需要之物乃是对与广泛的社会再生产的异化的减少乃至消除。现在，我进一步提出关于马克思的两点修订：第一，我认为作为普遍社会再生产之一部分的活动并不是良善生活的全部。这种生活同样可以包括无须进行社会再生产的活动（如诗歌品鉴、哲学写作、山地自行车运动，射靶等）。这是青年马克思很容易接受的观点。在他看来，我们为他人生产，他人因而可以追求他们自己所偏向的自我发展的活动，而这些活动中的某些（或许是许多）可能并不涉及为他人生产。马克思可能更难接受第二种观点，即一种良善生活可以涉及下面这些事情，无论它们是否被归类为"活动"，似乎都涉及大量被动性，比如通过各种方式被关心。马克思赋予积极生活（vita activa）以优先性，这被视为他对亚里士多德的部分继承。而另一种选择是不仅是沉思的生活（vita contemplativa），而且至少是某些被动的生活

---

① 参见本人未出版的文章：Brudney, Daniel (unpublished) 'Overcoming the Market (Sort of)', manuscript。

（vita passiva）形式①。然而，如果一种良善生活可以涉及一系列与社会再生产和"被动活动"无关的"积极活动"，那么参与社会再生产活动将（合法地）对某些人来说不再重要。与此类活动相异化是社会制度多么糟糕的一个特征！与青年马克思的观点相比，如果对社会再生产有所贡献的活动的作用被降低，那么对贡献加以赞赏的系统性缺失该是何等糟糕的特征！

我认为，必须承认，如果没有哪种特定的活动类型被视为"生活的首要需求"或人类活动的基本类型，那么与特定类型的活动相异化可能不会像马克思所认为的与物质劳动相异化那么糟糕（因为这必定会损害良善生活）。我认为，这与对参与到广泛社会再生产活动的恰当形式对于参与者来说可以是重要的善（即便这种善不是唯一的）的肯定是相容的，因此，与这种活动相异化将会是非常糟糕的，因为参与到这种活动中而得到赞赏将会是一种善。人们不需要为了相信集体活动的特定形式是有价值的而接受活动帝国主义（activity imperialism），因而将克服与这种活动的异化视为规导社会基本结构的任何可接受的方式的迫切需求。

---

① 我对这个短语的使用不同于路德在神学上的使用。对于我和路德的使用而言，这个短语指向一种接受性的形式。但就我的使用而言，人们面向且接受的是人类的关心和关切。但对路德而言，这种开放性指向的是圣灵。

我们可以再往前走一步，并将我们集体再生产我们集体生活的基本条件，以及共同确保我们集体性存在的基础确认为人类的一种有价值的特征。人们可以把对这种集体活动的恰当参与视为具有内在价值。但在这里，问题开始变得棘手。人们可能想说"参与"可以仅仅通过对集体活动的确证，也就是通过意识到人们是集体的正式成员而获得。这是一个古老的主题。罗尔斯（引用洪堡）写道，在一个恰当的社会世界中，公民"享受彼此的优点"，并且承认"每个人的善"都作为他们集体活动的一部分①。我们可以将其视为这样一种理念，即我们可以如此认同我们的集体活动，以至于对"我们的"活动的参与并不取决于当前的积极贡献。密尔对"人性宗教"的认同，即我们对过去、现在和未来的类的认同表明他接受上述类似观点。

---

① 参见 John Rawls, *A Theory of Justice*, p. 523, 459。这一观点指出的问题并不在本文中解决。尤其是，对集体性认同的强调需要区分只有内部共享的目标的集体性——比如持有一种除自身外没有其他参考的特定道德结构作为共享目标——与只有外在共享目标的集体性，比如传播上帝话语这一共享目标。罗尔斯的良序社会是第一种，马克思的共产主义社会也是如此。更多关于这个区分的内容，参见 Brudney, Daniel. 'Community and Completion', in A. Reath, B. Herman and C. Korsgaard eds., *Reclaiming the History of Ethics: Essays for John Rawls*, Cambridge: Cambridge University Press, 1997。

马克思早期作品中一些片段表明他似乎也有类似观点①。如果这一观点事实上被接受，那么就有一种更加普遍的理由——一种在原则上适用于所有公民的理由——去克服与社会再生产的广泛集体活动的系统性异化。

然而，令人遗憾的是这过于简单了。首先，很难达到这样一种苛刻的心理状态。更重要的是，我们确实希望去改善医疗状况来预防和治疗疾病，我们也肯定希望让所有公民都能进入公共领域。实际上，我们希望尽可能让更多（理想地看，让所有）公民都有机会做出贡献，并因此受到赞赏。但这似乎就假定了真正去贡献和真正被赞赏要更好。相互性否定了贡献应当是平等的，但它不需要否认贡

---

① 这里是密尔在"宗教效用"的观点，"如果人性宗教像超自然的宗教那样得到辛勤培育……所有接受过大量道德培养的人将会直到死亡前都会理想地与他们的追随者生活在一起。" Mill, J. S. 'Utility of Religion', in Jeffrey Rogers ed., *The Collected Works of John Stuart Mill*, vol. 10, Toronto: Toronto University Press, 1985. P. 426 青年马克思与人性宗教有直接的联系，因为他是费尔巴哈主义者，而费尔巴哈认同（不同于密尔）人性宗教的变体。从文本来看，青年马克思并不通过与类存在的认同来直接赞同其不朽理念，虽然他已经很接近了。（参见 Marx, *Economic and Philosophic Manuscripts of 1844*, MEW, Ergänzungsband, p. 539/MECW, vol. 3, p. 299.）青年马克思的确赞同密尔的精神扩展。同样，他也有一种关于人的理想，这种理想涉及对他人的认同并参与到使他人获利的活动之中。关于马克思对这些脉络更完整的论述，参见 Brudney, Daniel. *Marx's Attempt to Leave Philosophy*, Cambridge, MA: Harvard University Press, 1998。

献要好于不做贡献。我认为,一种马克思式理念应当接受这样一种观点——虽然可能是心理需求——在某种意义上,公民可以参与,即便他们不能真正做出贡献(即便更广泛地理解贡献概念),而这可能是一个人的生活中的善。然而,如果还停留在马克思的世界里,我认为马克思式观点还必须坚持生产主义的一个方面,即真正做出贡献并因此受到赞赏乃是一个人的生活的重要之善。遗憾的是,这意味着那些不能真正做出贡献(即使更广泛地理解贡献概念)的公民有更少的机会去拥有一种完全良善的生活。这是一个很难理解的观点。马克思主义者必须将其视为强加一种对社会世界进行安排的责任,以确保所有公民确实有机会做出贡献[1]。

(四)

最后,让我们回到《穆勒评注》。马克思在其中描述的良善的人类生活的图景是令人向往的。它涉及一种对彼此幸福的承诺。对这种活动的信念,即我们为彼此幸福做贡献的信念自身即为良善生活的重要组成部分,以及我们每个人都有制订和追求人生计划的理念。我已经提供了一

---

[1] 关于什么应被视为缺陷,存在大量争论。我不认为一个更新后的马克思式观点需要采取一种分离的立场。我认为可以接受对缺陷最为接近的论述。文本的观点仅仅是,基于最接近的论述,有些东西将被视为缺陷,以及对于马克思式观点而言,这一事实产生了一种创造美好生活的社会义务——尽可能,一种平等的良善生活——为那些有缺陷的人。

种概述,即通过一系列方式来修改这个图景。然而,我提供的也仅仅是一幅草图。这种马克思式观点本身能否作为一种对我们应当如何过集体的生活的有说服力的解释,还需要很大程度的进一步发展。

(本文收录于 Jan Kandiyali, eds., *Reassessing Marx's Social and Political Philosophy: Freedom, Recognition and Human Flourishing*, Routledge: New York, 2018, pp.211-238. 感谢扬·坎迪亚利(Jan Kandiyali)对本文初稿富有洞察力的评论。)

附录三 青年马克思与中年罗尔斯

对《正义论》的标准的马克思式（Marxian）批评认为，该著作强调的是分配，而应当强调的则是生产①。就其通常形式而言，这种批评虽是被误导的，但也确实指明了马克思和罗尔斯的不同之处。马克思强调的是行为主体应该作为生产者和消费者而生活，罗尔斯则强调其作为公民的生活应被纳入致力于对一个公平分配的社会的维护中。在这篇文章中，我将比较1844年的马克思（《穆勒评注》和《1844年经济学哲学手稿》中的马克思）② 和《正义论》时期的罗尔斯。对这两位作者，我都会引用其文本，但只是为了解释我所关注的那些问题。比如，我使用了马克思的《哥达纲领批判》和罗尔斯的《作为公平的正

---

① 我用 Marxian 而不是 Marxist 来指称马克思主义者，是为了避免读者得出这样的暗示，即我提出的观点是"官方的"，或与某个组织、政党的观点相关。
② 马恩著作的引文顺序依次为作品的英文标题、卷和页码。引用顺序上，先是 MEW 版本，后是 MECW 版本。翻译上略有修订。

义》，但只是为了就两位作者早期作品中的某些主题做出进一步发展。对这两位作者，我都会忽略了其职业生涯中的变化。虽然我所展示都是些阶段性观点，但我希望能够把问题揭示出来。我的核心话题是青年马克思和中年罗尔斯。

我从标准的批评着手，进而注意到两位作者有两个方面的相似之处。最后，我再次回到标准的批评，表明该标准在于两位作者在"异化"观念上的分歧。这就导致一个关键差异，即《正义论》中的最深层价值是尊重（respect），而1844年的马克思那里则是关切（concern）。前者强调避免"对尊重的异化"（respect-alienation），后者则强调避免"对关切的异化"（concern-alienation）。不过，我认为罗尔斯也重视类似关切之事，与此概念类似之事在《正义论》中也的确是一种隐而不显的思路。最后，我认为，尽管存在上述几种交叠之点，但如果有人接受这种马克思式的规范性观点，他也能从标准的批评中得到某些启发。

一、标准的马克思式批评

根据许多马克思主义者的观点，所有分配正义理论在起点上都错了。错误之处在于，其追问的是独立于生产的分配，但实际上，后者依赖于前者。如果要使分配问题发生重大变化，必须对生产进行变革，也就是说，必须改造生产关系。

在罗尔斯看来,这种批评似乎有些离题,因为其观点并不是分配主义。他的观点并不始于固定数量的产品,并追问如何对其进行分配。他的两个正义原则被认为是要对某个社会中的基本社会制度(基本结构)进行规导[1]。这些基本制度包括马克思所认为的构成生产力发展水平的基本社会制度。罗尔斯式原则也规范生产和分配的安排。因此,有必要对马克思式批评进行更细致的审视。

这种批判基于一个因果性论题(causal thesis),该论题有强和弱之分。强的论题认为,如果不先行改变生产关系,就不可能发生重大社会变革。弱的论题则认为,基础性分配关系的变化需要对生产关系进行变革。不过,即便没有这种变革,某些有益的变化,也就是能以有效方式来影响和改变人类生活的变化也是可能的。弱的观点似乎更为合理,自由主义改革可能会产生这些影响。这就是为什么自由派的改革会引发保守派的抵制。

强的论题似乎太强了。不过,我们还是假设这是成立的,仍然可以找到一种方案来阐明分配的最佳形式。①假设强的论题成立,②分配方案 D 是最佳可行的分配方案,以及③只有改造了生产关系,实行分配方案 D 才能得到具体化。那么,我们便有充分理由去改造生产关系。我们也

---

[1] John Rawls, A Theory of Justice, pp.6 - 10.

有充分理由去探究 D，并为它是实际上最佳可行的分配方案这一观点辩护。

马克思式传统提出不去探究 D 的两个理由。首先，该传统主张社会革命将产生最佳分配方案，无需事先阐述其内容；其次，最佳分配的观念乃是由现有的生产关系决定的，因此，对任何 D 的探索都会倾向于为现有的生产关系提供证成[①]。

第一个反对意见似乎仅仅是一种关乎信仰的忠告，而现代革命史则对此几乎不提供任何支持。作为社会心理学的观点之一，第二个反对意见似乎最具说服力。在其看来，学校和媒体等形成信念和价值的社会机构往往起到促进稳定的角色，灌输着证明现有安排与现有生产关系的合理性的信念和价值[②]。然而，这样一个观点至多可以说，对

[①] 关于这些批判的最新版本和讨论，请参阅关于"理想理论（ideal theory）"的辩论；见 Sen, Amartya. "What Do We Want from a Theory of Justice?" Journal of Philosophy, 2006. pp. 215 – 238; Simmons, John. "Ideal and Nonideal Theory." Philosophy and Public Affairs 38, 2010. pp. 5 – 36; Estlund, David (2008) "Utopophobia: Concession and Aspiration in Democratic Theory." In Estlund, Democratic Authority: A Philosophical Framework. Princeton: Princeton University Press, 2008；另见 Mills, Charles W. "'Ideal Theory' as Ideology." Hypatia 20, 2005. pp. 165 – 184。

[②] 马克思所认为的恰当的分配观念是由生产关系决定的，有时会被认为是主张观念仅仅是物质的附属物，因此不能超越它们的时代。但其实是恩格斯和列宁的观点，马克思对此则更为微妙。但在《德意志意识形态》这样的合著作品中，很难区分其中相互抵触的部分。参见 Brudney，（转下页）

任何 D 的探索都有可能证明现有生产关系的合理性。然而，对某些 D（比如 1844 年的马克思）来说，这可能并不成立。对任何 D 来说，不论其内容如何，都可以追问被提出的证成是否有效。假设 D 支持资本主义，但似乎具有某种令人信服的证成，那就可能可以作为马克思主义者进一步寻找反对 D 的证明的理由。这几乎不会成为驳倒 D 的理由。因此，马克思主义者对他们的证成应该拥有足够勇气[1]。

上述问题源于一种因果性观点，但人们也可以提出一种规范性观点：我们不应该把时间浪费在思考分配问题上，因为最重要的，也就是那些对良善的人类生活最核心的东西是从生产层面获得的。这就是当 1844 年的马克思谴责资本主义制度下深层的、多样性的异化劳动时所持有的观点。

这种批判忽略了这样一个事实，即分配理论追问的是什么东西应当被分配。异化劳动可以被视为对某些特定事物进行妥善分配的失败结果，这些事物中，工作场所对应的是机会，对团体性关系（solidaristic relations）来说，

（接上页）Daniel. Marx's Attempt to Leave Philosophy. Cambridge, MA: Harvard University Press, 1998. ch. 10。

[1] 本文在这一点上不再使用"生产关系"这个短语。在提出标准的马克思式批评时，我使用的是作为整体的马克思的著作中概念。我的关注点是 1844 年的马克思，而"生产关系"并非来自这个时期的马克思。

则是对劳动产品的共同控制。在对某种分配观进行评估时，我们可以考虑许多变量。比如，有可能会产生体现某种观点的公民间的关系。1844年的马克思的支持者会认为，最好的D将适当地认识到这样一个事实，即人在本质上是合作性的生产者。在规范性问题上，对生产的优先性的强调仅仅是去维护一种对于最好的D的标准①。

因此，没有什么理由不把1844年的马克思和《正义论》时期的罗尔斯（其探究的是拥有恰当分配制度的社会是什么样子）放在一起比较。附带一提，我用"恰当分

---

① 一种不同的马克思式批评是，罗尔斯允许不平等的存在是在支持阶级划分。与此相反，首先，马克思本人并非出于平等本身的理由而赞成平等（*Economic and Philosophic Manuscripts of 1844*, in *MEW*, Ergänzungsband, 534-536/*MECW*, vol. 3, 294-296）；其次，罗尔斯式划分指的是对基本善的分配，罗尔斯并没有按照马克思主义者通常所说的阶级定义来思考。（这里，DiQuattro提出了一个对罗尔斯的极好辩护，DiQuattro, Arthur. "Rawls and Left Criticism." Political Theory, 11, 1983. pp. 53-78.）另外，基本善不仅包括收入，还包括职务。因此，差别原则确实允许在有效控制和权威方面存在一些差异。但①这种差异的存在之所以合理，仅仅因为它能使最不利者获利，只有就此思考而得到的公共性理解才是合理的；②不平等的程度仅限于最大程度地改善最不利者的境况（就基本善而言）所必需的程度，罗尔斯认为这种不平等不会很大；③有效的投票权决不能反映这些不平等；最后④罗尔斯相信，社会地位将越来越不能反映这些不平等（John Rawls, *A Theory of Justice*, rev. ed. Cambridge, MA: Harvard University Press, 1999. pp. 477-478）。罗尔斯的良序社会会涉及某种程度的等级制，但这种等级制似乎不太可能与马克思主义者所说的阶级划分的大部分内容相匹配。

配"这个短语来回避马克思是否有"正义理论"[1] 的问题。1844 年的马克思似乎认为,在某些维度上,某些分配模式比其他模式更好。对我们的目的来说,这就是我们所需要的。

二、来自彼此/为了彼此和两个正义原则

罗尔斯的两个正义原则的内容如下:

第一个原则,每个人对与其他人所拥有的最广泛的基本自由体系相容的类似自由体系都应有一种平等的权利。

第二个原则,社会和经济不平等应该这样安排:①使最不利者最大程度地获利;②依系于职务和地位在机会的公平平等条件下向所有人开放[2]。

1844 年马克思和《正义论》时期的罗尔斯的一个联系是,当我们考虑到现实世界的物质匮乏时,由罗尔斯的两个正义原则所规导的社会的分配安排与马克思在《穆勒评论》[3] 的结尾所描绘的情况是相似的。在那里,马克思描

---

[1] 本次辩论,参见 Nagel 等人 1980 年的著作。Nagel, Thomas, Cohen, Marshall, and Scanlon, Thomas (eds). Marx, Justice and History. Princeton: Princeton University Press, 1980。

[2] 对第一原则的论述在 a Theory of Justice 第 53 页,对第二原则的论述在 TJ 第 72 页。罗尔斯对这两条原则的最终论述,在 TJ 第 266—267 页。

[3] 马克思,Comments,载于 MEW, Ergänzungsband, vol. 1, 462/MECW, vol. 3, 227. 以下是完整段落:"假定我们作为人进行生产。在这种(转下页)

述了一个共产主义社会,在这个社会中,行为主体自由地从事各种活动,这些活动同时面向行为主体个人的自我实现,并涉及其他人将用于其自我实现的商品的生产。行为主体选择生产,以及他们选择生产什么是由他们的个人偏好决定的,但他们也关心他人的幸福,即他们想去生产别人会使用的东西。一个人的生产性活动既表达了他试图自我实现的本性,也表达了他对他人的自我实现的关切。

这里有一个潜在的前提,即社会是超越物质匮乏的[①]。

(接上页)情况下,我们每个人在自己的生产过程中就双重肯定了自己和另一个人:①我在我的生产中物化了我的个性的特点,因此我既在活动中享受了个人的生命表现,又在对产品的直观中由于认识到我的个性是物质的、可以直观地感知的因而是毫无疑问的权力而感受到个人的乐趣。②在你享受或使用我的产品时,我直接享受到的是:既意识到我的劳动满足了人的需要,从而物化了人的本质,又创造了与另一个人的本质的需要相符合的物品。③对你来说,我是你与类之间的中介人,你自己意识到和感觉到我是你自己本质的补充,是你自己不可分割的一部分,从而我认识到我是你自己本质的补充,是你自己不可分割的一部分,从而我认识到我自己被你的思想和你的爱所证实。④在我个人的生命表现中,我直接创造了你的生命表现,因而在我个人的活动中,我直接证实和实现了我的真正的本质,即我的人的本质,我的社会的本质。"

"我们的生产同样是反映我们本质的镜子。"

"这种关系是互惠性的,你那方面所发生的事情同样也是我这方面所发生的事情。"

[①] 这里还有另一个(不太可靠的)前提在起作用,即在共产主义社会中,个人对活动的不受约束和不受激励的选择不仅会产生个人为了追求各种形式的自我实现而需要的商品和服务的数量,也会产生商品和服务的多样(转下页)

现在，如果我们承认这个前提，《穆勒评注》就体现了后来的《哥达纲领批判》中的名言："各尽所能，按需分配。"① 然而，这并不是作为人们必须遵守的规范的描述，而是作为对共产主义社会的描述②。

作为对1844年马克思共产主义的一种注解，"来自彼此"这个分句假定了发展、锻炼和选择自己能力的自由；"为了彼此"则假定了使一个人能够拥有追求自我实现所需的东西的物质条件。这一目标似乎与罗尔斯的下述思想相似，即公民应该有充分的自由和机会来发展自己的能力，追求自己的善观念，以及充分的物质资源，以确保这种自由和机会不仅仅是形式上的。

我们先把马克思关于摆脱物质匮乏的假设放到一边，再来看看这将如何影响他的观点。至少在其写于19世纪40年代的文本中，马克思相信，这将导致最糟糕的

（接上页）性。这个前提说明了傅立叶的影响。参见 Schmidt am Busch, Hans-Cristoph. "'The Egg of Columbus?' How Fourier's social theory exerted a significant (and problematic) influence on the formation of Marx's anthropology and social critique." British Journal for the History of Philosophy, vol.21, no.6.2013。

① MEW, vol.19,21/MECW, vol.24,87.
② G. A. 科恩还指出，"来自彼此/为了彼此"这两个短语不是强制性标准，而是对共产主义会是什么样子的描述。Cohen, G. A. (1990b) "Self-Ownership, Communism and Equality." Proceedings of the Aristotelian Society (suppl. vol.) 64:25–61。

冲突①。如果马克思说的是对的，那么讨论所谓的最佳分配就没有意义了。如果摆脱物质匮乏不仅是一个建立最佳社会的必要条件，还是建立一个没有基本的剥削和冲突的社会的必要条件，那么人类的境况会非常糟糕。

因此，假定我们无法摆脱物质匮乏，不过，马克思的悲观信念是错误的。为确保行为主体能够发展他们的各种能力并追求他们的各种自我实现的观念，一个被限定的1844年的马克思，也就是一个接受物质匮乏的约束，因此需要政治机构，以及对这些机构加以规范的原则的马克思将需要某些类似罗尔斯的自由原则的东西。1844年的马克思痛斥分工的愚蠢影响，并对人类能力的广泛发展表示极大关切②。（他甚至可能被认为接受了罗尔斯的"亚里士多德原则"）③ 然而，只有在自由的条件下，人们才能发现

---

① 正如他和恩格斯在《德意志意识形态》中所说的那样，如果存在对必需品的争夺，"所有的老麻烦"就是不可避免的。参见 *MEW*, vol. 3, 35/*MECW*, vol. 5, 49。

② 这一主题贯穿于《1844年经济学哲学手稿》中。从形式上看，有时是注意到，人类的宝贵能力要么在资本主义制度下没有得到发挥（*MEW*, Ergänzungsband, 517, 537 - 538, 542/*MECW*, vol. 3, 277, 298, 302），如果得到发挥，就无法被承认为有价值的能力（*MEW*, Ergänzungsband, 542 - 543, 555/*MECW*, vol. 3, 303 - 304, 315）。在《德意志意识形态》中，马克思和恩格斯认为，只有共产主义才能为"个人的全面实现"创造条件（*MEW*, vol. 3, 273/*MECW* vol. 5, 292）。

③ John Rawls, *A Theory of Justice*, p. 335.

他们做得好和喜欢做的活动。那么，被限定的1844年的马克思必须采用罗尔斯式自由原则吗[1]？也许不是。在这里，"来自彼此"这个子句作为《穆勒评注》中的一段话的修饰，表示至少需要用某种方式来保护一些基本自由，这也就足够了。

"为了彼此"又当如何？这个被限定的1844年的马克思会为这个被限定的共产主义（a constrained communism）找到某种适用的优先性分配原则（即便这个原则或许不是差别原则本身）吗[2]？在这里，《哥达纲领批判》具有指导意义。在该文本中，马克思考察了向共产主义过渡阶段中按劳动时间支付报酬的分配原则。如果我工作一小时，我的报酬是X，工作两小时，报酬是2X[3]。马克思对此标准有两种不满。首先，如果劳动"作为一种衡量标准"，那么它必须由"强度"和"持续性"来定义[4]。劳动时间则

---

[1] 关于第一原则的进一步讨论，参见 Rawls, "*The Basic Liberties and Their Priority*", Lecture VIII in *Political Liberalism, 1982*.
[2] 关于分配优先主义的讨论，见 Parfit, Derek. "Equality and Priority." Ratio 10,1997. pp. 202 – 221; Arneson, Richard J. "Luck Egalitarianism and Prioritarianism" Ethics 110. 2000. pp. 339 – 349. 关于分配的充分性的讨论，见 Frankfurt, Harry. "Equality as a Moral Ideal." Ethics 98,1987. pp. 21 – 43. 另见 Crisp, Roger. "Equality, Priority, and Compassion." Ethics 113,2003. pp. 745 – 763。
[3] *MEW*, vol. 19,20/*MECW*, vol. 24,86.
[4] *MEW*, vol. 19,21/*MECW*, vol. 24,86.

必须与生产率相匹配。那些具备更高生产率的人,无论是在给定时间内还是工作更多时间,都将获得更多报酬。劳动者的能力在这些维度上定然有所不同,这种差异将反映在给他们的报酬中。对此,马克思称之为"缺陷"(defect)①。他似乎认为由于这些因素造成的工资差异是不正义的。马克思这种拒绝将人们之间的任意性差异作为分配的基础的观点与罗尔斯的思想完全一致。

马克思对按人的生产能力获得报酬这一分配原则的第二种批评更为重要,该批评认为这种分配原则忽略了人们的不同需要。"一个工人结婚了,另一个没有结婚;一个比另一个有更多的孩子,等等。"② 而罗尔斯在对差异原则的直觉性论证中,或在规导原初状态的建构理由中,并没有援引差异性需求(differential need)。尽管如此,这个问题对他来说仍然存在③。此外,它还可以为无知之幕背后的各方发挥作用。意识到自己的需求可能是广泛的,这可能是各方选择尽可能高的底线的理由之一。

真实的 1844 年的马克思,也就是未被限定的马克思假定,共产主义将克服物质匮乏,所以毫不奇怪,他没有提出任何优先性主张。不过,马克思对需求的关注表明,

---

① *MEW*, vol.19,20-21/*MECW*, vol.24,87.
② 《哥达纲领批判》,*MEW*, vol.19,21/*MECW*, vol.24,87。
③ John Rawls, *A Theory of Justice*, pp.217-218,241.

他把优先性赋予那些最有需求之人，也就是那些社会中的最不利者。此外，马克思相信，共产主义者对彼此的个人幸福会有同等关切，以及有着这些关切之人似乎倾向于关注最不利者的境况。如果我平等地关心每一个人，最不利者的困境可能会对我造成最大的困扰①。尽管这种观点既有文本依据，也有推测成分，但这个被限定的 1844 年的马克思似乎会认为，对于承认物质匮乏的共产主义社会来说，这种带有某种优先性的原则可能是最可接受的分配方案。

我不确定马克思会倾向于哪种形式的优先主义。有趣的是，差别原则本身就可能带来一个问题②。马克思并不是基于物质平等本身而对其加以推崇③。差别原则支持某

---

① Thomas Nagel 提出这样一种直觉，平等的爱或关切会使人陷入最糟糕的境地。正如 Nagel 所指出的那样，当直觉超出家庭被应用于整体社会分配时，就会出现复杂的状况。Nagel, Thomas. "Equality." In Mortal Questions. Cambridge: Cambridge University Press, 1979. pp. 123 - 124。
② 被限定的 1844 年的马克思可能是一个充足主义者（sufficientarian）吗？这取决于什么是充足的。马克思是一位进步主义者，他认为人类的命运会有进一步的改善，如果充足的水平不会随着这些改善而提高，他就不是一个充足主义者。另一方面，在共产主义社会中，人们各取所需，这一理念表明，马克思的潜在标准是某种足以使每个主体都有真正机会追求能构成其自我实现的东西。然而，这一标准可能要超越物质匮乏。这个被限定的 1844 年的马克思会接受怎样的充足标准，这一点并不清楚。
③ 这个问题，参见马克思在《1844 年经济哲学手稿》中对粗俗、平庸的共产主义的批判，见 MEW, Ergänzungsband, 534 - 536/MECW, vol. 3, 294 - 296。

种程度的物质不平等,这一点并不会招致一种马克思式否定。然而,一种极其依赖个体性激励(individual incentive)的原则与1844年的马克思关于共产主义者的动机的观点并不是那么相符。马克思在个人追求自我实现方面留有很大的空间,他并不强调牺牲个人利益。但在很大程度上,他认为共产主义者的行为是出于对彼此幸福的关切。对此,需要某些进一步的工作来确定1844年的马克思那里的优先主义形式。更具体地说,需要确定是否有某种方法可以与个人利益达成和解(或许是某些类似差别原则的东西),而不是使所讨论的社会世界成为即便是这个被限定的1844年的马克思也无法接受的社会世界[1]。

三、共有目的

我的第二个关于罗尔斯与马克思之关联的观点在于行为主体拥有共有目的的方式[2]。这里的共有目的有两重区分:首先,存在内导性和外导性两种共有目的。对前者而

---

[1] 实现和解的一种方式是区分一个人选择分配原则的理由和一个人在体现该原则的社会中采取行动的理由。对他人的关切可能会使人选择差别原则,即使在一个受差别原则规导的社会中,人们也可能经常出于自身利益而行事。但我怀疑,1844年的马克思不会赞成这种模棱两可的论证。

[2] 我在1997年的文章中更细致地讨论了这个话题,Brudney, Daniel. "Community and Completion." In A. Reath, B. Herman, and C. Korsgaard (eds), 1997。

言，行为主体的共有目的仅仅是在一个被以某种特定方式所建构的社会中生活。相比之下，外导性共有目的则涉及实现作为一个整体的集体所持有的某些目标，比如在地上建立上帝之国。在这里，行为主体希望在维持某种共同生活的特定结构之外实现某些其他东西。

马克思的共产主义者的共有目的即创造和维持某种社会，在这个社会中，每个主体都能尝试去认识到自己作为这样一个存在者的本性，也就是在表达自己的个体性的同时作为类的一部分对自我和世界共同进行持续地改造而为他人生产。除此之外，没有其他任何共有目的。与此相似，罗尔斯式的公民，至少作为公民而言，只希望生活在一个基本结构是受两个正义原则所规导的社会中。对罗尔斯来说，这是一个非常重要的结论。他把维护正义社会称为"人类卓越的繁荣"，并认为"人们通过维护正义的制度来最好地表达他们的本性"[1]。然而，这并不包括公平正义的良序社会之外的其他目的，除了维护这个社会之外，不存在其他任何目的[2]。对罗尔斯式公民来说，维护正义的制度是一个共有的、内导性的最终目的。

共有目的第二重区分是有重叠性共有目的和交互性共有目的之分。当不同主体具有相同的目的，但不需要和其

---

[1] John Rawls, *A Theory of Justice*, p.463.
[2] John Rawls, *A Theory of Justice*, p.463.

他主体一起或通过其他主体来实现时，目的就会重叠。比如，根除糖尿病基金的捐助方拥有共同的目标，但他们之所以彼此需要，只是因为需要共同努力才能筹集到足够资金。如果一个捐助方就能提供足够资金来支持所有研究，或者出现使糖尿病消失的某种幸运情况，这也不会破坏他们的共有目的。不过，马克思于1844年对共产主义者的行为的描述包括为其他人而生产，并在消费中由于他人为他而生产表示赞赏。如果他的产品腐烂，或者其产品是上帝赠予，其生产目的将大打折扣。如果对他们来说，帮助满足彼此的目至关重要，那他们的目的就是交互性的。

对罗尔斯来说，他的公民需要彼此互助来实现生活于一个正义社会这种善。这种善涉及彼此伸张正义。也就是说，人们之间相互伸张正义，包括出于正义感而对同胞采取行动，且在这样行动时能被（至少是含蓄地）承认如此行事是正义的。这种结构与马克思的共产主义是相同的，只是罗尔斯的正义在于，行为乃是出于并符合正义原则，而不是公民之间相互给予和接受产品并相互赞赏。

通过重叠性、外导性的共有目的形成的共同体不同于通过交互性、内导性的共有目的而形成的不同形式的共同体。在一个以重叠性、外导性目的为特征的共同体中，各行为主体通过其共有的最终目标彼此绑定。我的行为有助于达成你的目的，就其性质而言，这是我的目的的偶然结果，而不是我的目的的一部分。我们不为对方做事。相比之下，在马克思和罗尔斯这里，公民们彼此给予和接受（产品和正义）。所有这些东西都能得到普遍理解和赞赏。在这两位作者这里，正是通过"给予——接受"的过程，他们对这类活动的结构予以个体性承认，并且共同实现（至少是部分实现）他们的最终目的。

我注意到了1844年的马克思和《正义论》时期的罗尔斯之间的两种联系。他们共同致力于一个创造和维护下述条件的社会，在此条件下，每个行为主体都有追求自己对善的愿景的可能性，同时也把自己视为和他人一样共享着维护这样一个社会的目标。然而，要把这些观点联系起来还是很难的。比起否认上述联系的存在，掩盖其既有差异要更危险。

我已注意到，1844年的马克思可能对差别原则存有疑虑。另一个不同之处在于，在《正义论》时期的罗尔斯看来，使分配原则成为必要的情况不仅包括物质的匮乏和有限的仁慈，而且还涉及这样一个事实，即在自由的条件下，基本信念总是存在多样性的，比如宗教信仰和善的观念[①]。即便这个被限定的马克思也会拒绝这最后一个观点，除非行为主体对发展和实践他们多种能力中的哪种能力存

[①] Rawls, *A Theory of Justice*, pp. 110 - 111。感谢 Jon Mandle 和 David Reidy 敦促我注意到这一差异。

在适度差异（如狩猎还是捕鱼①）。他肯定会拒绝一个合理的社会将包含多种宗教信仰的说法。马克思曾经的导师，也是其论战的目标布鲁诺·鲍威尔（Bruno Bauer）认为，在一个合理的社会中，宗教信仰和宗教机构将会消亡②。马克思从不怀疑这将是共产主义社会中出现的情况。如果1844年的马克思接受宗教在共产主义社会中的蓬勃发展，那他将不再是马克思。因此，即使这个被限定的马克思和《正义论》时期的罗尔斯相比，在使分配原则成为必要的条件方面，也会存在极大差异③。

---

① 见《德意志意识形态》，*MEW*, vol.3, 33/*MECW*, vol.5, 47。
② Bauer, Bruno. Die Judenfrage. Braunschweig: Friedrich Otto, 1843. pp.67,72.
③ 在《政治自由主义》中，罗尔斯谈到"自由主义的正义观"并不限于他的两个正义原则（John Rawls, *Political Liberalism*, expanded ed. New York: Columbia University Press, 2005. p.6）。那么，1844年的马克思的观点会与此相符吗？这里的关键问题在于罗尔斯对自由优先性的强调。未被限定的1844年的马克思并不担心这一点，因为在他看来，在共产主义社会中，不存在任何压制自由的诱惑。那么，被限定的1844年的马克思会肯定自由的优先地位吗？我的怀疑是，对个人幸福的同等关切确实会使人认同自由的优先性，但要表明这一点，需要另做证明。一般来说，我认为对优先性问题之条件的讨论使我们过于偏离马克思，甚至是被限定的马克思。关于1844年的马克思和自由的优先性，我认为根本没有有用的答案。不过，在1840年代的马克思那里，有一小部分证据，即《德意志意识形态》中著名的关于狩猎、捕鱼等段落表明，马克思认为自由和个人发展之间存在联系。这些段落强调的是这样一个事实，即在共产主义社会中，我将能够"按照我的想法"行事。见《德意志意识形态》，*MEW*, vol.3, 33/*MECW*, vol.5, 47。

四、异化

1844年的马克思以关注异化概念而闻名，尽管罗尔斯没有使用这个术语，但他也关注这个一般领域的某些东西。对异化问题的差异进行分析，可以对这两位作家做出进一步有益的比较。

就我们的目的而言，异化可以被视为一个规范性概念①。如果A与N异化，A与N的关系就存在某些问题或缺陷。A与N相异化这个观点假定着正常的A与N的关系乃是某种亲密、相互关联和信任等关系。因此，并非每个A都可以与每个N异化。作为一个非天主教徒，我可以对天主教会持赞成或反对态度，但我不会与之异化。如此，异化可被视为一个由三部分构成的关系：A由于原因X而与N异化。人们有时只是说，"我感到与N异化了"，而没有具体说明X，而这个X可以传达一个人对N的态度。不过，如果我们知道是什么使A与N相异化，就可以获得更多理解。在天主教会长大的人可能会因为他目前的神学规定或政治立场，或者可能因为一些神职人员的行

---

① 关于异化概念的概述，请参见 Schacht, Richard. Alienation. Garden City, NY: Anchor, 1971. 也应该感谢 Rahel Jaeggi 把"异化"概念重新纳入政治哲学家的辞典。见她的出色著作 Joel Anderson. Cambridge: Polity. Jaeggi, Rahel. Entfremdung: zur Aktualität eines sozialphilosophischen Problems. Frankfurt am Main: Campus. 2005。

为而与教会异化。在不同情况下，结束异化的方式也是不同的。

比如，在神学或政治问题上，我们也可以规定一个轴，A 沿着这个轴与 N 相异化。这样一来，异化将是一个四位关系：由于原因 X，A 与 N 沿着 J 轴异化。因此，A 可以沿着 J 轴与 N 异化，但不能沿着 K 轴异化。这一点往往被忽视，因为我们通常将 A 与 N 的异化视为一种普遍状况。沿着一个轴被异化，但这一变化却不会使人们对 N 的总体态度造成恶化，这是很罕见的。但从原则上看，在不与其神学教义相异化的情况下，只要一个人采纳某种政治立场，那他就可以与教会相异化。因此，严格地说，异化是一种四位关系①。

异化通常涉及一种被感觉到的心理状态，但实际上这并不是必要的。这种情况通常被贴上"主观异化"或"客观异化"的标签。在某些情况下，异化的最极端形式在于感受不到被异化，相反，这种感受被认为是对环境 C 的合理反应②。

---

① 理由和轴线之间通常存在联系。教会对人们所反对的神学原则的认同很可能会使人沿着神学轴线而异化。不过，还是有必要把产生异化和保持异化这两个维度区分开来。
② 关于这类主张，见 Lukács, György. History and Class Consciousness: Studies in Marxist Dialectics, trans. Rodney Livingstone. Cambridge: MIT Press, 1971; Marcuse, Herbert. One Dimensional Man: Studies in the Ideology of Advanced Industrial Society. Boston: Beacon Press 1964。

其潜在观点是,在其他环境 C′ 下,比如 1844 年的马克思的共产主义社会中,人们会实现自己的真正的善,因此环境 C′ 是评估环境 C 下的生活的恰当标准。在环境 C 下,一个人与自己真正的善是分离的——这就是为什么对环境 C 做出消极反应是合理的——而这种情况下,不管一个人的实际感受和信念如何,都是如此。

主观异化依赖于信念,它包含关于某个人与 N 的恰当关系的信念。根据 1844 年的马克思的观点,工人在主观上与他们的劳动活动相异化,但这是由于资本主义工作过程的悲惨条件,而且,至关重要的是,工人们认为,劳动不是人的自我实现的活动(就他们所处的环境而言,这是可以理解的)。在某种程度上,他们对工作的感觉要更糟糕,因为就他们的(错误的)信念而言,其工作并不是自我实现活动。当然,鉴于其不断恶化的条件,如果他们(正确地)相信劳动应当通向自我实现,他们会以其他方式对自己的劳动感到更糟。不论如何,主观异化的这一因素是依赖于信念的。

没有主观异化的客观异化是可能的,这一点似乎非常清楚,反之亦然。我可能认为,主要的社会机构并没有反映出我的关切和兴趣,而他们明明可以如此。美国茶党运动的成员似乎在主观上与联邦政府相异化,但这可能源于错误的信念,例如,新的医疗保健法阻止人们使用现有的医生(这是主观而非客观异化)。此外,即使主要机构不去反映我的关切和兴趣，我也可能会对他们没有这样做的原因做出误判。有些人可能会感到与政府异化，因为他（正确地）认为政府应该对他的基本需求做出反应，但实际上并没有对其做出反应。然而，他可能会（错误地）认为，这种失败是由于把大量资金用于福利（缺乏恰当关联的主观和客观异化）。

现在，我们回到马克思和罗尔斯。

五、罗尔斯式异化

已经有很多关于马克思论异化的文献，因此，我只对其做简要介绍。1844年的马克思列举了资本主义劳动过程产生异化的四种方式：与个人的劳动活动相异化，与其他工人相异化，与个人的类本质相异化，还有与个人的劳动产品相异化①。在每种情况下，其根源都是资本主义形式下的社会制度。在资本主义制度下，劳动本应被视为自我实现活动本身而被重视，但却仅仅被视为获得休闲时间的一种手段②。其他工人 a 被视为竞争对手，而不是被视为意在改造自然的集体企业的参与伙伴，以及 b 不被视为自

---

① 《1844年经济学哲学手稿》，MEW, Ergänzungsband, 514-518/MECW, vol.3, 274-278.
② 《1844年经济学哲学手稿》，MEW, Ergänzungsband, 514/MECW, vol.3, 274.

己生产活动的预期受益人（以及，他们的活动不打算使自己受益）。这个人无法认同自己的类本质，也就是说，任何人都是类的一员，对世界和自我做出持续性改造，并随着时间的推移构建着自身的本质这一事实在其生命中没有共鸣。在这个人看来，世界，包含那些被人的劳动所生产和改造的部分都仅仅是外在的，而不是人的活动的产物，也不是其作为人的意义已然存在并被持续推进的地方。

所有这些都产生了这样一种条件，在此条件下，马克思所认为的人类生活的真正目的没有得到承认，相反，我们专注于没有任何更大获得感的狭隘而又自私的消费活动。正如艾伦·伍德（Allen Wood）所言，这是一种"缺乏意义感和自我价值感"的冷漠而空虚的状态[1]。

显然，关于马克思对异化的论述，还可以谈很多，但通过与罗尔斯的比较和对比来讨论是很有意义的。然而，我应该指出，正如伍德所坚持的那样，对马克思来说，客观异化和主观异化同等重要。资本主义剥夺了主体恰当行使其基本的人之为人的能力的机会（这里的恰当行使包括理解这些能力在人类生活中的恰当作用），以及以恰当方式相互联系以进行共同的社会安排。无论主体的主观状态

---

[1] 这里讲的是主观异化。Wood, Allen W. Karl Marx. London: Routledge & Kegan Paul, 1981. p.23.

如何，都是如此①。归根到底，客观异化与对公平正义的马克思式批评相关。

尽管罗尔斯没有谈到异化，但有些时候，这个概念似乎扮演着重要角色。我所关注的是罗尔斯用来反驳有限功利原则的作为公平的正义。罗尔斯将这一原则定义为两个正义原则，但排除了用"带有一种适当社会最低保障(social minimum)的平均功利原则来代替差别原则"②。罗尔斯认为，在有限功利原则下，对某些公民，尤其是"最不利者"来说，遵守分配规则的承诺导致的压力可能会变得非常大，以至于他们"无法再认同正义原则"③。在此，罗尔斯区分了两种失败的认同类型：第一种是直接拒绝"社会的正义观念"。行为主体认为自己是"受压迫的"，并准备反抗④。在有限功利主义之下，罗尔斯并不认为这是可能的。但另一种关于认同的失败则是可能的，对于最不利者来说更是如此。"我们变得同政治社会日益疏远，并缩回到我们自己的社会世界。我们有一种被忽视的感觉，从而变得离群索居，愤世嫉俗，我们不能在思想和行为中终生认同这些正义原则。虽然我们还不是充满敌意或

---

① Wood, Allen W. Karl Marx. London: Routledge & Kegan Paul, 1981. p. 23.
② John Rawls, *A Theory of Justice*, p.120.
③ John Rawls, *A Theory of Justice*, p.128.
④ John Rawls, *A Theory of Justice*, p.128.

准备揭竿造反，但这些原则已经不是我们的了，也不能唤起我们的道德感。①"我们似乎是被要求去想象这样一个公民，他不认为自己的状况会悲惨到要去反抗，但他却无法将自己视为围绕他而进行的共同政治事业的一部分，而这个事业是其多数公民同胞都认同的。用密尔的话说，这种事业是他自身存在的"基础"②。

关于上述第二个条件，请注意以下几点：

（1）即使不存在被压迫的情况，也是如此。在有限功利主义的情况下，那些孤僻和愤世嫉俗之人拥有平等的自由和机会，以及社会最低保障。

（2）那些被认为与现行分配原则相异化的有问题的公民会希望能够认同这些原则。感到被疏离就是想要得到归属。我想，一个亚米希农民希望不被干扰，他不关心外面社会的那些原则。他与外面的社会没有主观上的异化。相比之下，我们的公民才在主观上被异化了③。

（3）罗尔斯相信，无法认同规导社会的原则是一种糟糕的状况。他在《正义论》中写道："在一个良序社会中，

---

① John Rawls, *A Theory of Justice*, p.128.
② Mill, John Stuart. *Utilitarianism*. In Mill, Collected Works, vol. 10. Toronto: University of Toronto Press. 1985. ch.3, p.251.
③ 对《正义论》时期的罗尔斯来说，被异化的公民不仅在主观上而且在客观上与他所在的社会世界相疏远。正如我将很快指出的那样，他的情况是，他被剥夺了能实现其本性的基本方面的机会。

由社会所肯定的所有人的平等公民地位保障着人们的自尊。"① 但仅仅是形式上的平等地位并不能保证一个人的自尊。人们还必须相信,自己是作为公民才同其他人一样受到重视。然而,如果一个人的社会处境对正义的主导原则构成阻碍,尽管他可能拥有平等的法律地位,但仍会感到自己在公民意义上是低人一等的。人们不会觉得自己是"公共世界的正式成员"②。也就是说,这个人的自尊不是通过其公民身份来得到保证的。在这种语境下,某些东西是缺失的。没有自尊,"那就没有什么事情是值得去做的,或者即便有些事情值得去做,我们也缺乏追求它们的意志。所有的欲望和活动就变得虚无缥缈,我们就将陷入冷漠和犬儒主义"③。

(4)鉴于有限功利原则保护自由和平等的机会,并提供最低社会保障,人们的不满走向反抗似乎是没有道理的。罗尔斯坚持认为,这里仍然存在一个问题:有限功利缺乏差别原则所体现的互惠性。社会中的最不利者会认为自己接受了一个更糟糕的条件只是为了让更有利者受益,而更有利者却不为他们提供任何好处。罗尔斯担心,这将对最不利者"被吸引到公共世界,并将自己视为公共世界

---

① John Rawls, *A Theory of Justice*, p.478.
② John Rawls, *A Theory of Justice*, p.130.
③ John Rawls, *A Theory of Justice*, p.386.

的正式成员"构成妨碍①。只有通过差别原则,最不利者才能"认识到他人取得的更大优势是如何为自己的利益(最不利者的利益)服务的"②。只有这样,最不利者才会认为自己受到完全平等的对待。

在罗尔斯看来,异化不是来自劳动,而是来自规导基本结构的原则,这些原则是被异化的公民无法认同的。《正义论》时期的罗尔斯应该会发现这一点很有问题。对此,罗尔斯认为,行为主体对其本性的认识很大程度上是通过对正义的给予和接受来实现的,也就是根据行为主体自己认同,并得到他人广泛认同,进而体现在制度安排中的原则行事③。对《正义论》时期的罗尔斯来说,与规导基本社会制度的原则相异化就是剥夺一个人实现其本性中的基本方面的机会。

如此,被异化的公民会感到他自己是一个二等公民。这一点与美国宪法学十分类似。比如,在校园祷告案中,奥康纳(O'Connor)法官写道,这样的祷告"向非信徒传递了一个信息,即他们是局外人,不是政治共同体的正式

---

① John Rawls, *A Theory of Justice*, p.130.
② John Rawls, *A Theory of Justice*, p.130.
③ 在《作为公平的正义》中,以维护正义的制度而通达自我实现的主题仍然存在,但这种自我实现被淡化为仅仅作为公民生活的一个方面。参见 Rawls, *Justice as fairness*, p.199.

成员"①。这会使得一个人似乎在政治中没有充分地位,并可能会带来深远的影响。

达沃尔(Stephen Darwall)区分了两种尊重:评价性尊重(appraisal respect)和承认性尊重(recognition respect)②。前者尊重的是一个人的品格,这种品格要么基于某些特定描述,比如,作为网球运动员的品格(面对对手保持冷静),要么,更广泛地说,基于作为道德存在者的品格。后者是对拥有某种特征的尊重。比如,他是美国人或是一个"人",或者拥有某种地位,比如,我尊重作为总统的他。在美国历史上,后一种形式的尊重,也就是承认性尊重,其相关特征或地位乃是平等的公民,但这一点常有争议。

至少,在我们所讨论的语境中,罗尔斯式异化似乎涉及承认性尊重的缺失,也就是缺乏作为平等公民的彼此尊重,就此,这种异化可称之为对尊重的异化。然而,缺乏尊重并不是唯一有问题的社会态度。缺乏关切也是有问题的。这一点,恩格斯1844年出版的《英国工人阶级的状况》一书中的一段话有所揭示:

> 归根到底,唯一的决定性因素还是个人利益,特

---

① *Lynch v. Donnelly*, 465 US 688(1984) (O'Connor, J. concurring).
② Darwall, Stephen. "Two Kinds of Respect." Ethics 88, 1977. pp:36 – 49.

别是对发财的渴望。有一次我和这样一个资产者在曼彻斯特街上走,他谈到工人住的恶劣的和不卫生的建筑体系,谈到这些地区的可怕的居住条件,我说我还没有看到过比曼彻斯特更糟糕的城市。他静静地听完这一切,在走到拐角上和我告别的时候,他说:"但是在你这里到底可以赚很多钱。再见,先生!"英国资产者对自己的工人是否挨饿,是毫不在乎的,只要他自己能赚钱就行。①

恩格斯所说的资产阶级并不蔑视劳动人民,也并不从他们的苦难中得到满足。相反,他们的状况只是从未得到关注,他们的困境对资本家来说无关紧要。

我们的社会历史使我们认为,被当作二等人对待是不被尊重的。然而,成为冷漠的对象也可以算作二等对待。轻蔑是尊重的负面对应物,冷漠是关切的负面对应物②。对于1844年的马克思来说,除了工人的主观异化以外,还包括一种(合理的)信念,即他不是别人关切的对象,别人对他的幸福漠不关心。在马克思看来,恰当的、非异化的社会关系包含对对方幸福的相互关切。

---

① *MEW*, vol. 2, 487/*MECW*, vol. 4, 563.
② 缺乏尊重可能导致缺乏关切,但后者是一种独立的态度。的确,缺乏关切可能会导致缺乏尊重。比如,我对你的痛苦漠不关心可能最终会让我觉得你是可鄙的。

以上描绘的罗尔斯式异化是否包含一种缺乏尊重或关切的信念？有评论认为，对人的尊重是公平正义的核心价值，对一种康德式观点来说，这种观点很有说服力[1]。而且，违反罗尔斯的两个正义原则，缺乏平等的自由和机会，会导致对尊重的异化的社会安排产生危机，这是不难想象的。

但在这里，我们关注的是拒斥有限功利原则的理由。在一个受该原则规导的社会中，将有平等的自由和机会，所有公民享有这些东西的权利将得到广泛肯定。那么，为什么认为这里的异化是对尊重的异化？二等公民所感受到的不是富人的蔑视，而是他们的漠不关心。在这里，如果说缺乏某种可欲的社会态度，那么缺乏的似乎是关切而不是尊重。

在罗尔斯看来，鼓励"更有天赋的人……寻求更多利益"的原因是希望最大程度地使最不利者获利[2]。这种安排的目标即体现为差别原则。一个受有限功利原则规导的社会没有这样的目标。在这个社会中，最不利者知道，在不使其他人变得如他们当前一样的前提下，他们的状况就

---

[1] Charles Larmore 对政治自由主义提出了这一主张（Larmore, Charles. The Autonomy of Morality. Cambridge: Cambridge University Press, 2008, ch. 6）。另见 Nussbaum, Martha. "Perfectionist Liberalism and Political Liberalism." Philosophy and Public Affairs 39, 2011, pp. 3–45.

[2] John Rawls, *Justice as Fairness*, p.124.

可以得到改善。最不利者可能会感到,其他公民并不关心他们的境况,他们的生活对其他人来说无关紧要。最不利者不能认同正义原则,因为他们有理由相信,在一个受有限功利原则规导的社会中,他们的状况并不是同等重要的。他们的异化处境是对关切的异化①。

六、罗尔斯式博爱

我曾表明,在一个受有限功利原则规导的社会中,由于缺乏差别原则而导致的异化源于一种缺乏关切而非尊重的感受。这让我想起这样一种观点,即《正义论》中强调公民之间的相互性情感的张力②。我想根据我所认为的《正义论》的正式观点的角度,以及对此观点的推动来看待关切问题,以坚持此一观点。我把第一种观点称为"正式观点",因为我怀疑,如果强调这一观点,《正义论》时期的罗尔斯会对此有所支持。不过,在某些方面,文本似

---

① 长期以来,Ronald Dworkin 一直强调分配原则应当体现平等的尊重和关切。参见 Dworkin, Ronald. *Taking Rights Seriously*. Cambridge, MA: Harvard University Press. 1977, pp. 180 - 183。在第 181 页,Dworkin 将这一信念归因于罗尔斯的《正义论》。
② Okin, Susan Moller. "Reason and Feeling in Thinking about Justice." Ethics 99, 1989. pp. 229 - 249; Mendus, Susan. "The Importance of Love in Rawls's Theory of Justice." British Journal of Political Science 29, 1999. pp. 57 - 75.

乎走得更远。

我们从罗尔斯在《正义论》中的观点，即差别原则是"对博爱原则的解释"谈起①。他通过对理想化的家庭的类比来把差别原则和博爱联系在一起。

一个家庭的成员通常只希望在能促进家庭其他人的利益时获利。那么按照差别原则行动正好也产生这一结果。那些处境较好者愿意只在一种促进较不利者利益的结构中占有他们的较大利益②。

有趣的是，罗尔斯在援引家庭关系后立即否认公平正义需要"情感和感情的纽带"。他认为，对一个庞大社会中的成员期待这样的事情是"不现实的"③。根据罗尔斯的解释，差别原则仅仅是以家庭关系为典范的，在这种关系中，只有对运气较差的人有利，我才会接受更大的好处。差别原则体现的是这样一种分配关系，这种关系将由受到激励的家庭成员来体现，但良序社会中的公民实际上不需要被如此激励。

这里有几点需要注意：

（1）如果公民事实上有情感和感情的联系，他们就会发现差别原则很有说服力，至少对于平均功利原则，甚至

---

① John Rawls, *A Theory of Justice*, p.90.
② John Rawls, *A Theory of Justice*, p.90.
③ John Rawls, *A Theory of Justice*, p.90.

是有限功利原则而言即是如此。

（2）罗尔斯在引文中所援引的态度似乎与1844年的马克思的共产主义者的态度相似。这些共产主义者的核心取向是对彼此的幸福进行平等关切。这就是他们为什么要试图促进彼此目标的实现，如马克思所言，在使彼此满足中获得满足①。

（3）罗尔斯所拒斥的博爱是一种涉及强烈情感和感情的关系。罗尔斯认为，在一个庞大的社会中期望这样的事情是不现实的。为此，他重复了19世纪的一个共同主题。古典功利主义者强调我们被同情和爱所激励的能力。在密尔的功利主义这里，导致了这样一种观点，即通过恰当的道德教育，"每个人"都会有"与所有其他人团结一致的感觉。这种情感如果是完美的，他将永远不会想到或是渴望任何对他自己有利的条件"②。然而，在19世纪，对整个人类的认同和对普遍人类幸福的渴望这种共同论调引发了广泛攻击，认为这种对人类的承诺还有这种表面上的慈

---

① 《1844年经济学哲学手稿》，*MEW*, Ergänzungsband, 563/*MECW*, vol. 3, 322.
② Mill, John Stuart. *Utilitarianism*. In Mill, Collected Works, vol. 10. Toronto: University of Toronto Press, 1985. p. 232. 有趣的是，罗尔斯用这段话来暗示密尔支持差别原则。见 John Rawls, *Lectures on the History of Political Philosophy*, ed. Samuel Freeman. Cambridge, MA: Harvard University Press, 2007, 282 n4.

善事业实际上是虚假的,是对实际个人漠不关心的掩饰。爱默生在《自力更生》中宣称:"你的爱在远方,在家里却是怨恨。"[1] 黑格尔和詹姆斯·斯蒂芬(James Fitzjames Stephen),以及其他许多人(最著名的是狄更斯《荒凉之家》中的杰利比夫人)也发出了类似的抱怨:爱每个人就是不爱任何人,功利主义者实际上并不关心个人的幸福[2]。

罗尔斯、密尔和反慈善论者似乎都相信,对未知的远方他人的关切是对那些已知的事物和人的爱的延伸,而事实上,这种爱无法延伸得很远。但我所理解的对远方他人的关切是一种不同于爱的独特态度。比如,在我看来,关切不需要过多牵扯到对其对象的当下感觉。或许,在很大程度上标志着与19世纪作家的不同。最近关于爱的讨论淡化了当下发生的情感,而关切则的确涉及某些情感,也就是某些对关切之对象的反应性情感,此外,与爱相比,关切的情感在频度和强度上都要略逊一等。就像信任这种态度一样,关切这种态度可以在没有太多当下情感的情况下存在并被有效激励。

---

[1] Emerson, Ralph Waldo. "Self-Reliance." In The Collected Works of Ralph Waldo Emerson, vol. 2, 1980. p.30.

[2] Hegel, Friedrich. "The Spirit of Christianity." In Hegel, Early Theological Writings, trans. T. M. Knox. Gloucester, MA: Peter Smith, 1970. pp. 246-247; Stephen, James Fitzjames (1990) Liberty, Equality, Fraternity. Chicago: University of Chicago Press. 1990. pp.238,241.

比起情感，爱与关切之间的关键区别可能更多与这些态度之对象的具体程度有关。政治哲学面对的问题是人们之间的关系问题，而这些人的特定生活是不为我们所知的。我不认为爱的对象可以是某个仅仅有某种普遍身份的不明确的人①。但对这样一些人有所关切则似乎是可能的，比如那些可做出充分描述的新西兰地震的受害者。如果关切（其对象是其他个体及其幸福）概念适用于政治哲学，我们必须对那些知之甚少的个体采取一种能够有效激励的态度，也就是关切，而不是爱。我们能在多大程度上持有这种态度有着头等必要性，但我们在这里无法详述。在这里，我只想强调对一无所知的他人采取这种态度的可能性。

安德鲁·梅森（Andrew Mason）举过一个关切的例子，这个例子似乎不太可能涉及通常被视为爱的情感。他指出，医生可以关心患者的健康，患者也会被这种关切所激励（例如，为监测患者的病情而在医院待到很晚），但不能说医生对当天下午遇到的人是有爱的②。

戴蒙德（Cora Diamond）也举了一个有用的例子。她

---

① Frankfurt, Harry. *Necessity, Volition and Love*. Cambridge: Cambridge University Press, 1999. p.166.
② Mason, Andrew. Community, Solidarity and Belonging: Levels of Community and their Normative Significance. Cambridge: Cambridge University Press. 2000. p.29.

想象这样一则新闻报道，该报道宣布一架波音747飞机坠毁，机上人员全部遇难。之后，戴蒙德想象了修正之前报道的两条简讯。第一条简讯表明，一架波音747坠毁了，但并非所有人都遇难，还是有幸存者的。另一条简讯则说，坠毁的飞机是一架较小的波音727，所有人都遇难了，但遇难人数较少①。在这两个修正后的场景中，遇难人数是相同的，但如果我们对这两种修正的反应不同，第一种修正会使我们感到宽慰，第二种修正则并非如此的话，这种差异就不能归因于综合性考虑。

在戴蒙德的上述两个修正后的场景中，并没有给那些幸免于难之人戴上一副面孔。然而，在第一种场景下，人们会发现自己所想象的个体是拥有个体生活的，但这完全是一种想象中的练习。尽管人们在这里的关切是针对个体的，但对他们却一无所知。这个例子表明，我们拥有关切未知个体之幸福的能力。罗尔斯承认，的确存在一种理解博爱的方式，在这种方式下，并非只有在相互熟知的人之间才可能存在情感和态度问题②。但他认为，这种博爱仅仅存在于对差别原则的认同上。我的观点是，这种认同本身可以被解释为对遥远的他人之幸福的表达。

---

① Diamond, Cora. "How Many Legs?" In Raimond Gaita (ed.), Value and Understanding: Essays for Peter Winch. London: Routledge. 1990. p.62.
② John Rawls, A Theory of Justice, pp.90 - 91.

根据《正义论》中的正式观点，公民不必关切彼此的幸福。但我怀疑，很多读者都会相信罗尔斯会倾向于（或希望）不那么苍白的博爱关系。比如，可以思考这句名言："在作为公平的正义那里，人们同意分享彼此的命运。"① 同意分享别人的命运可能仅仅意味着我们同意将我们的生活联系起来，但这似乎太弱了。更合理地解释是，这可能意味着我们同意 A 只有在 B 有所获得时才会有所获得。我怀疑这是不是正式解读。不过，对这个理念同样可以做出更有力的解读，即 A 和 B 对彼此的命运都不是漠不关心的，B 的遭遇对 A 有影响。分享彼此的命运可能意味着对彼此幸福的关切。

再想想对嫉妒的处理方式。罗尔斯认为，他必须表明，在作为公平的正义中，这种恶习不太可能普遍存在。值得注意的是，他用"可原谅的嫉妒"② 这一术语来界定这个问题，即这一理念表明，某种形式的基本人类之恶或许存在某种正当理由（罗尔斯同意康德的观点，嫉妒是一种"仇恨人类"的恶）③。根据假定，当某种形式的嫉妒能

---

① 参见 Rawls, *A Theory of Justice*, original edition, 1971, p.102. 在修订版中，罗尔斯删除了这个短语。
② 见 Rawls, *A Theory of Justice*, §80,81。在《作为公平的正义》中，罗尔斯表示，他"不会对（这些章节）做出实质性改变"（Rawls, *Justice as Fairness*, p.184）。
③ John Rawls, A Theory of Justice, p.466.

在原初状态所选择的原则中得到保留,并由此在社会世界中被视为"正当"时,这种嫉妒可能就是有正当理由的,这一点更为显著。当然,在罗尔斯看来,如果这两个原则可能产生过度的"普遍嫉妒"(对社会群体中那些高于自己的人的生活的嫉妒),那么出于审慎的考虑,无知之幕下的各方就需要对所选择的两个正义原则进行再思考[①]。他认为,在某些社会条件(circumstances)下,要求人们不要感到嫉妒,进而不要做出破坏稳定的行为,这是对人性的过高要求[②]。那么,各方可能希望选择能避免这些条件的原则。

然而,令人惊讶的是,似乎强迫(coercion)并没有被作为对那些似乎是社会中存在的恶意的回应方式来提及。在其他地方,罗尔斯承认需要警察权力,但不是这里[③]。从正式解读的角度看,这是因为在如此普遍的嫉妒之下,不稳定性无法得到充分遏制,如此,各方可能会重新评估对原则的选择。不过,鉴于罗尔斯乐意去思考某种合理的嫉妒形式,并确保这种嫉妒很大程度上不会出现,我仍然认为,罗尔斯没能讨论警察权利凸显了某些东西。在正式的审慎观点之外,有些观点似乎难以成立。

---

① John Rawls, A Theory of Justice, p. 466.
② John Rawls, A Theory of Justice, p. 468.
③ John Rawls, A Theory of Justice, pp. 237, 505.

事实上，在我看来，罗尔斯认为过着某种自我毁灭的内在生活（遭受严重的"自尊创伤"）是不好的[1]。他也确实谈到"我们可能会同情嫉妒者的失落感"[2]。作为《正义论》的读者，我们像各方一样发问，根据罗尔斯的两个正义原则，一般性的嫉妒是否会如此普遍盛行，以至于对社会制度的稳定性造成破坏。然而，我怀疑的是，我们也不希望公民遭受嫉妒（我们"同情"嫉妒者）。实际上，如果我们发觉到有人会主张不让公民的生活因嫉妒而受到创伤，那我认为，这里所抓住的是我们对他们的幸福的关切。当然，这种关切与无知之幕背后的审慎无关。尽管如此，我认为这确实有助于我们和读者认识到，各方都在如此担心公民可能会承受嫉妒之害实际上是正确的。在整个论证过程中，这一点似乎扮演了一种未被承认的角色。

再来思考作为社会联合的社会理念[3]。在罗尔斯看来，社会联合是一个其成员可以在某种形式的共同活动中（如阅读小组、每周篮球赛、麋鹿俱乐部的一个分会）找到满足感，并认可和欣赏彼此对共同活动的贡献的团体。该活动不必（尽管完全可以）是完美主义的，当把社会理解为诸多这样的联合时，这些活动就不是按照任何完美主义的

---

[1] John Rawls, A Theory of Justice, p. 468.
[2] John Rawls, A Theory of Justice, p. 468.
[3] John Rawls, A Theory of Justice, pp. 456 - 464.

轴线进行高下排序的。罗尔斯断言，对作为公平的正义构成的社会进行思考的一种方式就是将其作为一种社会联合的社会联合。

但在这里，我们看到相距遥远的公民之联系的某种不确定性。社会联合的社会联合中的成员看上去似乎不是个体，而是团体，也就是社会联合。每个公民似乎都能对他所属的社会联合中的其他公民表示赞赏，并能反过来得到其他公民的赞赏。这与罗尔斯对一个庞大社会中的社会关系所持的怀疑态度是一致的。然而，罗尔斯似乎将更广泛的社会联合中的成员视为个体。

与博弈者有进行精彩而公平的比赛的共有目的一样，一个良序社会的成员们有共同合作以便以正义原则允许的方式实现他自己和他人的本性这一共同目标[①]。

较大的社会联合中的成员似乎是公民个体。假设两个人共享一场精彩而公平的比赛的结局，他们对彼此给予的利益都漠不关心吗？他们可以彼此无动于衷，仅仅作为一个勤勉的守约人，承诺要踢得好，踢得公平，并在此意义上享受一场精彩的比赛。但这似乎比罗尔斯的设想更了无生气。在作为公平的正义中，每个公民的目标都是"实现自己和他人的本性"，这仅仅是罗尔斯的良序社会的一个技术特征吗？还是表明了一种对彼此是否生活得很好的广

[①] John Rawls, A Theory of Justice, p.462.

泛关切？

罗尔斯有时会表达这样一种思想，即在一个良序社会中，人们将在共同的社会事业中贡献自己的力量，"假定其他人尽自己的力量"[1]。作为人们继续自愿合作的条件，这种"假定"是模棱两可的。这可能意味着：

（1）关于公平的"假定"。我们当中的每个人都认为我们的关系是足够公平的，每个人也都承诺按照公平的要求行事。然而，如果我们中的某个人持续违反我们关系中的规则，另一方可能就会效仿。他可能会由此得出结论：我们不再处于一种每个人都致力于公平的关系中。

（2）关于礼物的"假定"。当我送你生日礼物时，不以收到任何回报为条件。不过，我希望我过生日时，你也会给我一份礼物。我们的关系涉及相互信任，其内容不是每个人都相信对方会遵守协议，而是每个人都相信我们会继续做朋友，也就是继续对彼此的幸福保持关切，并以表达这种关切的方式行事。然而，如果我们中的一方停止赠送礼物，另一方可能会效仿，他的结论或许是：我们的友谊关系已经终止。

罗尔斯写道，在作为公平的正义的良序社会中，"相

---

[1] John Rawls, *A Theory of Justice*, pp. 412 – 413; John Rawls, *Lectures on the History of Political Philosophy*, p. 87.

互信任和合作美德"是得到鼓励的[1]。不过，信任可以是相信我们每个人都将继续致力于公平，也可以是相信我们将继续关心彼此的幸福。究竟什么可以算作合作美德，也是模棱两可的。

这两种"假定"模型都在《正义论》中有所体现。礼物模型非常符合罗尔斯对社团道德的解释，即在合作性团体这一语境下产生的"友谊和互信"纽带的描述[2]。但在他对道德发展的描述中，罗尔斯明确超越了这一点，转向了原则的道德，这很符合公平模型。因此，类似于对他人的关切这样的事情（友谊的一个基本特征）从属于对原则的承诺。为了证明这一转向的合理性，罗尔斯引用了这样一个前提（实际上是个19世纪的假设），即在一个庞大的社会中，广泛的社会情感是不可能的，因此，只有原则能把我们结合在一起[3]。

最后，在《正义论》中还有一个办法可以找到相互关切这一主题。思考一下差别原则最为理想的具体化形式，并想象一下罗尔斯所说的链式联系和紧密啮合[4]。在这种情况下：

---

[1] John Rawls, A Theory of Justice, p.126.
[2] John Rawls, A Theory of Justice, pp.411–412.
[3] John Rawls, A Theory of Justice, p.415.
[4] John Rawls, A Theory of Justice, pp.69–71.

> 在期望的连接处没有松动脱节的地方。有了这些假设,在某种意义上说,当差别原则得到满足时每个人都会受益。那些在任何一对比较中都属于状况较好的代表人从提供给他们的利益中获益,而那些状况较差的人不应有权否决最不利者可以得到的利益。[1]

我们可以将其解释为这样一种情形,在此情形下,每个主体的生产活动都会使所有其他公民受益。无论我做什么来增进社会福利,都会使整个结构略微向上倾移。"如果一种利益提高了最底层人们的期望,它也就提高了其间所有各层次人们的期望。[2]"在这个前提下,在我们的各种活动中,我们都是彼此受益的。毫无疑问,人们可以以一种利己的方式看待这种事态,即当别人受益时,我也会受益,因此,我有审慎的理由来接受并维持这种安排。然而,人们也可以以关切的方式来看待这一点。人们可以高兴地看到,在给定最不利者优先地位的情况下,人们会乐意看到所有阶层的代表都可最大程度获利,而且,人们的活动有助于实现和维持这种事态。人们可以将其解释为这样一种事态,在某种意义上,我们像马克思那里的共产主义者那样为彼此工作。

---

[1] John Rawls, A Theory of Justice, p.70.
[2] John Rawls, A Theory of Justice, p.70.

七、异化劳动问题

我已证明,1844 年的马克思和《正义论》时期的罗尔斯进一步分享着一个主题,即对他人幸福的关切。尽管这个主题在罗尔斯那里有些隐晦。然而,我们不应忽视其中的差异。比如,1844 年的马克思仅仅从人类的意义上来关注人的关联性(即我们作为一个类而被联系在一起),但这个主题在罗尔斯那里是没有的。更重要的是,在两位作者那里,异化的根源截然不同。所以,我们要回到生产和分配之间的差别问题上。

从原则上看,《正义论》时期的罗尔斯在生产资料的私有制和公有制问题上持不可知论立场[1]。在他的良序社会中,只需要对分配正义原则和体现这些原则的制度的共同肯定。理想地看,在我们的社会世界中,我们会有一种既不被压榨也不被异化的"在家"感,因为我们能够认可这种对其加以规导的分配原则。但在 1844 年的马克思看来,这是没有看到生产过程的核心重要性。在他看来,只有这个过程存在于共产主义社会中,我们才能在自己的社会世界中找到这种"在家"感。

罗尔斯当然意识到,在资本主义制度下,工作通常是何等不人道。在某些意义上,体面的工作必定会受到占据

---

[1] John Rawls, A Theory of Justice, pp.234-251.

这些工作的人的控制（"人们想要的是在自由的联合体中与他人一起从事有意义的工作"）[1]。此外，作为公平的正义拒绝自由放任和福利国家意义的资本主义，只在财产所有的民主制（社会财富相当分散）和自由民主社会主义之间持不可知立场[2]。

尽管如此，马克思和罗尔斯之间仍然存在差异，这种差异在于以下两种观点：人的自我实现必定涉及为他人生产和维护公平制度是人类繁荣的卓越形式。在罗尔斯看来，异化的原因是分配原则或制度的（有问题的）内容所致，而在马克思看来，原因则是社会生产结构的（有问题的）内容所致。罗尔斯式异化源自分配原则和制度，而在马克思那里，异化则来自劳动及其产品的各个维度。在罗尔斯这里，被异化的公民无法正常参与到维护公平制度的共同活动中。而在1844年的马克思那里，被异化的工人

---

[1] John Rawls, A Theory of Justice, p. 257. 在一个良序社会中，"分工的那些最坏的方面能被克服，没有人需要奴隶般地依赖于他人，需要被强迫着在麻痹人类思想和省觉的单调枯燥的职业中进行选择。每个人都可以被分到各种不同的任务，使他们本性中的不同因素能够得到适当表现"（Rawls, a Theory of Justice, p. 464）。这种思想潜在地来自 Von Humboldt，但我认为，罗尔斯意识到上述观点能够与《德意志意识形态》中关于狩猎、捕鱼等著名段落产生共鸣。

[2] 见 Rawls, A Theory of Justice, pp. 135 – 140. 在这里，罗尔斯还反对搞计划经济的国家社会主义。在 A Theory of Justice, §42 中，罗尔斯同样诉诸财产所有的民主制。

无法将自己视为是在恰当地参与改造自然的共同活动,并意图为彼此提供追求个人目标所需要的对象。

现在,我们可以来看看,对罗尔斯可能提出的马克思式批评。持马克思式观点的人可能会说,作为公平的正义可以允许劳动异化,更确切地说,是并不强调要预防这种异化。

我们来假设,关系 R 中的人类之善与人们的劳动和劳动产品有关(类似于 1844 年的马克思对这些关系的看法)。对分配原则的关注则把对社会制度的选择变成一个单纯的技术问题,也就是哪种安排最能促进社会经济发展。如此一来,可能会错过某些关键的东西。

但这种人类之善的前提有强和弱两种形式,强的形式认为,关系 R 乃是人类之善的最本质和几乎最为详尽的特征。弱的形式则认为,R 是人类之善的重要组成部分,但远不是唯一的部分,R 只是标量。某些类似强的形式的观点可能是 1844 年的马克思所持有的。这会导致一种对作为公平的正义没能把关系 R 放在首位的指责。然而,这种形式是相当可疑的。在一个恰当的社会结构中,其重要价值能得到很好的理解的劳动可能是人类之善的一个重要组成部分,但远非唯一组成部分,也并非显见的主导性部分。人类之善这一前提的弱的形式要更有说服力。

真实的 1844 年的马克思会明确拒绝作为公平的正义。

不过，我们还是假定，这个被限定的马克思只会赞同人类之善这一前提的弱的形式。那么，这样一个马克思会有保留地接受作为公平的正义吗？毕竟，从原则上看，基于人类之善这一前提的弱的形式，作为公平的正义可以与关系R相容。如果作为公平的正义体现在自由民主社会中，那么关系R（就弱的形式的前提而言）可能会得到充分体现。如果恰当的工作结构广泛存在，并且劳动的重要价值得到广泛肯定，那么关系R甚至可以在财产所有的民主国家中得到充分体现[①]。关键是，对马克思主义者来说，体现在这一套或另一套社会制度中的公平正义的可接受性取决于它是否能满足人类之善这一前提的弱的形式。

对于这样一个马克思主义者来说，对作为公平的正义的担忧在于：这样一个马克思主义者承认，原则上看，作为公平的正义能包含对关系R的足够体现，甚至在财产所有的民主制度中或许也是如此。然而，这个马克思主义者会认为，把对分配原则的关注作为起点，很可能对恰当的生产关系给予过少重视，这将倾向于引导公民远离对这种关系的关注，因而不太可能使他们重视能够充分体现关系R的制度安排。公民关注分配的公平，容易忽视关系R的

[①] 在某种程度上，罗尔斯意识到了这个问题。在《作为公平的正义》对财产所有的民主制是否会导致工人管理制公司的崛起有一个简短讨论（Rawls, *A Theory of Justice*, pp.178–179）。有待进一步探讨的话题是，这是否真能克服马克思式异化。

重要性（即便是在人类之善这一前提的弱的形式上），因而在选择制度安排时，容易看不到对其加以体现乃是至关重要的思考要素。在良善的人类生活中，人们越是认为关系 R 是重要的，就越是会发现这种批评的有效性。

因此，这种批评在于：在实践中，作为公平的正义或许会支持这样一种情况，在此情况下，公民与他们的劳动相异化。这种异化当然是客观的，但也可能不乏主观性。当然，要接受这是对作为公平的正义的严肃批评，就必须（至少）接受人类之善这一前提的弱的形式，接受那些特定的能称得上人类之善的实质性观点。马克思主义者，包括这个被限定的 1844 年的马克思，都会这样做。

八、结论

我已证明，《正义论》时期的罗尔斯和 1844 年的马克思的共同之处比以往所认为的要更多。尽管如此，对马克思主义者来说，即便对这个被限定的马克思来说，罗尔斯对分配原则而非生产活动的结构的关注也可能会有一些令人信服之处。对于如何实现自我的本质，这两位作家有不同的看法。这使得他们对规范性政治分析的关注点有所不同，这一点，毫不奇怪。

(原文出自 *A Companion to Rawls*, First Edition. Edited by Jon Mandle and David A. Reidy. 2014 John Wiley & Sons, Inc. Published 2014 by John Wiley & Sons, Inc. 感谢乔恩·曼德尔（Jon Mandle）和戴维·雷迪（David Reidy）对本文初稿极有帮助的评论。）

译后记

本书是2017年上海人民出版社出版的《罗尔斯与马克思：分配原则与人的观念》的增订本，此次增订除了对旧版中的个别术语和词句略有调整，最重要的是以附录形式增加了布鲁德尼教授的三篇论文，尤其是其中关于异化问题的两篇论文。增订本对罗尔斯和马克思之关系问题的介绍更为全面，故定名为《罗尔斯与马克思》。

本书分为两部分，第一部分仍是根据布鲁德尼教授于2013年3月在复旦大学哲学学院的系列讲座讲稿整理而成。讲座分四个子论题对罗尔斯和马克思在分配原则、人的观念、政治态度和证成问题上分别做出比较性探析，进而在现代政治哲学视域下构建了一个"被限定的马克思"。第二部分，也就是附录部分，在征得布鲁德尼教授同意后选取了《公民友谊的两种类型》《两个马克思式论题——异化劳动与关联性命题》和《青年马克思与中年罗尔斯》三篇论文。客观地看，这三篇论文可视为对讲座中没有充分展开的相关内容做出的补充性阐释。

本书篇幅不大，但能对当下政治哲学研究的热点问题提供某些回应。在马克思主义作为指导思想的"前理解"下，"马克思主义视域中的罗尔斯"固然是中国学者的重要关切，但另一方面，"罗尔斯视域下的马克思"同样重要。罗尔斯的立场、视域和观点能为当代中国马克思主义政治哲学研究带来何种视角？二者之融合的依据、限度分别何在？马克思主义应当以何种姿态与当代政治哲学展开深度对话？这些问题同样应当得到密切关注。作为罗尔斯的亲传弟子，布鲁德尼提供的恰恰是这样一种理论资源。

本书的出版得到复旦大学哲学学院和中国出版集团东方出版中心的鼎力支持，谨此致以诚挚感谢。《两个马克思式论题——异化劳动与关联性命题》和《公民友谊的两种类型》曾分别刊发于《复旦政治哲学评论》第 15、16 辑，我的硕士生王焜同学对这两篇文章也做过一些校对工作，在此一并感谢。

张祖辽
2024 年 11 月 27 日